मूर्ति पूजा

अमीश, 1974 में जन्मे, आई.आई.एम. (कोलकाता) से प्रशिक्षित, बैंकर से एक सफल लेखक में रूपांतरित। अपने पहले उपन्यास *मेलूहा के मृत्युंजय* (शिव रचना त्रयी का प्रथम भाग) की अपार सफलता ने आपको फ़ाइनेंशियल सर्विसेज़ के अपने कैरियर को छोड़कर लेखन क्षेत्र पर पूरा ध्यान केंद्रित करने के लिए प्रोत्साहित किया। लेखक होने के अलावा आप भारतीय सरकार के राजनयिक, टीवी डाक्यूमेंट्री होस्ट, और फ़िल्म प्रोड्यूसर भी हैं।

इतिहास, पौराणिक कथाओं, दर्शन एवं विश्व के सभी धर्मों के सौंदर्य और उनके अर्थ को समझने में अमीश की गहन रुचि है। अमीश की पुस्तकों की सत्तर लाख से अधिक प्रतियां बिक चुकी हैं और उनका बीस से अधिक भाषाओं में अनुवाद हो चुका है। उनकी शिव रचना-त्रयी भारतीय प्रकाशन इतिहास में सबसे ज़्यादा तेज़ी से बिकने वाली पुस्तकों में से हैं और राम चंद्र शृंखला दूसरी सबसे तेज़ी से बिकने वाली पुस्तक शृंखला है। आप अमीश से निम्न माध्यमों से संपर्क कर सकते हैं:

www.facebook.com/authoramish
www.instagram.com/authoramish
www.twitter.com/authoramish

भावना रॉय की शिक्षा मसूरी, पुणे और मुंबई में हुई थी। मुंबई यूनिवर्सिटी से मनोविज्ञान में डिग्री प्राप्त करने के बाद आपने भारतीय प्रशासनिक सेवा की परीक्षाओं में सफलता प्राप्त की। एलबीएसएनएए में कुछ समय प्रशिक्षण पाने के बाद आपने इसे छोड़ दिया और फिर पहले मालेगांव में विशिष्ट बच्चों के एक स्कूल में वॉलंटियर के रूप में, और बाद में नासिक में एसओएस नाम के एक ग़ैर सरकारी संगठन में काम किया। आप महाराष्ट्र कैडर के एक वरिष्ठ पुलिस अधिकारी स्वर्गीय हिमांशु रॉय, आईपीएस, की पत्नी हैं। आप मुंबई में रहती हैं।

अमीश की अन्य किताबें

शिव रचना त्रयी

भारतीय प्रकाशन क्षेत्र के इतिहास में सबसे तेज़ी से बिकने वाली पुस्तक शृंखला

मेलूहा के मृत्युंजय (शिव रचना त्रयी की पहली किताब)
नागाओं का रहस्य (शिव रचना त्रयी की दूसरी किताब)
वायुपुत्रों की शपथ (शिव रचना त्रयी की तीसरी किताब)

राम चंद्र शृंखला

भारतीय प्रकाशन क्षेत्र के इतिहास में दूसरी सबसे तेज़ी से बिकने वाली पुस्तक शृंखला

राम – इक्ष्वाकु के वंशज (शृंखला की पहली किताब)
सीता – मिथिला की योद्धा (शृंखला की दूसरी किताब)
रावण – आर्यवर्त का शत्रु (शृंखला की तीसरी किताब)
लंका का युद्ध (शृंखला की चौथी किताब)

भारत गाथा

महाराजा सुहेलदेव

कथेतर

अमर भारत : युवा देश, कालातीत सभ्यता
धर्म: सार्थक जीवन के लिए महाकाव्यों की मीमांसा

'{अमीश के} लेखन ने भारत के समृद्ध अतीत और संस्कृति के विषय में गहन जागरूकता उत्पन्न की है।'
— **_नरेन्द्र मोदी_** _(भारत के माननीय प्रधानमंत्री)_

'{अमीश के} लेखन ने युवाओं की जिज्ञासा को शांत करते हुए, उनका परिचय प्राचीन मूल्यों से करवाया है...' — **_श्री श्री रवि शंकर_**
_(आध्यात्मिक गुरु व संस्थापक, आर्ट ऑफ़ लिविंग फाउंडेशन)_

'{अमीश का लेखन} दिलचस्प, सम्मोहक और शिक्षाप्रद है।'
— **_अमिताभ बच्चन_** _(अभिनेता एवं सदी के महानायक)_

'भारत के महान कहानीकार अमीश इतनी रचनात्मकता से अपनी कहानी बुनते हैं कि आप पन्ना पलटने को मजबूर हो जाते हैं।'
— **_लॉर्ड जेफ्री आर्चर_** _(दुनिया के सबसे कामयाब लेखक)_

'{अमीश के लेखन में} इतिहास और पुराण का बेमिसाल मिश्रण है... ये पाठक को सम्मोहित कर लेता है।' — **_बीबीसी_**

'विचारोत्तेजक और गहन, अमीश, किसी भी अन्य लेखक की तुलना में नए भारत के सच्चे प्रतिनिधि हैं।'
— **_वीर सांघवी_** _(वरिष्ठ पत्रकार एवं स्तम्भकार)_

'अमीश की मिथकीय कल्पना अतीत को खंगालकर, भविष्य की संभावनाओं को तलाश लेती है। उनकी किताबें हमारी सामूहिक चेतना

की गहनतम परतों को प्रकट करती हैं।' —*दीपक चोपड़ा*
(दुनिया के जाने-माने आध्यात्मिक गुरु और कामयाब लेखक)

'{अमीश} अपनी पीढ़ी के सबसे ज़्यादा मौलिक चिन्तक हैं।'
—*अर्नब गोस्वामी* *(वरिष्ठ पत्रकार व एमडी, रिपब्लिक टीवी)*

'अमीश के पास बारीकियों के लिए पैनी नज़र और बाँध देने वाली कथात्मक शैली है।' —*डॉ. शशि थरूर* *(सांसद एवं लेखक)*

'{अमीश के पास} अतीत को देखने का एक नायाब, असाधारण और आकर्षक नज़रिया है।'

—*शेखर गुप्ता* *(वरिष्ठ पत्रकार एवं स्तम्भकार)*

'नये भारत को समझने के लिए आपको अमीश को पढ़ना होगा।'

—*स्वपन दासगुप्ता* *(सांसद एवं वरिष्ठ पत्रकार)*

'अमीश की सारी किताबों में उदारवादी प्रगतिशील विचारधारा प्रवाहित होती है: लिंग, जाति, किसी भी क़िस्म के भेदभाव को लेकर... वे एकमात्र भारतीय बेस्टसेलिंग लेखक हैं जिनकी वास्तविक दर्शनशास्त्र में पैठ है—उनकी किताबों में गहरी रिसर्च और गहन वैचारिकता होती है।'

—*संदीपन देब*
(वरिष्ठ पत्रकार एवं सम्पादकीय निदेशक, स्वराज्य)

'अमीश का असर उनकी किताबों से परे है, उनकी किताबें साहित्य से परे हैं, उनके साहित्य में दर्शन रचा-बसा है, जो भक्ति में पैठा हुआ है जिससे भारत के प्रति उनके प्रेम को शक्ति प्राप्त होती है।'

—*गौतम चिकरमने* *(वरिष्ठ पत्रकार एवं लेखक)*

'अमीश एक साहित्यिक करिश्मा हैं।'

—*(स्वर्गीय) अनिल धारकर* *(वरिष्ठ पत्रकार एवं लेखक)*

अमीश

एवं भावना रॉय

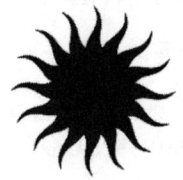

मूर्ति पूजा

तथ्य और आस्था का संगम

अनुवाद

शुचिता मीतल

हार्पर
हिन्दी

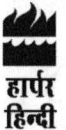

प्रथम प्रकाशन 2024
हार्पर हिन्दी
(हार्परकॉलिंस पब्लिशर्स इंडिया) द्वारा प्रकाशित
बिल्डिंग नं. 10, टावर A, 4th फ्लोर,
डीएलएफ साइबर सिटी, फेज II, गुरुग्राम 122002, भारत
www.harpercollins.co.in

कॉपीराइट लेखक © अमीश त्रिपाठी 2023, 2024

P-ISBN: 9789362136459
E-ISBN: 9789362138729

लेखक इस पुस्तक का मूल रचनाकार होने का नैतिक दावा करता है। इस पुस्तक में व्यक्त किए गए सभी विचार, तथ्य और दृष्टिकोण लेखक के अपने हैं और प्रकाशक किसी भी तौर पर इनके लिए जिम्मेदार नहीं है।

टाइपसेटिंग : निओ साफ्टवेयर कन्सलटैंट्स, प्रयागराज (इलाहाबाद)
मुद्रक : थॉम्सन प्रेस (इंडिया) लि.

यह पुस्तक इस शर्त पर विक्रय की जा रही है कि प्रकाशक की लिखित पूर्वानुमति के बिना इसे व्यावसायिक अथवा अन्य किसी भी रूप में उपयोग नहीं किया जा सकता। इसे पुन: प्रकाशित कर बेचा या किराए पर नहीं दिया जा सकता तथा जिल्दबंध या खुले किसी अन्य रूप में पाठकों के मध्य इसका परिचालन नहीं किया जा सकता। ये सभी शर्तें पुस्तक के खरीदार पर भी लागू होती हैं। इस सन्दर्भ में सभी प्रकाशनाधिकार सुरक्षित हैं। इस पुस्तक का आँशिक रूप में पुन: प्रकाशन या पुन: प्रकाशनार्थ अपने रिकॉर्ड में सुरक्षित रखने, इसे पुन: प्रस्तुत करने के प्रति अपनाने, इसका अनुदित रूप तैयार करने अथवा इलैक्ट्रॉनिक, मैकेनिकल, फोटोकॉपी तथा रिकॉर्डिंग आदि किसी भी पद्धति से इसका उपयोग करने हेतु समस्त प्रकाशनाधिकार रखने वाले अधिकारी तथा पुस्तक के प्रकाशक की पूर्वानुमति लेना अनिवार्य है।

MIX
Paper | Supporting responsible forestry
FSC www.fsc.org
FSC® C010615

This book is produced from independently certified FSC® paper to ensure responsible forest management.

मेरी पत्नी शिवानी को

समय का प्रवाह दुखों-पीड़ाओं को सुन्न कर देता है,
फिर आप उन्हें महसूस करना बंद कर देते हैं,
और अपनी पीड़ा को छिपाने के लिए अपने चेहरे पर
एक मुस्कान चस्पां कर लेते हैं।

फिर कोई आपको दोबारा ख़ुश होना सिखाता है,
और मुस्कुराना, तब भी जब आप अकेले होते हैं।

शिवानी, मेरी मसीहा, तूफ़ानों में मेरा संबल,
मेरे मुस्कुराने की वजह।

—*अमीश*

मेरी भाभियों मीता, डॉनेटा और शिवानी को,

मेरी दोस्त, मेरी राज़दार
मेरी सबसे प्यारी सुरक्षा, मेरा शक्तिशाली संबल

नियम-क़ायदों के बंधनों से परे मेरी बहनें,
क्योंकि आप नियमों से कहीं ज़्यादा हैं।

आप मेरे भाइयों के लिए आनंद लाई हैं,
उनके जीवन में स्थिरता,
और मेरी दुनिया—मेरे परिवार में दृढ़ता।

मेरी तीन देवियां

मैं आजीवन आपसे प्रेम करती रहूंगी

—भावना

अनुक्रम

आभार		xiii
प्राक्कथन		xvii
1.	दिल की बातें	1
2.	शुभारंभ	13
3.	बुद्धि का पतन; आस्था का उदय	23
4.	ईर्ष्यालु आस्था बेलगाम	35
5.	सुख के सिद्धांत	51
6.	मनन प्रक्रिया	59
7.	आत्म साक्षात्कार, दिव्य साक्षात्कार है	71

8.	सबको अपनाएं; बिना भेदभाव	85
9.	स्व को पाना, दिव्यत्व को पाना है	111
10.	प्रेम, सद्भाव और आशा	131
11.	आदि योगी, प्रथम योगी	165
12.	देवी की शक्ति	193
13.	श्यामवर्ण प्रभु	213
14.	महाभक्त	239
15.	गणपति का आगमन	259
16.	पूजा की शक्ति	265

उपसंहार	275
टिप्पणियां	277

आभार

स्वर्गीय विनय कुमार त्रिपाठी: अमीश और भावना के पिता; आपने हमें सिखाया था कि क्या होना चाहिए और क्या नहीं। स्वर्गीय हिमांशु रॉय: भावना के पति, अमीश के बहनोई; दोनों के लिए मार्गदर्शक, अतुलनीय व्यक्ति। स्वर्गीय डॉ. मनोज व्यास: अमीश के श्वसुर, भावना के अंकल; दोनों के लिए ज्ञान का स्रोत। इनका गौरव, गरिमा और शिष्टता हमें हमेशा प्रेरित करते हैं। आप हमारे दिलों में बसते हैं।

नील, अमीश का पुत्र। तुम हमेशा मेरा सबसे गहरा प्यार रहे हो। लेकिन हर गुज़रते साल के साथ, जैसे-जैसे तुम्हारा मज़बूत और करुणामय चरित्र उभर रहा है, तुम मेरा सबसे बड़ा गर्व भी बन जाते हो।

अमीश की पत्नी शिवानी। मेरी व्यक्तिगत ज़िंदगी में मेरी ताक़त। मेरे कामकाजी जीवन में मेरी साथी। वो जादुई डोर जो सबको बांधे रखती है।

अनीश और मीता, आशीष और डॉनेटा, हमारे भाई और भाभियों को, हमेशा साथ देने के लिए। हमारी मज़बूत चट्टानें।

हमारा शेष परिवार: उषा, शारदा, सुरेंद्र, पंखुड़ी और सिद्धार्थ। उनके अडिग विश्वास और प्रेम के लिए।

परिवार के बच्चे: मितांश, निकिता, डैनियल, वरुण, एडेन, केया, यश, अनिका और आश्ना, हमारा आनंद और हमारा भविष्य।

नील की मां प्रीति और उनका परिवार: शरनाज़, स्मिता, अनुज, रूटा, उनके सतत सहयोग के लिए।

अमन, जो अमीश की व्यावसायिक गतिविधियों का संचालन करते हैं, और हम दोनों के लिए भाई के समान हैं।

हार्परकॉलिंस की टीम। मेरी संपादक पॉलोमी; शबनम और आकृति के नेतृत्व में सारी मार्केटिंग टीम; गोकुल, विकास और राहुल के नेतृत्व में सारी सेल्स टीम; कॉपी एडिटर श्रेया; अमेया के नेतृत्व में डिजिटल मार्केटिंग टीम; हार्पर360 टीम—कैरेन, सेरेना, डैरेन, और शिनेड; जिनका नेतृत्व हार्परकॉलिंस इंडिया के सुयोग्य सीईओ अनंत कर रहे हैं, मार्गदर्शन हार्परकॉलिंस यूके, आयरलैंड, इंडिया और ऑस्ट्रेलिया के सीईओ चार्ली रैडमेन कर रहे हैं। उनके साथ पार्टनरशिप लगातार मज़बूत होती जा रही है क्योंकि वो हमारी किताबों को सारी दुनिया में ले जा रहे हैं।

प्रतिलिपि की टीम। सीईओ गौतम; एडिटर कार्तिका; और शेष टीम, जो इस किताब के भारतीय क्षेत्रीय भाषाओं के संस्करण लाती है। जब कार्तिका वैस्टलैंड में थीं तब वो *आइडल्स* के पहले प्रारूप की पहली संपादक भी थीं।

नवीन, अनु, नितिन, विशाल, अवनि, मयूरी, ख़ुशी, एनी, पिया। भावना का भावना-परिवार होने के लिए।

भावना के गुरु सिवान और येरॉन बार्जिले। मैं आपकी हमेशा शुक्रगुज़ार रहूंगी। आपने मुझे जीवन और जीना सिखाया।

स्नेहा दातार, मराठी, उर्दू और इंग्लिश की उत्कृष्ट कवयित्री, को उनकी कविताओं और उनके सतत स्नेह और सहयोग के लिए।

आभार XV

अनु अलाहारी को, प्रवृत्ति और निवृत्ति आवेगों के तीन-तीन सिद्धांतों को समझने में सहायता करने के लिए। ज्ञानवर्धक वार्तालापों में वो सजीव हो उठे थे।

निम्मु किशनानी को, डॉ. मंजरी भालेराव के निर्देशन में तैयार ठक्कर हरीश गोपालजी की थीसिस 'भगवान झूलेलाल: एक विश्लेषणात्मक अध्ययन' को देखने देने के लिए।

विजय, शुभांगी, पद्मा, दिव्या, शौर्य और अमीश के मुंबई और लंदन के अन्य सहयोगियों को। वे सारे कार्यों को संभाल लेते हैं जिससे अमीश को लिखने के लिए समय मिल जाता है।

मेहुल को, जो भावना के निजी ऑफ़िस को संभालते हैं। उनके कारण भावना एक सार्थक जीवन जी पाती हैं।

हेमल, नेहा, रोशन, हितेष, शिखा, पार्थ, मृदु, आकाश, विनीत, हर्ष और टीम ऑक्टोबज़। इन्होंने इस किताब के लिए अधिकांश मार्केटिंग सामग्री और डिजिटल गतिविधियां तैयार की हैं।

आशीष मांकड, अति-प्रतिभाशाली डिज़ाइनर और, सबसे अहम रूप से, एक विचारक, जो अमीश की पुस्तकों के लिए कला का निर्देशन और संचालन करने में मदद करते हैं।

संदीप, कैलेब, डॉमिनिक, अखिल, और उनकी अपनी-अपनी टीम जो अपने व्यवसायिक, क़ानूनी और मार्केटिंग परामर्श से अमीश के काम को संबल देती हैं।

संस्कृत की विद्वान मृणालिनी जो रिसर्च में हमारे साथ काम करती हैं।

आदित्य, अमीश की किताबों के जोशीले पाठक जो अब भावना और अमीश दोनों के मित्र और तथ्यों के जांचकर्ता बन गए हैं।

अपने स्नेह और सहयोग के लिए संजय, अर्चना, संदीप, प्रांजुला, ओलिवियर, रविचंद्रन, विनीत और सोमनाथ को, जो नेहरू सैंटर, लंदन

में अमीश की टीम का हिस्सा हैं, और हरीश, निधि, वल्ली जो यूके में इंडियन हाई कमीशन में अमीश की एजुकेशन टीम का हिस्सा हैं।

और अंत में, मगर विशेष रूप से, आप पाठकगण। आपके सतत स्नेह, सहानुभूति और हौसलाअफ़ज़ाई के लिए हम तहेदिल से आभारी हैं। बहुत, बहुत धन्यवाद। भगवान शिव आप पर कृपा करें।

प्राक्कथन

तीन घटनाओं ने इस किताब के विचार को आकार दिया था।

पहली घटना मेरे (अमीश के) साथ हुई थी। मैं एक लोकप्रिय लिटरेचर फेस्टिवल के मंच पर था, और श्रोताओं में ज़्यादातर युवा थे—मेरी किताबों के मुख्य पाठक। एक कॉलेज-छात्र खड़ा हुआ और उसने कहा कि उसे मेरी किताबें बहुत पसंद हैं और कि उसे अपने हिंदू होने पर गर्व है, लेकिन वो 'स्पष्ट रूप से मूर्ति-पूजक' नहीं है। उसने यह आख़री टुकड़ा लगभग अरुचि से कहा था। वो अपने सवाल पर आता, इससे पहले ही मैंने उसे रोका और पूछा कि मूर्ति-पूजक न होने में 'स्पष्ट' क्या है। उसने कहा कि उसे पता है कि मूर्तियां असल में भगवान नहीं होतीं और उनकी पूजा करना ग़लत है, और इसलिए वो यह नहीं करता। और फिर उसने दोबारा कहा, 'लेकिन मुझे हिंदू होने पर गर्व है।' नौजवान की विरोधाभासी टिप्पणियों पर मैं 'स्पष्ट रूप से' हतप्रभ था, और उससे और जिरह करना चाहता था। मगर मैंने सोचा कि सार्वजनिक मंच पर और उसके मित्रों के सामने उसे चुनौती देना सही नहीं होगा, और मैंने उसे अपना सवाल पूछने दिया। मगर यह घटना मेरे मन में अटकी रह गई। यह

किताब एक मायने में उस नौजवान को जवाब है, जिसे हमारी संस्कृति में तो दिलचस्पी है, लेकिन शायद वो इसे पूरी तरह समझता नहीं है। वो मनोविज्ञान की भाषा में 'बैटर्ड-वाइफ़ सिंड्रोम' कहे जाने वाले विकार के एक रूप से पीड़ित है, जिसमें अपने पति के हाथों हिंसा झेल रही पत्नी अक्सर ख़ुद को ही हिंसा का कारण मानती है। एक समूह के रूप में मूर्ति-पूजकों ने पिछले दो हज़ार सालों में भयानक हिंसा और मानव इतिहास के सबसे बुरे नरसंहारों को झेला है; भारत जैसे कुछ बचे-खुचे स्थानों को छोड़कर उन्हें दुनिया में लगभग हर जगह से मिटा दिया गया है। फिर भी, दबी-कुचली पत्नियों की तरह, आज अनेक मूर्ति-पूजक अपने पूर्वजों पर अत्याचार करने वालों की जगह ख़ुद को दोषी मानते हैं।

दूसरी घटना तब हुई थी जब हम दोनों (भावना और अमीश) ने एक सोशल मीडिया प्लेटफ़ॉर्म पर कुछ देखा था। एक भारतीय पत्रकार (एक फ़ैशन पत्रिका के प्रकाशक) ने सार्वजनिक रूप से लिखा था कि 'मूर्ति-पूजन का विनाश एक सार्थक लड़ाई लड़ना' है। और वो अनैतिक/अन्यायपूर्ण समाजों और मूर्ति-पूजन के बीच एक प्रत्यक्ष संबंध स्थापित करते लगा। अहम बात इस दावे की ऐतिहासिक त्रुटि नहीं थी; क्योंकि दोनों ही, मूर्ति-पूजक और मूर्ति-पूजन विरोधी, संस्कृतियों में कभी-कभी अन्यायपूर्ण/अनैतिक समाजों के निर्माण के पर्याप्त उदाहरण मिलते हैं। अहम बात यह थी कि वो तथाकथित पत्रकार मानवतावादी होने का दावा करता था, जो एक न्यायपूर्ण, उदार और हरित दुनिया चाहता है। यह किताब, एक मायने में, उस पत्रकार को यह खोजने का एक सुझाव है कि मूर्ति-पूजा कभी-कभी किस तरह से एक न्यायपूर्ण, उदार और हरित समाज की ओर ले जाती है। क्योंकि मूर्ति-पूजन विरोधी अनेक संस्कृतियों (प्रमुखतः यूरोपियन ईसाई और तुर्की मुसलमान) ने मूर्ति-पूजा के कथित अपराध के लिए दुनिया भर में लाखों लोगों का नरसंहार किया, दसियों विश्वविद्यालयों समेत हज़ारों मंदिरों को नष्ट किया, पूरी की पूरी सभ्यताओं को मिटा

डाला।[1] लेकिन इसके उलट लगभग कोई मिसाल नहीं है, यानी, लगभग किसी भी मूर्ति-पूजक संस्कृति ने दुनिया भर में जा-जाकर मूर्ति पूजा से इंकार करने के लिए सभ्यताओं को नष्ट नहीं किया। और हरित दुनिया? याद रखें, मूर्ति-पूजकों के लिए प्रकृति शोषण करने का साधन नहीं, बल्कि पूजनीय देवी है। इसीलिए मूर्ति-पूजक प्राकृतिक पर्यावरणवादी और एक हरित दुनिया के समर्थक हैं।

तीसरी घटना हमारे घर में एक पार्टी के दौरान हुई। हमारी एक मित्र आई थीं जो हमारे 'आइडल-वर्शिपिंग' कहने पर बेहद उत्तेजित हो गई थीं। उन्होंने काफ़ी आक्रोश के साथ कहा कि मूर्ति-पूजा *आइडल-वर्शिपिंग* नहीं है। और फिर वो बहुत बारीकी से बताने लगीं कि दोनों में क्या अंतर है। उन्होंने यह भी संकेत किया कि हमारे *आइडल-वर्शिपिंग* शब्दों का इस्तेमाल करने के कारण ही पश्चिमी लोग हमें 'पिछड़ा और हिंसक बुतपरस्त' बताते हैं—प्राचीन सैंट्रल अमेरिकी, यूरोपियन सैल्ट और वाइकिंग लोगों की तरह—जैसे, हमारी मित्र के मुताबिक़, हम हिंदू नहीं हैं। हमने यह समझाने की कोशिश की कि यदि हम पिछली दो सहस्त्राब्दियों में मूर्ति-पूजन विरोधी संस्कृतियों द्वारा निर्धारित की गई इस बहस की रूपरेखा को गान लेते हैं, और कहते हैं कि उन्हें मूर्ति-पूजा के 'अपराध' के लिए प्राचीन सैंट्रल अमेरिकी, सैल्ट, वाइकिंग और अन्य बुतपरस्त लोगों को दोषी ठहराना चाहिए, हम हिंदुओं को नहीं क्योंकि हम भिन्न हैं, तो यह हमारे पूर्वजों और अतीत के मूर्ति-पूजकों के वैश्विक समुदाय का अपमान करना होगा। हमें शांति से लेकिन स्पष्टता से यह बताना होगा कि इस बहस की रूपरेखा को मूर्ति-पूजा को 'ग़लत' ठहराने के तौर पर गढ़ना ही अपने आप में ग़लत है। हमें यक़ीन नहीं है कि हम उस शाम अपनी दोस्त को आश्वस्त कर पाए। यह किताब ऐसा करने का एक और, अधिक विस्तृत प्रयास है।

लेकिन हम कुछेक बातें स्पष्ट कर दें। यह किताब यह कहने की कोशिश नहीं कर रही है कि मूर्ति-पूजा आध्यात्मिकता/धार्मिकता के अन्य रूपों से श्रेष्ठ है। यह पक्ष-या-विपक्ष टाइप की किताब नहीं है। अगर आप मूर्ति-पूजा में विश्वास करना/ भाग लेना नहीं चाहते हैं, तो न करें। निस्संदेह मूर्ति-पूजन के तरीक़ों में संशोधनों की गुंजाइश है, ठीक उसी तरह जैसे इसके अपने सुख और शक्तियां हैं। मूर्ति-पूजन विरोधी संस्कृतियों के बारे में भी यही तथ्य है। लेकिन हम यह बताना चाहते हैं कि हम दोनों गर्वित मूर्ति-पूजक क्यों हैं; और, क्यों मूर्ति पूजा से हमें शांति मिलती है।

इसके अलावा, हम निश्चय ही लोगों और अवधारणाओं के बीच अंतर भी स्थापित करना चाहेंगे। हमारा अनुभव है कि ज़्यादातर लोग, औसतन, सुसभ्य होते हैं। लोगों के विरुद्ध पहले से चले आ रहे पूर्वाग्रह रखना—चाहे वो किसी एक व्यक्ति के लिए हों या समूह के लिए—ग़लत है, और इसे वही कहना चाहिए जो यह है, यानी, कट्टरता। लेकिन इसे विचारों या विचारधाराओं के ईमानदार मूल्यांकन में बाधक नहीं होना चाहिए; क्योंकि विचार भीड़ के व्यवहार को संचालित करते हैं—सकारात्मक और नकारात्मक दोनों दिशाओं में।

प्राचीन भारतीय उपनिषदीय परंपराओं और ग्रीस के दार्शनिक सुकरात के शिष्य प्लूटो द्वारा लिखित सुकरातीय संवादों से प्रेरणा लेते हुए इस किताब को संवाद-आधारित बनाया है। हमने देखा है कि जटिल अवधारणाओं को समझाने के लिए कथेतर पुस्तकों की आधुनिक पश्चिमी विधा, जो पाठ्य-पुस्तक सरीखी बन जाती है, की तुलना में संवाद कहीं बेहतर माध्यम हैं। इस किताब में संवादों को एक रैखिक प्रगति की बजाय विचारों के एक नेटवर्क के रूप में देखा जाना चाहिए। हमें महसूस होता है कि मूर्ति-पूजा जीवन में शांति और सांत्वना प्रदान कर सकती है। भक्ति के माध्यम से यह समर्पण, आनंद और बंधुत्व के अनुभव की ओर ले जा सकती है। यह आत्मबोध और

आत्मानुभूति के लिए अनमोल साधन बन सकती है। यह इष्ट देवता की हिंदू अवधारणा के माध्यम से संभव है। हमने इष्ट देवता के दर्शन के प्रतीकात्मक सार को सामने लाने की कोशिश की है, और इस विचार को खंगाला है कि हम, इस तरह, स्वयं को खोज सकते हैं और फिर, रूपांतरण के माध्यम से, प्रचुरता, स्थिरता और प्रेम तक पहुंच सकते हैं। समय के साथ, मूर्ति-पूजन अंततः हमें, ईश्वर के एकत्व का अनुभव करने में सक्षम बना सकता है। धार्मिकों (हिंदू, बौद्ध, जैन, और सिख) के लिए यह ब्रह्म का एकात्मक ईश्वरत्व है, और इस सत्य से रूबरू होना है कि देवी-देवता एकत्व का एक उपसमूह—एक भाग—हैं। ब्रह्म का।

यह किताब *धर्म* की अगली कड़ी है, जिसमें पात्रों का एक विस्तृत समूह एक दूसरे से संवाद और वाद-विवाद करता है। आप पहले *धर्म* को पढ़ें, या इसे पढ़ें। क्रम मायने नहीं रखता। उस मार्ग को खोजें जो आपके लिए कारगर हो। साथ ही, कृपया ध्यान रखें कि प्राचीन ग्रंथों या कहानियों को उद्धृत करते समय हमने उनकी संक्षिप्त व्याख्या कर दी है ताकि आधुनिक पाठक के लिए वो सरल बन सकें।

शैववैष्णवशाक्ताश्च बौद्धजैनादयस्तथा।
धर्मस्य सन्ति पन्थानः लोके लोके च नैकशः।।
तेष्वेकतमं कमपि वृत्वा मोक्षस्य कारणम्।
चरैवेति चरैवेति दृढ़ं शास्त्रस्य शासनम्।।

शैव, वैष्णव, शाक्त, बौद्ध, जैन, और अन्य अनेक,
इस विशाल संसार में अपनाने के लिए धर्म के मार्ग अनेक हैं।
परंपरा कहती है: एक को या एक से अधिक को चुनें,
चुना हुआ मार्ग शास्त्रार्थ के योग्य है,

क्योंकि सभी मार्गों का लक्ष्य मोक्ष है।
महत्वपूर्ण यह है कि अपने चुने हुए मार्ग पर चलें।
चरैवेति चरैवेति।

—भावना और अमीश
लंदन और मुंबई 2023

शैव— भगवान शिव का मार्ग; वैष्णव— भगवान विष्णु का मार्ग; शाक्त— देवी मां (शक्ति) का मार्ग; बौद्ध— गौतम बुद्ध का मार्ग; जैन— तीर्थंकरों का मार्ग।

1
दिल की बातें

बेचैनी से धर्म राज देशपांडे की आंख खुल गई। अपने सीने को मलते हुए उन्होंने अपने पलंग के पास रखी घड़ी की ओर हाथ बढ़ाया। रात के ढाई बजे थे। उन्होंने उठकर बैठने की कोशिश की, लेकिन तकिए पर गिर गए। उन्होंने धीरे से अपनी पत्नी को छुआ। लोपामुद्रा तुरंत उठ बैठीं। 'क्या हुआ?' उन्होंने चिंतित होते हुए पूछा।

'हमें अस्पताल जाना होगा,' धर्म राज धीरे से बुदबुदाए। लोपामुद्रा लपककर बेड से निकलीं और उन्होंने अपना फ़ोन उठा लिया।

नचिकेत अनंत सावंत ने अपना फ़ोन उठाने के लिए बांह बढ़ाई। जब उसने स्क्रीन पर चमकते नाम को पढ़ा तो अपनी पत्नी गार्गी का कंधा झिंझोड़ दिया। *ससुरजी।* दस मिनट बाद, युवा दंपती सड़क पर थे। नचिकेत ने अपने दोस्त अनिर्बान का नंबर भी डायल कर दिया था।

तीस मिनट बाद परिवार पीचेज़ एंड पर्ल हॉस्पिटल की ओर बढ़ रहा था, स्टीयरिंग के पीछे नचिकेत था। तनाव भरी ख़ामोशी फैली हुई थी। तीन महीने पहले धर्म राज को हल्का सा दिल का दौरा पड़ा था और डॉक्टर ने उन्हें चेतावनी दी थी कि ख़ुद को ज़्यादा न थकाएं।

धर्म राज प्रतिष्ठित इंडियन पुलिस सर्विस, महाराष्ट्र कैडर के रिटायर्ड पुलिस अधिकारी थे। वो एक शानदार ऑफ़िसर थे—सख़्त और शारीरिक रूप से भय पैदा करने वाले, मगर वो मेहनती और लोगों के साथ अपने व्यवहार में उदार भी थे। उनकी पत्नी लोपामुद्रा अक्सर कहती थीं कि उनके काम ने उनकी आंखों को सख़्त नहीं बनाया था। वो हमेशा करुणा और प्रेम से भरी रहती थीं। उन्हें धर्म राज की पत्नी होने पर अथाह गर्व था। वो उनके 'पुरुष-पर्वत' थे। बदले में लोपामुद्रा उनकी चट्टान, ताक़त और मरूद्यान थीं। वो कहते थे कि लोपामुद्रा

ने मानव स्वभाव में उनकी आस्था फिर से जगा दी थी। उनकी नौकरी ने उन्हें जीवन की बदतरीन कुरूपताओं और नकारात्मकताओं से दो-चार करवाया था। लोपामुद्रा के साथ उनका निजी जीवन निरंतर इसकी बेपनाह ख़ूबसूरती की भी याद दिलाता था। इस समय वो कार में पीछे पास-पास बैठे थे। लोपामुद्रा ने अपने छोटे से हाथ में अपने पति का बड़ा सा हाथ थाम रखा था। लेकिन फिर भी किसी तरह वो फ़िट बैठ जाते थे। एक लय में, धर्म राज अपने अंगूठे से उनके अंगूठे के निचले हिस्से को दबा रहे थे। यह दुख रहा था, लेकिन लोपामुद्रा ने अपना हाथ हटाया नहीं।

नचिकेत का लक्ष्य सिर्फ़ जल्द से जल्द अस्पताल पहुंचने का था। उसके पास बैठी गार्गी खिड़की से बाहर तक रही थी। इतने सालों में नचिकेत अपने ससुर को अपने गुरु, अपने अभयस्थल के साथ ही जीवन की पथ-प्रदर्शक रौशनी के रूप में देखने लगा था। एक दिन उसके गुरु के गुण उसके अपने अस्तित्व में एकाकार हो जाएंगे, वो यह जानता था। यह उसकी नियति थी। मगर फ़िलहाल, वो रास्ते पर टिका रहने की कोशिश कर रहा था।

अचानक, एक बाइक वाला तेज़ी से कार के सामने आ गया। नचिकेत ने ज़ोरों से ब्रेक लगाए, और बाइक वाला तेज़ आवाज़ के साथ कार के सामने रुक गया। 'सॉरी, पापा,' वो धीरे से बुदबुदाया। जब उसने दरवाज़ा खोला और तेज़ी से बाइकर की ओर बढ़ा, तो वो बहुत ग़ुस्से में था। बाइकर ने अपना हैलमेट उतार दिया था और बज़ाहिर वो ठीकठाक दिख रहा था, उसने बेशर्मी से नचिकेत को घूरा। नचिकेत ने तेज़ी से बढ़कर बाइकर को दो ज़ोरदार तमाचे जड़ दिए। चेहरे पर अविश्वास के भाव लिए बाइकर बाइक से गिर गया, फिर तेज़ी से कूदकर वापस चढ़ा और नौ-दो ग्यारह हो गया। नचिकेत ने ख़ुद को शांत करने के लिए एक-दो बार अपना दायां हाथ झटका और तेज़ी से वापस कार की ओर चल दिया। अंदर बैठते हुए उसने चोर निगाह से

अपनी पत्नी को देखा। उसके चेहरे पर तनाव था। और नाराज़गी भी। नचिकेत ने कार स्टार्ट की। लोपामुद्रा ने करुणामयी आंखों से अपने दामाद को देखा, जबकि वो अस्पताल पहुंचने की जल्दी में कुछेक सैकंड गंवाने की अपनी चिंता को दबाने की कोशिश भी कर रही थीं। उन्होंने अपने पति को देखा। उन्होंने वहां अफ़सोस और समझने का भाव देखा, मगर आकलन का नहीं। धर्म राज ने आंखें मूंद ली थीं।

वो सीधे पीचेज़ एंड पर्ल हॉस्पिटल के पोर्टिको में गए, जहां अनिर्बान उनका इंतज़ार कर रहा था। एक वैले उनकी कार को ले गया। जब वो लॉबी में पहुंचे, तो उन्होंने अपने बाईं ओर एक ऊंचे से चबूतरे पर प्रतिष्ठित भगवान गणेश की मूर्ति देखी। नचिकेत जल्दी से घुटनों के बल बैठा और श्रद्धा से मूर्ति के सामने नतमस्तक हो गया। गार्गी उस आदमी को देखकर मुस्कुराई जिसे वो प्रेम करती थी। हमेशा की तरह, वो कुछ देर पहले आए गुस्से को भूल चुकी थी। उसने अपना दायां हाथ अपने सीने पर रखा। अनिर्बान ने आंखें सिकोड़कर विनोदी भाव से अपने दोस्त को देखा।

वो झटपट इमर्जेंसी रूम में पहुंचे। अनिर्बान ने नचिकेत का फ़ोन आते ही पूना के प्रतिष्ठित कार्डियोलॉजिस्ट और अपने बचपन के दोस्त डॉ. आदर्श भट्टाचार्य को फ़ोन कर दिया था। वही डॉक्टर धर्म राज के कार्डियोलॉजिस्ट भी थे।

डॉ. आदर्श ने इमर्जेंसी विभाग और ड्यूटी पर मौजूद नर्सिंग स्टाफ़ को मरीज़ को भर्ती करने के निर्देश दे दिए थे। उन्होंने धर्म राज को एक पतले से बेड पर लिटा दिया और उनके बल्ड प्रेशर और तापमान की जांच की।

परिवार और अनिर्बान रिसेप्शन एरिया में चले गए।

ईसीजी (इलेक्ट्रोकार्डियोग्राम) हो जाने के बाद धर्म राज को स्ट्रेचर पर सीटी (कंप्यूटेड टोमोग्रैफ़ी) स्कैन के लिए रेडियोलॉजी विभाग में ले जाया गया।

एक घंटे बाद डॉ. आदर्श ने नचिकेत को फ़ोन किया। सीटी स्कैन साफ़ था। ड्यूटी पर मौजूद डॉक्टर ने उन्हें ईसीजी की रिपोर्ट भी भेज दी थी, और उसमें चिंताजनक कुछ नहीं था। संभावना यही थी कि यह गंभीर एसिडिटी का मामला था। डॉ. आदर्श ने धर्म राज को ऑब्ज़र्वेशन के लिए अस्पताल में एडमिट करने की सलाह दी और नर्सिंग स्टाफ़ से आईवी के ज़रिए पैंटाप्रेज़ोल देने को कह दिया था। वो चाहते थे कि सुबह को कोई गैस्ट्रोएंट्रोलॉजिस्ट भी धर्म राज की जांच कर ले। वो छह घंटे बाद ट्रॉपटी (ट्रॉपोनिन टी) के साथ ईसीजी भी फिर से करवाना चाहते थे। डॉक्टर पूरी सावधानी से आगे बढ़ना चाहते थे।

नचिकेत ने अपने परिवार को सारी बात बता दी।

लोपामुद्रा: '*देवा ची कृपा!* भगवान की कृपा है!'

सब तरफ़ सुकून छा गया था।

धर्म राज को ड्रिप लगे-लगे स्ट्रेचर पर बाहर लाया गया। उनके बाएं हाथ के पिछले हिस्से की एक नस में आईवी नीडिल लगाई गई थी। लोपामुद्रा ने देखा, आईवी सॉल्युशन को तीस बूंद प्रति मिनट की गति पर सेट किया गया था। डोज़ पूरी होने में दो घंटे लगेंगे।

'लगता है मैं ज़िंदा रहूंगा। दुख की बात है!' उन्होंने अपनी पत्नी को देखकर आंख मारी। लोपामुद्रा ने चुपके से अपना मुंह बिगाड़कर उन्हें जीभ चिढ़ा दी। धर्म राज मुस्कुरा दिए।

उन्हें नवीं मंज़िल पर ले जाया गया, जहां एक कमरा तैयार कर दिया गया था। लोपामुद्रा उनके साथ गईं।

बाक़ी लोगों ने पेपरवर्क और पेमेंट की प्रक्रिया पूरी कीं, और एलिवेटर से नवीं मंज़िल के कमरा नंबर 909 में पहुंचे। यह वास्तव में सुइट था।

जब तीनों युवा लोग कमरे में घुसे तो नचिकेत हंस पड़ा। 'पापा, सच में, मैं अनिर्बान को आपसे मिलवाऊं, इसके लिए आपको आधी रात गए हमें डराने की कोई ज़रूरत नहीं थी।'

सब लोग हंसने लगे।

नचिकेत: यह है फ्रीलांस फ़ोटोग्राफ़र अनिर्बान कोथापल्ली। अनिर्बान, मेरे पापा—मेरे फ्रीलांस गुरु!'

अनिर्बान हंस पड़ा। 'फ्रीलांस गुरु! किसी भी गुरु-चालित संगठन से असंबद्ध! मैं भी आपकी शरण में हूं, अंकल!'

गार्गी: 'और यह मेरी मां हैं, अनिर्बान—लोपामुद्रा मंडल देशपांडे।'

इस जानकारी से चौंककर अनिर्बान ने बुज़ुर्ग महिला को देखा।

अनिर्बान: 'आप बंगाली हैं, मिसेज़ मंडल? मेरा मतलब, मिसेज़ देशपांडे?'

लोपामुद्रा: 'ह्यैं, आमि बैंगॉली।'

गार्गी: 'इन्होंने बांग्ला में कहा "हां, मैं बंगाली हूं।"'

अनिर्बान गार्गी को देखकर मुस्कुराया और फिर उसने लोपामुद्रा को देखा। 'आमी भाब्लाम आप्नी महाराष्ट्रीयन। मुझे लगा आप महाराष्ट्रीय हैं।'

लोपामुद्रा: 'मैं महाराष्ट्रीय भी रही हूं, अपने सारे वयस्क जीवन में। लेकिन तुम बांग्ला बोल लेते हो?'

अनिर्बान: 'बस कामचलाऊ। मैं आदर्श को बहुत बचपन से जानता हूं और उसके घर में बहुत समय बिताया करता था। तेलुगु से ज़्यादा मेरा साबक़ा बांग्ला से रहा था!'

लोपामुद्रा: 'दिलचस्प।'

धर्म राज: 'तुम पुणे में क्या कर रहे हो? तुम तो मुंबई में रहते हो ना?'

अनिर्बान: 'मैं एक काम के सिलसिले में यहां आया हूं। गणेशोत्सव पर एक छोटा सा फ़ोटोशूट करना है।'

लोपामुद्रा: 'हां, ज़रूर। परसों ही तो शुक्ल पक्ष की भाद्रपद चतुर्थी है।'

अनिर्बान: 'शनिवार को, आपका मतलब है; यानी कल से एक दिन बाद। मैंने सोचा था कि नचिकेत और गार्गी से मिलूंगा, इसीलिए दो दिन पहले आ गया था। आदर्श से भी।'

लोपामुद्रा: 'साढ़े तीन बजे हैं, अनिर्बान। "कल" शुरू हो चुका है। आज बृहस्पतिवार है, अब बुधवार नहीं रहा।'

अनिर्बान: 'बिल्कुल... आपने अभी क्या कहा था? शुक्ल पक्ष...?'

लोपामुद्रा: 'यह थोड़ा जटिल है, लेकिन अगर तुम इस अवसर को शूट करने जा रहे हो, तो तुम्हें उत्सव की बुनियादी बातें पता होनी चाहिएं।'

> हम जानते हैं कि चंद्रमा पृथ्वी के चारों ओर घूमता है, जबकि पृथ्वी सूर्य के चारों ओर घूमती है। पश्चिमी ग्रेगोरियन सौर कैलेंडर पूरी तरह से पृथ्वी के सूर्य के चारों ओर घूमने की गति पर आधारित है। अरबी इस्लामिक चंद्र (हिजरी) कैलेंडर, दूसरी ओर, पूरी तरह से चांद की गति पर आधारित है। निस्संदेह, सारे कैलेंडर पृथ्वी और चांद के अपनी-अपनी धुरियों पर घूमने को भी दृष्टिगत रखते हैं। इस तरह, सभी कैलेंडरों ने अपनी गणनाओं को तो सीधा-सरल रखा है, मगर काल के संपूर्ण सत्य के कुछ अंशों को चूक गए। हिंदू कैलेंडर चंद्र-सौर है। यह सूरज और चांद दोनों की गतिविधियों को समाहित करता है। यह काल के सत्य के अधिक अंश को मापता है, मगर संपूर्ण को नहीं, क्योंकि संपूर्ण सत्य—काल के सत्य सहित—का दावा करना हम मनुष्यों का काम नहीं है।
>
> अधिक सत्य हिंदू कैलेंडर को अधिक जटिल बना देता है।

हरेक चंद्र माह (सामान्यत: एक अमावस्या से दूसरी अमावस्या तक की अवधि, जो लगभग 29.5 दिन की होती है) को दो पखवाड़ों (लगभग 14.77 दिन) में बांटा जाता है। शुक्ल पक्ष अमावस्या की रात के एक दिन बाद से पूर्णिमा की रात तक बढ़ते चंद्रमा का उज्ज्वल पखवाड़ा है। कृष्ण पक्ष पखवाड़ा है घटते चांद का। यह स्याह पक्ष है जो पूर्णिमा के एक दिन बाद से शुरू होकर अमावस्या की रात तक चलता है।

हिंदुओं में दो प्रकार के चंद्र माह होते हैं:

1. अमावस्यंत (अमावस्या-अंत) प्रणाली में, माह अमावस्या पर समाप्त होता है। यह प्रणाली दक्षिण, पश्चिम (गुजरात और महाराष्ट्र) और पूर्वी भारत (पश्चिम बंगाल, असम और त्रिपुरा) में प्रचलित है। नए चांद के पहले दिन से पूर्णिमा (शुक्ल पक्ष) तक और फिर अमावस्या तक (कृष्ण पक्ष) एक अमावस्यंत माह होता है।

2. पूर्णिमांत (पूर्णिमा-अंत) प्रणाली में, माह का अंत पूर्णिमा के दिन होता है। यह प्रणाली उत्तरी भारत और ओडिशा में प्रचलित है। पूर्णमासी के बाद पहले दिन से अमावस्या (कृष्ण पक्ष) तक और फिर पूर्णिमा तक (शुक्ल पक्ष) पूर्णिमांत माह होता है।

29.5 दिन के बारह चंद्र माह होते हैं, जिनसे कुल 354 दिन का एक चंद्र वर्ष बनता है। 365 दिनों के सौर वर्ष के अनुसार कैलेंडर को एडजस्ट करने के लिए, प्रति वर्ष रहने वाले लगभग ग्यारह दिनों के अंतर को हर तीन साल में एक बार अधिक मास (अतिरिक्त माह)

के माध्यम से समायोजित किया जाता है। चंद्र और सौर कैलेंडर को संरेखित करने के लिए अधिक मास को डाला जाता है, इसलिए हिंदू कैलेंडर चंद्र-सौर है। अधिक मास 2023 श्रावण, 2026 ज्येष्ठ, 2029 चैत्र, 2031 भाद्रपद, 2034 आषाढ़ इत्यादि माहों में जोड़ा जाएगा। इस माह को पुरुषोत्तम मास भी कहा जाता है क्योंकि इस माह के स्वामी बारह राशियों की जगह भगवान विष्णु हैं। चूंकि अधिक मास में विवाहादि कोई शुभ काम नहीं होते हैं, इसलिए इसे मल मास भी कहा जाता है, जो दान और प्रार्थनाओं के लिए समर्पित होता है।

नक्षत्रमंडल में सूर्य देव के अगली राशि में जाने से पहले किसी चंद्र माह के शुरू और समाप्त होने पर अधिक मास जोड़ा जाता है।

एक तिथि, मोटे तौर पर देखें तो, चंद्र माह के एक पूरे दिन के बराबर होती है। पृथ्वी-सूर्य अक्ष के अनुरूप, एक तिथि चंद्रमा की बारह डिग्री की गति है। और चतुर्थी शुक्ल और कृष्ण दोनों पखवाड़ों में चौथा दिन या तिथि होती है। शुक्ल पक्ष और कृष्ण पक्ष दोनों में चौदहवां दिन चतुर्दशी होता है।

भाद्रपद हिंदू कैलेंडर का छठा महीना है। भाद्रपद के शुक्ल पक्ष की चतुर्थी गणेश चतुर्थी होती है। दस दिन बाद अनंत चतुर्दशी या शुक्ल पक्ष भाद्रपद चतुर्दशी होती है। इस चतुर्थी से चतुर्दशी के बीच भगवान गणेश का दस दिवसीय गणेशोत्सव मनाया जाता है।

अनिर्बान: 'वाह! मुझे यह सब पता ही नहीं था। आंटी, किसी दिन आपको मुझे यह सब कुछ और डिटेल में बताना होगा।'

लोपामुद्रा: 'मुझे बहुत ख़ुशी होगी।'

नचिकेत ने अपनी पत्नी को देखा। 'आदर्श सुबह नौ बजे आएगा। मेरी राय है कि हम उस वक़्त के क़रीब आएं। तो शायद हम गैस्ट्रोएंट्रोलॉजिस्ट से भी मिल लेंगे।'

गार्गी: 'यह सही रहेगा। अब हमें घर जाना चाहिए। तुम काम पर जाने के लिए तैयार होकर आ जाना और यहीं से सीधे ईगो चले जाना, नचिकेत।'

ईगो, वो अजीब से नाम वाला होटल जहां नचिकेत सू-शेफ़ था, अस्पताल के पास, उसी सड़क पर था।

अनिर्बान: 'मैं भी आ जाऊंगा। मैं अभी तक आदर्श से मिला भी नहीं हूं। और मैं आपसे फिर मिलने आऊंगा, आंटी-अंकल।'

नचिकेत: 'हम्म... मां, पापा, हम सुबह आपसे मिलते हैं।'

यह कहकर तीनों युवा कमरे से चल दिए।

2
शुभारंभ

अनिर्बान, नचिकेत और गार्गी अगले दिन सुबह पौने नौ बजे सुइट नंबर 909 में दाख़िल हुए। उन्होंने वृद्ध दंपती को दोस्ताना मौन में बैठे पाया। लोपामुद्रा पढ़ रही थीं। धर्म राज विचारमग्न दिख रहे थे। लोपामुद्रा ने उनका अभिवादन किया, फिर उठकर साथ वाले कमरे में चली गईं। 'मैं चाय लाती हूं... माफ़ करना, टी बैग वाली ही होगी,' उन्होंने कहा। नचिकेत अपनी सास की मदद करने साथ चला गया।

लोपामुद्रा: 'आप लोग बात करें। हम सुन सकते हैं।'

नचिकेत: 'और जब ज़रूरत होगी तो शामिल हो जाएंगे।'

धर्म राज: 'कशा काय, मंडली? आज दिन में क्या करने का इरादा है?'

गार्गी: 'मेरे दिन की तो सुबह साढ़े पांच बजे से ही शुरुआत हो चुकी है; हम बमुश्किल ही सो पाए थे। मैंने नचिकेत को स्टडी से लिविंग रूम में धकेला और उसके "मी-टाइम" में रुकावट डाली। अनिर्बान, स्टडी मेरे वर्कप्लेस का काम भी करती है। यहां आने से पहले मैं दो एडवांस्ड क्लास ले चुकी हूं। आज के लिए मेरी दो क्लास और हैं। थकान भरा है... मैं दोपहर में थोड़ा पढ़ना चाह रही हूं।'

एक कप में टीबैग डिप करते हुए नचिकेत मन ही मन मुस्कुरा दिया।

गार्गी सावंत योग प्रशिक्षक थी। ख़ुशमिज़ाज और ज़िंदादिल, वो नचिकेत का सुकून थी, उसका मूड ठीक कर देने वाली थी। वो दुनिया को आलोचक के नज़रिए से या इंसानों को बहुत गहराई से नहीं देखती थी, बल्कि उन्हें सामान्य तौर पर लेती थी। मासूम, ज़िंदगी और इसके

खेलों से अछूती, वो उसकी वंडर वुमन थी। नचिकेत कभी-कभार निराशा, एकाकीपन और चिंताओं में डूब जाता था, लेकिन बस उसके क़रीबी लोग ही उसे इस तरह से देख पाते थे। बाक़ी सबके लिए वो स्मार्ट, हंसमुख और हमदर्द इंसान था। कुकिंग हमेशा उसके मन को शांत कर देती थी और उसके अंदर के ऐंद्रिय सौंदर्यज्ञानी को प्रसन्न करती थी। गार्गी कहती थी कि वो गहरा, ख़ूबसूरत, और कभी-कभी लगभग अबूझ होता है।

पांच मिनट बाद नचिकेत और लोपामुद्रा सबके लिए गर्मागरम चाय लेकर आ गए।

नचिकेत: 'मैंने यहां अस्पताल में सुबह साढ़े तीन बजे बप्पा (भगवान गणेश) के साथ दिन शुरू किया था। मैं इसे काम पर मोदकों के साथ ख़त्म करूंगा।'

लोपामुद्रा: 'तुम्हें इतनी जल्दी काम पर जाना है? तुम्हें देर तो नहीं हो रही?'

नचिकेत: 'ऐसा कुछ नहीं है। यह दिन की आसान शुरुआत है। मुझे लगता है हम सब कुछ समय आपके साथ बिताना पसंद करेंगे।'

धर्म राज: 'दिल ख़ुश कर दिया। और तुम, अनिर्बान? तुम्हारी आज की क्या योजना है?'

अनिर्बान: 'मैं कुछ समय शूट की तैयारी में लगाऊंगा। साइट देखने जाऊंगा। अगर हो सका, तो शाम को थोड़ी देर पढ़ूंगा।'

धर्म राज: 'तुम क्या पढ़ रहे हो?'

अनिर्बान: 'पी.जी. वुडहाउस। बर्टी वूस्टर की स्टोरी।'

धर्म राज मुस्कुराए। उन्होंने कहा, 'वो मुझे भी पसंद है। मैं बस वुडहाउस और विल्बर स्मिथ को ही पढ़ता हूं।'

गार्गी: 'ये चाहते हैं कि सब यही समझें। और फिर ये वूडी एलन या रूमी को कोट करते हैं। कभी-कभी ऑस्कर वाइल्ड को भी!'

लोपामुद्रा: 'या ग्राउचो मार्क्स और पू. ला. देशपांडे को!'

सब हंसने लगे।

अनिर्बान: 'पेल्हाम और विल्बर को जाने दीजिए। अभी तो मैं कुछ कम गंभीर मामलों पर आपके विचार सुनना चाहूंगा।'

धर्म राज हंसने लगे। वो अपनी बेटी की ओर मुड़े और बोले, 'हम्म... तुम आजकल क्या पढ़ रही हो, गार्गी?'

गार्गी: 'मैं कैथरीन निक्सी की द *डार्कनिंग एज* पढ़ रही हूं, पापा। यह बहुत अद्‌भुत है। मेरा मतलब, ख़तरनाक ढंग से अद्‌भुत। लेकिन इसे देखें, मैंने आज के *सकाल*[3] में यह देखा था। गणेशोत्सव के आसपास एक दुर्भाग्यपूर्ण घटना। पता नहीं आपने इसे पढ़ा है या नहीं। मुझे तो बहुत बुरा लग रहा है।'

गणेशोत्सव भारत, विशेषकर महाराष्ट्र राज्य में, मनाया जाने वाला दस दिन का धार्मिक उत्सव है।

भाद्रपद माह के शुक्ल पक्ष की चतुर्थी गणेश चतुर्थी होती है। इस दिन भगवान गणेश हम मनुष्यों के पास आते हैं। वो हमारे घर, हमारे मन और हमारे हृदय में वास करते हैं। अनंत चतुर्दशी, शुक्ल पक्ष की चौदहवीं तिथि पर बप्पा हमें उदास छोड़कर चले जाते हैं।

भारत में इस त्योहार की शुरुआत कब और कैसे हुई? यह कोई नहीं जानता। सत्रहवीं शताब्दी में शक्तिशाली मराठा छत्रपति शिवाजी महाराज के शासनकाल में पुणे में गणेशोत्सव मनाए जाने की जानकारी उपलब्ध है। अठारहवीं शताब्दी में पेशवाओं ने सार्वजनिक उत्सवों की परंपरा जारी रखी। उन्नीसवीं शताब्दी के शुरू के दौर में अंग्रेज़ों ने हिंदुओं के सभी सार्वजनिक धार्मिक उत्सवों के लिए प्रशासनिक और संभ्रांत वर्ग का संरक्षण समाप्त कर

दिया और उन्हें चारदीवारी के भीतर धकेल दिया। इस तरह, भगवान गणेश का आगमन एक निजी पारिवारिक आयोजन बन गया। लेकिन यह चलता रहा। यह शेष रहा।

उन्नीसवीं शताब्दी के अंत की ओर, सार्वजनिक आयोजन एक हुंकार के साथ भारतीय जन-मानस में वापस आए। हमारे प्रिय लोकमान्य बाल गंगाधर तिलक ने उत्सवधर्मिता को पुनर्जीवित किया। यह सार्वजनिक रूप से हिंदुओं के भारी संख्या में जमा होने पर लगाए गए प्रतिबंध पर उनका प्रत्युत्तर था। उनके अख़बार *केसरी* ने सार्वजनिक गणेशोत्सव का आह्वान किया, और लोकमान्य ने भाद्रपद माह में—शुक्ल पक्ष चतुर्थी से अनंत चतुर्दशी तक—भव्य समारोहों के आयोजन की ओर अपने प्रयास झोंक दिए।

गणेश चतुर्थी पर भगवान गणेश और उनकी माता देवी गौरी कैलाश पर्वत के शिखर के अपने आवास को छोड़कर अपने भक्तों के घरों और हृदयों में अतिथि देवों के रूप में प्रवेश करते हैं। घरों में माता और पुत्र की मिट्टी की प्रतिमाओं को पूरे अनुष्ठान के साथ स्थापित किया और सजाया जाता है। सार्वजनिक मंडल[4]—सामाजिक समूह जो एक साथ मिलकर सार्वजनिक रूप से गणेश उत्सव मनाते हैं—सार्वजनिक स्थानों पर भगवान गणेश की प्रतिमाओं को प्रतिस्थापित करते हैं। भव्य पंडालों में दस दिन तक समारोह आयोजित किए जाते हैं। दैनिक प्रार्थनाएं और अनुष्ठान किए जाते हैं और सबको प्रसाद वितरित किया जाता है।

दस दिन पलक झपकते बीत जाते हैं और अब बप्पा का अपने परिवार—अपने पिता भगवान शिव, और अपने भाई भगवान कार्तिकेय—के पास वापस लौटने का समय आ जाता है। उनकी मां देवी गौरी भी वहीं हैं। वो पहले ही समारोह के छठे या सातवें दिन वापस घर चली गई थीं, क्योंकि कैलाश पर्वत पर स्थित उनके परिवार को उनकी आवश्यकता थी। दुख और जोशीले उद्घोषों के साथ भगवान को किसी जलाशय—समुद्र, नदी, तालाब आदि—में विसर्जित कर दिया जाता है।

अनंत चतुर्दशी के दिन विसर्जन मुंबई जैसे शहरों में एक बहुत बड़ा अवसर होता है। लाखों भक्त समुद्र तटों पर जमा हो जाते हैं और अपने प्रिय देवता को विदा देते हैं—भलीभांति जानते हुए कि अगले साल वो फिर से वापस आएंगे।

वो सब एक सुर में चिल्लाते हैं, 'पुढ़च्या वर्षि लवकर या! अगले वर्ष जल्दी आना!'

धर्म राज: 'क्या हुआ?'

गार्गी: 'एक सार्वजनिक मंडल—नाम मैं भूल गई—के कुछ लड़कों ने दिन भर मोहल्ले से चंदा जमा किया। रात को पुलिस ने उन्हें सड़क पर हुड़दंग करते पाया। नशे में धुत्त और उपद्रवी, अधिकृत रूप से आप इसे यही कहते ना, पापा?'

अनिर्बान: 'सच कहूं तो मुझे अक्सर हैरानी होती है—ये सारा हुड़दंग क्या वाक़ई आस्था है? क्या ईश्वर गणेश जी की मूर्ति में वास करते भी हैं? या किसी भी मूर्ति में?'

नचिकेत: 'किसी एक मोहल्ले में घटी किसी एक घटना को लेकर सदियों पुरानी प्रथा को नकारने की कोशिश मत करो।'

अनिर्बान: 'सही है, सही है। मैं तुम्हारी बात समझ रहा हूं। मैं जल्दबाज़ी में कोई नतीजा निकालने की कोशिश नहीं कर रहा हूं। एक शाम को कुछेक नौजवानों का बुरा बर्ताव पूरे समाज का प्रतिबिंब नहीं बन सकता। मैं यह समझ रहा हूं—'

धर्म राज: 'लेकिन जिस तरह तुमने अपनी टिप्पणी को गढ़ा—तुम आस्था की बात कर रहे थे।'

इसी पल डॉ. आदर्श भट्टाचार्य कमरे में आ गए। 'हैलो अंकल। आंटी... अनिर्बान! कितना अरसा हो गया!' उसने अपने दोस्त से हाथ मिलाया, और फिर गर्मजोशी से उसे गले लगा लिया। वो नचिकेत और गार्गी की ओर मुड़े। 'माफ़ करना। मैं इससे कोई... चार साल बाद मिला हूं?' उन्होंने मुड़कर अनिर्बान को देखा।

अनिर्बान ने हामी भरी।

गार्गी: 'ये एक अरसे बाद पुणे आए हैं। हम आमतौर पर मुंबई में मिलते हैं।'

डॉ. आदर्श मरीज़ के पास चले गए।

डॉ. आदर्श: 'अंकल, मैंने डॉ. फड़नीस से बात कर ली है। वो गैस्ट्रोएंट्रोलॉजिस्ट हैं। वो ग्यारह बजे आपको देखेंगी, लेकिन मेरे ख़्याल से उन्होंने आपके स्टूल में ख़ून की जांच करने के लिए कह दिया है। वो यह पक्का करना चाहेंगी कि पेट में अल्सर तो नहीं हैं। अगर दोपहर तक एसिडिटी कम नहीं होती है...'

धर्म राज: 'आदर्श, मुझे अभी भी बेचैनी सी महसूस हो रही है। यह कम नहीं हो रही।'

डॉ. आदर्श: 'हम्म... वो गैस्ट्रोस्कोपी कर सकती हैं। उन्होंने इंट्रावीनस्ली पैंटाप्रेज़ोल की एक डोज़ और देने को कह दिया है। देखते हैं। मेरे ख़्याल से आप आज भी हॉस्पिटल में ही रुकेंगे। कल सुबह आप

घर जा सकेंगे। हम एक और ईसीजी भी कर लेंगे। और ट्रॉप टी टैस्ट भी। अब जब आप यहां मेरे पास हैं, तो मैं सब संदेह दूर कर लूंगा!'

धर्म राज: 'मैं सुरक्षित हाथों में हूं।'

गार्गी: 'लगता है शाम को हम सब इसी कमरे में होंगे। आदर्श, हो सके तो तुम भी आ जाना। भले ही थोड़ी सी देर को।'

डॉ. आदर्श: 'देखते हैं। अंकल, जल्दी ही नर्स ईसीजी और ट्रॉप टी के लिए यहां आएंगी... अब मैं चलूंगा। बाइ, एवरीवन।'

डॉ. आदर्श चुस्त क़दमों से कमरे से निकल गए।

नचिकेत: 'मुझे भी चलना चाहिए। मुझे काम पर पहुंचना होगा।'

अनिर्बान: 'अंकल, शाम को हम इस बातचीत को जारी रखेंगे— देवताओं और आस्था की।'

धर्म राज मुस्कुराए।

अनिर्बान: 'गार्गी, तुम मुझे मेरे होटल पर छोड़ दोगी?'

गार्गी: 'हां, चलो।'

इसके बाद जल्दी ही अनिर्बान, गार्गी और नचिकेत चले गए।

3

बुद्धि का पतन; आस्था का उदय

शाम सात बजे नचिकेत और अनिर्बान पीचेज़ एंड पर्ल हॉस्पिटल की नवीं मंज़िल पर लिफ़्ट से बाहर निकले। नचिकेत ने नर्सिंग स्टेशन पर खड़ी नर्सों का अभिवादन किया। 'हैलो, सिस्टर माधुरी। कैसी हैं, सिस्टर अनुंग्ला?'

नर्स भी उसे देखकर गर्मजोशी से मुस्कुराईं। दोनों आदमी मुड़कर सुइट 909 में चले गए।

गार्गी पहले ही आ चुकी थी और दीवार से लगे एक पतले से सोफ़े पर बैठी एक किताब पढ़ रही थी। लोपामुद्रा बेड पर अधलेटे अपने पति के पास रखी सोफ़े की कुर्सी पर बैठी थीं। लोपामुद्रा के हाथों में एक मैगज़ीन थी। धर्म राज अपना फ़ोन लिए संदेशों के जवाब दे रहे थे।

नचिकेत: 'नमस्कार करतो, पापा। मां, नमस्कार। हाइ, गार्गी।'

अनिर्बान: 'गुड ईवनिंग, अंकल-आंटी। हैलो, गार्गी।'

गार्गी: 'हैलो, हैलो, हैलो। तुम्हें इतनी देर कहां लग गई, नचिकेत?'

नचिकेत: 'बहुत काम था... लेकिन अभी शाम के सात ही तो बजे हैं।'

'चाय, सबके लिए?' लोपामुद्रा जवाब का इंतज़ार किए बिना साथ वाले कमरे में चली गईं। गार्गी अपनी मां के पीछे-पीछे गई।

धर्म राज: 'तुम बहुत थके तो दिख नहीं रहे हो, नचिकेत। ना ही तुम, अनिर्बान।'

अनिर्बान: 'हम आपके आधे भी तरोताज़ा नहीं दिख रहे हैं, अंकल। आपको अच्छा आराम मिल गया लग रहा है।'

धर्म राज: 'मैं तो घर जाने को बेताब हूं। मैं इस जगह से उकता गया हूं।'

'हम सुबह घर चलेंगे,' लोपामुद्रा ने अंदर से कहा। 'तुम्हारी एसिडिटी ठीक हो गई है। उन्होंने तुम्हें गोलियां देना शुरू कर दिया है।'

धर्म राज: 'बहुत देर कर दी! मेरा मतलब घर जाने से था, एंटेसिड देने से नहीं। परसों गणेश चतुर्थी है। हम सुबह जल्दी निकलेंगे, लोपा।'

'मैंने पेमेंट कर दी है, पापा। आप सुबह-सुबह जा सकते हैं,' एक ट्रे में चाय के कप लेकर कमरे में आते हुए गार्गी ने कहा। उसने एक कप अपने पिता को दिया। अनिर्बान और नचिकेत ने अपने-अपने कप उठा लिए।

पल भर के लिए शांति छा गई, जबकि सब लोग अपनी-अपनी चाय लेकर बैठ रहे थे। लोपामुद्रा हल्के से अपने पति का हाथ थामकर उनके पास वाली कुर्सी पर बैठ गईं। अनिर्बान टीवी कैबिनेट के पास एक कुर्सी पर बैठ गया, और गार्गी और नचिकेत कमरे के विपरीत छोरों पर बैठे थे।

लोपामुद्रा: 'अनिर्बान, ऐसा लग रहा है जैसे तुम कुछ कहना चाह रहे हो। बोल दो!'

अनिर्बान: 'हम्म, मैं अपनी जिज्ञासा छिपा नहीं पाता। वास्तव में, हमारी बातचीत एक दिलचस्प बिंदु पर लटकी रह गई थी, अंकल।'

धर्म राज: 'और वो क्या था? मुझे याद दिलाओ। मुझे तो इतना याद है कि गार्गी ने *सकाल* में छपे किसी लेख का जिक्र किया था। और कि वो कोई ख़तरनाक सी किताब पढ़ रही है!'

धर्म राज की स्नेह भरी नज़रें अपनी बेटी पर टिक गईं। नचिकेत ने अलक्षित ढंग से अपना सिर हिलाया। गार्गी इतरा उठी और फिर उसने अपने पति को जीभ चिढ़ा दी। नचिकेत ने अपनी भौंहें उठाईं, फिर मुस्कुरा दिया।

अनिर्बान: 'मैंने भगवान की अवधारणा पर बात की थी—मूर्तियों में देवताओं के बसने की, और आपने कहा कि मैंने आस्था की अवधारणा का ज़िक्र किया है...'

लोपामुद्रा हंसीं, और बोलीं: 'अब तो तुम फंस गए, अनिर्बान।'

गार्गी: 'डैंगलिंग कंवर्सेशन! ये!'

नचिकेत की आंखें चमक उठीं, उसने साइमन और गारफ़ंकेल के गाने *डैंगलिंग कंवर्सेशन* की पंक्तियां गुनगुनाईं, ' "*एज़ द सन शाइन्स थ्रू द कर्टेन लेस। एंड शैडोज़ वाश द रूम!*" हां! पापा, यह सैटिंग तो एकदम ज़बरदस्त है।'

गार्गी: 'अनिर्बान, नचिकेत यहां इस हॉस्पिटल में ही एक लंबी बातचीत का प्रस्ताव रख रहा है।'

नचिकेत: 'क्यों नहीं? दो घूंट चाय के अंतहीन कप और कुछ चर्चा!'

गार्गी: 'क्या इन्हें आराम नहीं करना चाहिए? मैं बस कह रही हूं।'

लोपामुद्रा: 'बातें करने से पापा को बहुत शांति मिलती है, तुम तो यह जानती हो। और बस थोड़ी सी एसिडिटी ही तो हुई थी, याद है ना?'

धर्म राज ने अपनी पत्नी को हल्की सी नाराज़गी से देखा।

लोपामुद्रा मुस्कुराईं, 'गंभीर थी, हां, लेकिन फिर भी एसिडिटी ही थी।'

नचिकेत: 'बढ़िया है फिर!'

अनिर्बान: 'यह तो दिलचस्प लग रहा है। नचिकेत ने अक्सर मुझे आस्था और अध्यात्म के विषयों पर आपकी चर्चाओं के बारे में बताया है। और यह सच है कि कुछ समय से मैं इस बारे में सोच रहा हूं कि इस शूट को लेकर मैंने ख़ुद को कहां फंसा लिया है।'

धर्म राज: 'तो... तुमने आस्था की बात कही थी। आस्था में कुछ ग़लत नहीं है, अनिर्बान। यह शांति, सुरक्षा, अभय, सांस्कृतिक जड़ें प्रदान करती है—यही अपने आप में सार्थक है।'

अनिर्बान: 'कभी-कभी मुझे लगता है यह बस बैसाखी होती है।'

धर्म राज: 'कुछ लोगों को बैसाखियों की ज़रूरत होती है। अगर तुम्हें ज़रूरत नहीं है तो तुम उनका इस्तेमाल मत करो।'

लोपामुद्रा: 'आस्था का संबंध भक्ति से भी है। प्रेम पगी भक्ति। यह सुंदर है। यह आपके हृदय को विशाल और गहरा बनाती है।'

अनिर्बान: 'ओके।'

गार्गी: 'तुमने पूछा था क्या भगवान किसी मूर्ति में वास करते हैं। पापा, मुझे याद है पिछली बार जब हम बात कर रहे थे, तब आपने "मूर्ति-पूजा" का ज़िक्र किया था। आप क्या कहते हैं, इसी विषय का तीया-पांचा कर डालें?'

लोपामुद्रा: 'इसके लिए आक्रामकता की ज़रूरत नहीं है, गार्गी।'

गार्गी: 'वाक़ई, मां? देखिए अनिर्बान ने क्या कहा था। दो हज़ार साल से मूर्ति-पूजा को व्यवस्थित ढंग से नकारा जा रहा है। जैसे कि यह मूर्खता भरी या आदिकालीन चीज़ हो—यक़ीनन बुद्धिमानी की बात तो नहीं है। तुम्हें आमिर ख़ान की वो फ़िल्म याद है, नचिकेत—*पीके*?'

नचिकेत: 'हां। मुझे वो दृश्य याद है जब वो एलियन एक पत्थर उठाता है, उस पर पान मसाला लगाता है और हंसी उड़ाते हुए कहता है कि अब यह पूजा के लिए तैयार है। मुझे यह अच्छा नहीं लगा था।'

अनिर्बान: 'वो फ़िल्म स्पष्ट रूप से मूर्ति पूजा के ख़िलाफ़ विवेकसम्मत तर्क रखती है। सभी जीवित आध्यात्मिक गुरुओं को एक ही ब्रश से कपटी गुरु बना देती है। मुझे अनुष्ठानों और पूजा-पाठ में बहुत विश्वास नहीं है—मुझे उनकी कोई तुक समझ नहीं आती है। लेकिन हां, फ़िल्म का दबा-छिपा अर्थ यही है कि मूर्ति-पूजक बेवक़ूफ़ होते हैं। सच कहूं, उस दृश्य पर मैं भी कसमसा गया था। ऐसा लगा

बुद्धि का पतन; आस्था का उदय   29

जैसे किसी रूप में मेरी दादी-नानी और मेरी मां का अपमान किया जा रहा हो।'

नचिकेत: 'बहुत पहले फ़िल्म रिलीज़ होने के वक़्त मुझे इसके ऊपर अमीश का लिखा एक लेख पढ़ना याद है।'

गार्गी: 'मुझे पता है तुम किसकी बात कर रहे हो। मेरे ख़्याल से वो *हिंदुस्तान टाइम्स* में छपा था।' उसने अपना फ़ोन उठाया और गूगल करती रही जब तक कि उसे वो मिल नहीं गया। 'यह रहा।'

गार्गी: '"*साफ़ तौर पर, पीके हमें यह विश्वास दिलाने की अच्छी कोशिश है कि नग्न, मानव-सदृश परग्रही नियमित रूप से भारत आते रहते हैं और वो ईश्वर के साथ हमारे संबंधों पर हमें शिक्षित कर सकते हैं। इसी वैज्ञानिक पड़ताल की भावना में, पीके धर्म पर कुछ गंभीर सवाल उठाती है। वास्तव में, सारे धर्मों पर नहीं; कुछ को लापरवाही से समेटा गया है। प्रमुख विद्वतापूर्ण विश्लेषण उन धर्मों पर है जिनमें मूर्ति पूजा होती है।*"'[5]

नचिकेत हंस पड़ा: 'पैना व्यंग्य है! ख़ैर, यह विश्वास कि मूर्ति-पूजा आदिकालीन है बहुत समय से चल रहा है। यह कहना भी ग़लत है कि यह पूर्व-आधुनिक है।'

गार्गी: '"*...कोई भी इसका कोई ठोस, धर्मशास्त्रीय उत्तर नहीं दे पाया है कि यह ग़लत क्यों है, अलावा इसके जिससे आप बहस नहीं कर सकते कि: 'मेरे ईश्वर ने ऐसा कहा है!'*"' इसीलिए उन्हें इसे नापसंद करना पड़ता था... और अमीश आगे कहते हैं... "*पिछली दो सहस्राब्दियों से अधिक समय से कुछ समुदायों ने... इस नापसंद को चरम स्तर तक ले जाकर बलपूर्वक मूर्ति-पूजा की 'शैतानी' प्रथा को समाप्त किया। संसार भर में मूर्ति-पूजा को मिटाने के लिए भारी हिंसा हुई।*"'

लोपामुद्रा: 'दरअसल यह हिंसा ग्लोबल घटना थी। यूरोपीयन, तुर्क, और कई दूसरे लोगों ने बलपूर्वक मूर्ति-पूजा को ख़त्म करने के

लिए एड़ी-चोटी का ज़ोर लगा दिया था। उनका मानना था कि यह वाक़ई "शैतानी" है, हमें भले ही यह अजीब लगता है। बहुत सारी मूर्ति-पूजक संस्कृतियों—हैलेनिक, खेमिक, मेसोपोटेमियाई—को लगभग पूरी तरह ख़त्म कर दिया गया था। अब वो केवल म्यूज़ियमों में ही मौजूद हैं।'

नचिकेत: 'गार्गी, तुमने कैथरीन निक्सी की किताब को चौंकाने वाली कहा था। वो भी इसी बारे में है ना? ईसाइयों द्वारा मूर्ति-पूजक दर्शन की दुनिया के विनाश पर?'

गार्गी ने अपने पास पड़ी किताब उठाई और उसे ऊंचा करके दिखाया। 'हां। यह बेलगाम विनाश सदियों चला था। यह भयानक था। तुम्हें पढ़ना चाहिए कैसे निक्सी ने पामिरा में एथीना के मंदिर को नष्ट करने का वर्णन किया है। एक्रोपोलिस में एथीना की मूर्ति को भी गिरा दिया गया। इसे पढ़ते हुए मैं तो रोने ही लगी थी, नचिकेत।'

एथीना देवताओं के राजा ज़्यूस की पुत्री थी, जो ओलिंपस पर्वत पर रहता था। वो फटे हुए मस्तक से निकली थी—वयस्क युवती के रूप में, अपना कवच पहने और युद्ध के लिए तैयार।

एक दिन ओलिंपस पर्वत पर देवताओं ने एक बहुत सुंदर तटवर्ती गांव ढूंढ़ा। इसका संरक्षक कौन होगा? दावेदार बहुत सारे हैं, इसलिए ज़्यूस दो सबसे शक्तिशाली योद्धाओं के बीच मुक़ाबला रखने का निर्णय करता है: एथीना और पोसाइडन, ज़्यूस का भाई और समुद्रों का देवता। इस स्वर्ग सरीखे गांव को कौन बेहतर भेंट प्रदान करेगा?

पोसाइडन एथीना के साथ ओलिंपस पर्वत से उतरता है। देवताओं की सारी चमक-दमक के साथ वो एक्रोपोलिस के शिखर पर खड़े होते हैं। नागरिक पहाड़ी के चारों ओर एकत्रित हो जाते हैं, मौन और उत्सुक।

बुद्धि का पतन; आस्था का उदय 31

पोसाइडन अपनी वरिष्ठता का लाभ उठाते हुए पहल करता है। वो अपने त्रिशूल को ऊंचा उठाता है और भयंकर गर्जन के साथ नीचे लाता है। जिस जगह त्रिशूल टकराता है वहां से कलकल करता एक मनमोहक झरना फूट पड़ता है। भीड़ निष्कपट उल्लास से जय-जयकार करती है। लेकिन जब कुछ बहादुर लोग आगे बढ़कर पानी पीते हैं, तो तुरंत उसे थूक देते हैं। समुद्रों के देवताओं ने उन्हें खारे पानी का उपहार दिया है।

अब एथीना की बारी है। वो अपनी निगाह ओलिंपस के शिखर की ओर उठाती है, शांति से अपने घुटनों के बल बैठती है और एक बीज रोप देती है। पलक झपकते जैतून का एक भरापूरा पेड़ निकल आता है। कोई मुक़ाबला ही नहीं है। लोगों को अपनी संरक्षक देवी मिल गई हैं और वो गांव प्राचीन यूनान के नगर-राज्यों का सिरमौर—एथेंस, एथीना का नगर—बन जाता है।

एक्रोपोलिस के शिखर पर उनके सम्मान में पार्थेनन का मंदिर बनाया जाता है।

एथीना युद्ध की देवी है। लेकिन युद्ध क्या बस बाहरी ही होता है? युद्ध क्या बस "दूसरों" से ही लड़ा जाता है? ये "दूसरे" कौन हैं? सबसे बड़ा युद्ध तो वो हो सकता है जो हम अपने भीतर लड़ते हैं—वो युद्ध जो हमारे गुण हमारे अवगुणों के विरुद्ध छेड़ते हैं और, बदले में, हमारे अवगुण हमारे गुणों के विरुद्ध छेड़ते हैं।

देवी एथीना इस युद्ध में सक्षम संचालन प्रदान करती है। क्योंकि, दिलचस्प ढंग से, वो ज्ञान की देवी भी है। और स्वयं न्याय, साहस, कला और संस्कृति की भी। वो करुणा

> और परिष्कार की देवी है। उसने बांसुरी का भी आविष्कार किया है। कोई हैरानी नहीं कि वो महान नगर एथेंस की संरक्षक देवी थी।
>
> उसे एक हाथ में उल्लू पकड़े या जैतून के पेड़ के साथ दर्शाया गया है।

नचिकेत: 'पागलपन है। ऐसी ख़ूबसूरती को निर्ममता से नष्ट करना।'

गार्गी: 'उन्हें *पाराबलनी*, अविवेकी, कहा जाता था। पाराबलनी— व्यंग्यात्मक रूप से कितना सुरीला शब्द है। निक्सी के अनुसार वो आस्थावानों की सेनाएं थीं। उन पर पादरियों का नियंत्रण था और वो झुंडों—दरअसल जत्थों में निकलते थे। कभी-कभी पांच सौ से ज़्यादा आदमी होते थे। वो मंदिरों, मूर्तियों, पवित्र उपवनों पर हमला करते... वो मूर्तिपूजकों के घरों में भी घुस जाते थे और सारी मूर्तियों और ऐसी किसी भी किताब को ज़ब्त कर लेते थे जो उन्हें "अधार्मिक" लगती थी। निक्सी के मुताबिक़, वो उन्हें "शैतानी लेखन" कहते थे।'

अनिर्बान: 'दरअसल, समस्या बुनियादी है। इस तरह के व्यवहार को ख़ुद बाइबिल, ओल्ड टैस्टामेंट में स्वीकृति दी गई प्रतीत होती है। ड्यूटेरॉनोमी[7] किताब में, ईश्वर अपने चयनित लोगों को आदेश देता है कि पुराने भगवानों की वेदियां नष्ट कर दो, खुदी हुई प्रतिमाओं को तोड़ दो, पवित्र उपवनों को जला दो। वैसे भी, सिनाई पर्वत पर मोज़ेज़ को दिया गया पहला आदेश ही है, "मुझसे पहले तुम्हारा कोई और ईश्वर नहीं होगा।" ड्यूटेरॉनोमी कहती है कि मूर्तिपूजक को पत्थर मार-मारकर मार डालना चाहिए। बहुत स्पष्ट निर्देश है, नहीं?'

धर्म राज: 'मानव स्वभाव हर कहीं समान है। सभी धर्मों और समुदायों में असहिष्णु उग्रवादी लोग होते हैं। सैद्धांतिक मंज़ूरी समस्या को और गहराई से जमा देती है।'

गार्गी: 'पामिरा[8] में, उन्होंने एथीना के सिर, बांहों और कंधों को काट डाला। सारे रोमन साम्राज्य में उन्होंने मंदिरों को गिरा दिया, मूर्तियों को तोड़ दिया और विकृत कर दिया।'

लोपामुद्रा: 'एक हज़ार साल बाद, इस्लामिक स्टेट के उग्रवादियों ने एक बार फिर पामिरा में यही किया था। उन्होंने एथीना को भी नष्ट कर दिया था।'

धर्म राज: 'लेकिन उसे तो पहले ही नष्ट कर दिया गया था, है ना, गार्गी? तुम्हारी किताब यही कहती है ना?'

अंतरराष्ट्रीय इतिहास को अपने दोस्तों से ज़्यादा जानने पर गर्वित, अच्छा-ख़ासा घूमा हुआ अनिर्बान बोल पड़ता है। 'उसके बाद उसे फिर से बनाया गया था, अंकल। बहुत मेहनत से फिर से बनाया गया था।'

'हैलो! जनाब सर्वज्ञाता! पापा ने मुझसे पूछा था,' गार्गी भड़की।

अनिर्बान: 'सॉरी।'

गार्गी: 'निक्सी ने इस दूसरी घटना के बारे में भी लिखा है, मां। इसी पर तो मुझे रोना आया था। मुझे उसके शब्द एकदम साफ़-साफ़ याद हैं। "एक बार फिर एथीना का सिर काट दिया गया था। एक बार फिर उसकी बांहें काट दी गई थीं।" मुझे नहीं लगता मैं इन वाक्यों को कभी भूल पाऊंगी। वो मेरे मन में खुद गए हैं।'

नचिकेत: 'मुझे तुम्हारी अतिशयोक्ति बहुत अच्छी लगती है।'

'तुम्हें तो इसकी हर बात अच्छी लगती है,' धर्म राज शुष्कता से कहते हैं।

नचिकेत हंस पड़ता है।

4
ईर्ष्यालु आस्था बेलगाम

लोपामुद्रा कभी जिज्ञासु पाठक रही थीं। लेकिन अब वो इंसानों को पढ़ती हैं—यह एक ऐसी गुप्त आसक्ति थी जिसके बारे में उन्होंने शायद ही किसी से बात की होगी, हालांकि उन्हें संदेह था कि उनके पति भी ऐसा ही करते थे। किसी दिन वो इस अंतरंगता को भी पा लेंगे; शायद किसी भलीभांति पढ़ी किताब की तरह वो आपस में इस पर चर्चा करेंगे।

वो अब बारीकी से अपनी बेटी और दामाद को परख रही थीं। अक्सर, किसी शांत पल में, वो सोच में पड़ जाती थीं कि नचिकेत क्या अपनी पत्नी पर बस फ़िदा था, बिना किसी प्रगाढ़ता या गहरे आवेग के। वो इसके किन पहलुओं का सम्मान करता होगा? क्या वो पार्टनर थे—क्या यह उसे चुनौती देती होगी, क्या वो इसे चुनौती देता होगा? या तो बस एक दूसरे के लिए कंफ़र्ट ज़ोन थे? क्या हमें अपने पार्टनर से चुनौती मिलनी चाहिए? गार्गी यक़ीनन उसे ख़ुश करती थी। और वो, बदले में, उसकी आज़ाद और बेलगाम भावना का संबल था।

उन्होंने अपने विचारों को झटका और वापस वहां चल रही बातचीत में आ गईं।

अनिर्बान: 'देवी एथीना अकेली नहीं थी, गार्गी। सारे देवी-देवताओं—एथेंस में एफ़्रोडाइट, जर्मनी में मिनर्वा, इटली में अपोलो—को इंसान के हाथों घोर क्रूरताएं झेलनी पड़ी थीं। अलेक्ज़ेंड्रिया में सेरेपिस के मंदिर को तोड़ दिया गया और उस पर जॉन द बैप्टिस्ट चर्च का निर्माण कर दिया गया था। इन विनाशकारियों में से अनेक अगुआओं को संतत्व प्रदान किया गया। चर्च ने उन्हें संत बना दिया था—सेंट

मार्टिन, सेंट जॉन क्रिसोस्टम। उदाहरण के लिए सेंट बेनेडिक्ट ने इटली के अपोलो मंदिर को नष्ट किया था।'

नचिकेत: 'कमाल है, वही कट्टर सोच। "मैं सही हूं।" "तुम ग़लत हो।" "तुम्हारे भले के लिए मुझे तुम्हारी जीवनशैली को नष्ट करना होगा।"'

गार्गी: 'कई जगहों पर तो क़ानून बनाकर पुराने देवताओं की पूजा करना वर्जित कर दिया गया था। सार्वजनिक चौकों पर पुराने ग्रंथों के ढेर लगाकर उन्हें जला दिया गया था।'

नचिकेत: 'पागलपन है। घोर पागलपन।'

अनिर्बान: 'लगभग सभी प्राचीन जीवनशैलियों को फिर से गढ़ा और मिटा दिया गया था।'

लोपामुद्रा: 'यह हमारे साथ भी किया गया था—तुर्कों और यूरोपियनों द्वारा। हमारे देवी-देवताओं की मूर्तियों के सिर काट दिए गए, मंदिर तोड़े गए, विश्वविद्यालय जलाकर राख कर दिए गए क्योंकि उनमें "शैतानी किताबें" थीं। ये किताबें आध्यात्मिकता के उस पक्ष की थीं जो प्रश्न करता था और खोज करता था, और विज्ञान की थीं जो दिशा-निर्देशन करता था।'

गार्गी: 'लेकिन, हमें फिर से नहीं गढ़ा जा सका। प्राचीन धार्मिक मार्ग—हिंदू, जैन, बौद्ध और उनका सबसे छोटा भाई सिख धर्म—जीवित रहे। यह अभी भी जीता-जागता खड़ा है। हमारे पूर्वज हठधर्मी से पुनर्निर्माण करते रहे। उन्होंने अपनी जीवनशैली को छोड़ने से इंकार कर दिया। इतिहासकार कहते हैं कि सोमनाथ मंदिर का सत्रह बार पुनर्निर्माण हुआ था। सबसे पहले इसे तुर्की के महमूद ग़ज़नी ने नष्ट किया था, हालांकि कुछ इतिहासकार कहते हैं कि अरब आक्रमणकारी जुनैद इसे अपवित्र करने वाला सबसे पहला शख़्स था।[10] हमारे पूर्वजों ने हार नहीं मानी। धर्मत्याग नहीं किया। लेकिन रोम से लेकर मिस्र तक, प्राचीन ज्ञान के मार्ग के हमारे कई साथी यात्री लुप्त हो गए।'

लोपामुद्रा: 'हां। लेकिन यह दिलचस्प है कि हालांकि मूर्ति-विरोधी संस्कृतियों द्वारा मूर्ति-पूजक "दूसरी" संस्कृतियों के नरसंहार के इतने सारे उदाहरण हैं, मगर मेरी जानकारी में ऐसी कोई ऐतिहासिक घटना नहीं है जिसमें मूर्ति-पूजक संस्कृतियों ने जाकर "दूसरों" को मारा हो, महज इसलिए कि वो मूर्तियों को *नहीं* पूजती थीं। किसी ने यह नहीं कहा: "मैं तुम्हें मार डालूंगा क्योंकि तुम मूर्तियों का विरोध करते हो।"'

अनिर्बान: 'इस पर मैं निश्चित नहीं हूं। ऐसे साक्ष्य हैं कि हिंदुओं ने जैन और बौद्ध मंदिरों और मूर्तियों को नष्ट किया था।[11] और निष्पक्ष होकर देखें, तो इसका उलट भी हुआ था।'

लोपामुद्रा: 'इससे इंकार नहीं है। लेकिन तुम कह रहे हो कुछेक हत्याएं किसी नरसंहार के बराबर हैं? कुछ मूर्ति-पूजकों ने दूसरे मूर्ति-पूजकों पर हमले किए थे, लेकिन वो राजनीतिक दांव थे। यह इसलिए नहीं था कि जैन, बौद्ध और हिंदू धर्मग्रंथों ने "दूसरे" को दुष्ट कहा हो और आदेश दिया हो कि उन्हें नष्ट कर दिया जाए। मूर्तिपूजकों का ईसाई और इस्लामिक विनाश भी राजनीतिक था, लेकिन उनका प्राथमिक उद्देश्य सैद्धांतिक और धार्मिक था। और इसे उनके द्वारा गर्व से उनके अपने लिखित प्राथमिक स्रोतों[12] में भी प्रमाणित किया गया है... इस तरह, वो नाटकीय रूप से ज्यादा व्यापक थे। उनके धर्मादेशों के अनुसार मूर्ति-पूजकों का नरसंहार और उनके मंदिरों को नष्ट करना पुण्य का काम था; यह बस राजनीतिक महत्वाकांक्षाओं का खेल नहीं था और इसने राजनीति में क्रूर कट्टरता जोड़ दी थी... मूर्ति-पूजक संस्कृतियों ने दूसरी संस्कृतियों को केवल *इसलिए* नहीं मिटा दिया था कि मूर्तियों की पूजा नहीं की जा रही थी; उनके धार्मिक सिद्धांत इस कट्टरता का समर्थन नहीं करते थे।'

अनिर्बान: 'आप जो कह रही हैं मैं उसे मानता हूं, आंटी। लेकिन भारत में हुए जैनों और बौद्धों के जेनोसाइड का क्या?'

लोपामुद्रा: 'जेनोसाइड?'

अनिर्बान: 'वो भारत में पूरी तरह से नदारद हैं। तो ज़ाहिर है, मैं कहूंगा, उन्होंने जेनोसाइड का सामना किया होगा।'

गार्गी: 'वाह! क्या छलांग लगाई है!'

अनिर्बान ने कंधे उचकाए।

लोपामुद्रा: 'सबसे पहली बात, जैन हमेशा एक छोटा सा समुदाय रहे थे। बहुत ही प्रभावशाली समुदाय, आज तक भी, लेकिन छोटा सा...'

गार्गी: 'नचिकेत और मैं दो महीने पहले रनकपुर डेरासर (रनकपुर, राजस्थान में एक जैन मंदिर) गए थे। वो इतना शांतिपूर्ण, सुव्यवस्थित, इतना साफ़-सुथरा था... ओह, बेहद साफ़-सुथरा!'

नचिकेत: 'इस बार यह बढ़ा-चढ़ाकर नहीं कह रही है। वाक़ई, वो बहुत साफ़-सुथरा और शांतिदायक था। मैं किसी दिन मां-पापा को वहां ले जाना चाहता हूं।'

धर्म राज: 'मुझे जाना अच्छा लगेगा, लेकिन हम विषय से भटक रहे हैं। आगे कहो, लोपा।'

लोपामुद्रा: 'बौद्ध धर्म पर आएं, तो भारतीय उपमहाद्वीप के अनेक हिस्सों में जहां वो स्थानीय जनसंख्या के अच्छे-ख़ासे अनुपात में थे—अफ़ग़ानिस्तान और पाकिस्तान के अनेक हिस्सों में, उदाहरण के लिए—उन्हें बारहवीं शताब्दी में तुर्की हमलावरों ने मिटा दिया था।'

धर्म राज: 'क्या यह सच है? मिटा दिया था, मेरा मतलब है... और भी कारण रहे हो सकते हैं।'

लोपामुद्रा: 'इसके बारे में डॉ. अंबेडकर ने *पाकिस्तान ऑर द पार्टीशन ऑफ़ इंडिया*[13] में लिखा है।'

अनिर्बान ने सिर हिलाया। 'हम्म। किताब सुझाने के लिए शुक्रिया। मैं इसे ज़रूर पढ़ूंगा।'

लोपामुद्रा ने कहना जारी रखा: 'इसके अलावा, बौद्ध-धर्मी यहां भारत में अभी भी हैं। बल्कि कहूं तो, अच्छी खासी तादाद में।'

अनिर्बान नए जोश के साथ कूद पड़ा। आख़िरकार उसके पास बहस करने के लिए आंकड़े थे। 'वो कुल जनसंख्या का महज़ 0.7 प्रतिशत हैं, आंटी। क्या ये वाक़ई अच्छी-ख़ासी तादाद है?'

लोपामुद्रा मुस्कुराईं। 'तुम देश की धार्मिक संरचना को औपनिवेशिक परिभाषा के माध्यम से देख रहे हो। पश्चिम का मानना है कि आप बस एक धर्म का पालन कर सकते हैं, बाक़ी सबको छोड़कर। लेकिन मूर्ति-पूजक दुनिया को इस तरह से नहीं देखते, अनिर्बान। गौतम बुद्ध को भगवान विष्णु के नवें अवतार के रूप में पूजा जाता है। इस रौशनी में देखें तो, अनेक वैष्णव—भगवान विष्णु के अनुयायी—बौद्ध भी हैं। इससे बौद्ध अनुयायी जनसंख्या का लगभग 15-20 प्रतिशत हो जाते हैं।'

अनिर्बान: 'यह तो कुतर्क है, आंटी। चालाकी भरा लेकिन अस्वीकार्य तर्क। वैसे, दक्षिण भारत में गौतम बुद्ध को भगवान विष्णु के अवतार के रूप में नहीं देखा जाता है।'

लोपामुद्रा: 'माना। यह उत्तर भारतीय वैष्णव मत है। इसीलिए मैंने बौद्धों को जनसंख्या का लगभग 15-20 प्रतिशत ही गिना था।'

धर्म राज: 'अनिर्बान, लोपा जो कह रही हैं वो बस पश्चिमी सोच को ही कुतर्क लगता है क्योंकि उसका मानना है कि केवल एक ईश्वर—और वो भी पुरुष रूप—की ही उपासना की जा सकती है, और बाक़ी सबको मिथ्या मानकर छोड़ देना चाहिए। कि मनुष्य केवल एक धर्म का पालन करे और शेष को नकार दे। जापान एक मूर्तिपूजक समाज है जो कभी उपनिवेश नहीं रहा, और शिंतो वहां की जनसंख्या का 70 प्रतिशत हैं। लेकिन बौद्ध 67 प्रतिशत हैं! इससे कुल योग 100 प्रतिशत से कहीं ज़्यादा हो जाता है! इन आंकड़ों पर अपने दिमाग़ को दौड़ाओ![14] इसका

मतलब है कि ज़्यादातर जापानी शिंतो और बौद्ध दोनों धर्मों का पालन करते हैं, जो कि उनके मॉडर्न डाटा में भी दिखाई देता है।'

अनिर्बान: 'वाह! मुझे यह नहीं पता था। बहुत दिलचस्प है।'

लोपामुद्रा: 'भारत में, बहुत से "हिंदू" हिंदू धर्म के साथ-साथ बौद्ध परंपराओं का भी पालन करते हैं। वो भगवान विष्णु के अवतार के रूप में भगवान बुद्ध की पूजा करते हैं और चार आर्य सत्यों और अष्टांग मार्ग से भलीभांति परिचित हैं। बहुत से हिंदू जैन परंपराओं का पालन करते हैं और शाकाहारी हैं। बहुत से जैन हिंदू मंदिरों में जाते हैं और भगवान गणेश और भगवान शिव की पूजा करते हैं। तुम दक्षिणपूर्व एशिया में इसका प्रतिबिंब पाओगे जहां बहुत से बौद्ध भगवान गणेश की उपासना करते हैं और महाभारत और रामायण की कहानियों का यशगान करते हैं। एक और उदाहरण है जिसे हम सब जानते हैं मगर मानते बहुत कम हैं। अधिकृत तौर पर यह माना जाता है कि भारतीय जनसंख्या का 1.7 प्रतिशत सिख हैं। लेकिन बहुत से हिंदू अपने पूजाकक्षों में गुरु नानक जी की तस्वीर रखते हैं। बहुत से सिंधी और पंजाबी हिंदू घर पर गुरु ग्रंथ साहब रखते हैं। वो मंदिरों के साथ-साथ गुरुद्वारों में प्रार्थना करते हैं। तो वो हिंदू हैं या सिख? या दोनों हैं? हम पर किसी एक को चुनने और दूसरे को नकारने का दबाव नहीं हैं।'

अनिर्बान: 'समझ गया, आंटी। मैंने इसे इस तरह से कभी देखा ही नहीं।'

नचिकेत: 'जब धर्म की बात आती है तो मूर्तिपूजक खुले दिमाग़ के और विनम्र होते हैं। अगर हम किसी को भी, एक पत्थर तक को, पूजने के लिए तैयार हैं, तो हमें उन लोगों से कोई परेशानी नहीं होनी चाहिए जो भिन्न तरीक़े से उपासना करते हैं। आप जिससे चाहें, जैसे चाहें प्रार्थना करें। आप ग़लत नहीं हो सकते। "मैं सही हो सकता हूं, लेकिन दूसरे भी सही हो सकते हैं," बनाम "केवल मैं ही सही हूं, बाक़ी सब ग़लत हैं और अनंत काल तक नर्क में जलेंगे।"'

अनिर्बान: 'ओके। यह भी काफ़ी सही पॉइंट है।'

लोपामुद्रा: 'अतीत में मूर्तिपूजक प्रकृति-पूजक भी थे। रक्तरंजित अतीत में, दो हज़ार साल से भी पहले, जब यह जीवनशैली फल-फूल रही थी। वो मौलिक पर्यावरणविद थे, हालांकि आज यह विश्वास करना मुश्किल होगा। वो हर चीज़ को दैवी मानते थे। प्रकृति बस हमारे प्रयोग के लिए एक संसाधन के रूप में नहीं रची गई थी, वो एक देवी मां की तरह थी जो पूजनीय थी।'

अनिर्बान: 'असल ज़िंदगी में ऐसे नहीं होता।'

लोपामुद्रा हंस पड़ीं। उन्होंने कहा, 'सच कहा, मेरे प्रिय संशयवादी। मानव—हमारी नस्ल—हम डब्ल्यूआईपी हैं। वर्क्स इन प्रोग्रेस। प्रक्रियाधीन वस्तुएं। मगर विचारधारा हममें से अधिकांश के लिए एक शक्तिशाली लाइटहाउस का काम करती है। विचारधारा और धार्मिक सिद्धांत मायने रखते हैं। यह साइनपोस्ट है।'

अनिर्बान: 'हम्म। यानी, प्रकृति देवताओं के समान है।'

नचिकेत: 'प्रकृति देवताओं के *समान* नहीं है। मूर्तिपूजक संस्कृतियों में यह देवता *ही है*। कोई भेद नहीं है।'

गार्गी: 'देवी है, दरअसल!'

लोपामुद्रा: 'देवी-देवता। देवी-देवता।'

नचिकेत: 'मूर्ति पूजा शर्मिंदगी की वजह नहीं होनी चाहिए। या बौद्धिक हिचकिचाहट की। यह गर्व का विषय होना चाहिए।'

अनिर्बान ने अपनी भौंहें उठाईं। यह उसके शांतचित्त मित्र की पुरज़ोर पैरवी थी। उसने महसूस किया कि नचिकेत प्रबल मूर्तिपूजक था, हालांकि उसकी पत्नी गार्गी कहीं अधिक वाचाल थी। एक व्यक्ति के रूप में अपनी सहजता के अनुरूप ही उसकी राय भी शांत होती थीं। आख़िर, अनिर्बान ने सोचा, इसी ने अस्पताल में प्रवेश करते समय गणेश जी को साष्टांग प्रणाम किया था, गार्गी ने नहीं।

अनिर्बान डटा रहा। 'मुझे नहीं पता। मैं राजनीतिक पॉइंट को तो समझ रहा हूं—हम ऐसे ही हैं, यही हमारी पहचान है और हम अपने ख़ोल में सहज भी रह सकते हैं। लेकिन दार्शनिक रूप से, मैं इसे नहीं समझ पा रहा। कहानियां मुझे पसंद हैं, यह ध्यान रहे, सारी ही—मिस्री, ग्रीक, रोमन, मैक्सिकन और नेटिव अमेरिकन। ऋषियों और प्राचीन राजाओं की हमारी अपनी कहानियां भी... लेकिन वो हैं क्या? वाक़ई, क्या वो इतिहास हैं? पौराणिक कथा हैं? वास्तविक हैं या काल्पनिक हैं? और इस सबका मतलब क्या है?'

धर्म राज: 'यह इस पर निर्भर करता है कि तुम इससे क्या समझते हो। यह आमतौर पर व्यक्तिगत होता है।'

अनिर्बान ने फिर से अपनी भौंहें ऊपर उठाईं। 'इसका क्या मतलब है? आस्था व्यक्तिगत है?'

गार्गी भी अपने पिता से मुखातिब हुई, 'हां, पापा। व्यक्तिगत से आपका क्या मतलब है?'

लोपामुद्रा: 'ठीक है, इसका जवाब मैं देती हूं। सबसे पहले तो, हम यहां आस्था से कहीं ज़्यादा पर चर्चा कर रहे हैं, अनिर्बान; आस्था से कहीं व्यापक स्पेस पर। बेशक, उस व्यापक स्पेस में हम आस्था की उपेक्षा नहीं करते हैं। लेकिन मूर्ति पूजा को हम एक प्रतीकात्मक विकास के तौर पर देखते हैं। हम विचारों के एक खुले नेटवर्क का निर्माण करने की कोशिश करते हैं।'

धर्म राज: 'हम कोई तार्किक विकास नहीं ढूंढ़ रहे हैं। प्रतीकात्मक भाषा पार्श्व में चलती है। अनिर्बान, तुम मूर्तियों को आस्था से जोड़ते हो। दिल से महसूस की गई आस्था भक्ति होती है। नचिकेत उस सांचे में ढला है। गार्गी के लिए, मुझे अंदेशा है, यह बौद्धिक है। लोपा और मैं... हम जानने की कोशिश कर रहे हैं कि मूर्ति-पूजा क्या स्व की खोज के पोर्टल का काम कर सकती है। इस मायने में मैंने "व्यक्तिगत" कहा था।'

अनिर्बान: 'यानी, विचारधाराओं का कोई पार्श्विक विकास नहीं होता?'

धर्म राज: 'उसे भी... साथ में ही समझते हैं।'

लोपामुद्रा: 'ठीक है, मुझे बताओ, तुम्हारे मनपसंद देवी या देवता कौन हैं? तुम किनसे प्रेरित हो?'

गार्गी: 'पहले मैं बताऊंगी। प्लीज़, प्लीज़। भगवान कृष्ण।'

लोपामुद्रा: 'और तुम्हें, नचिकेत?'

गार्गी: 'रुकिए, अभी मेरी बात पूरी नहीं हुई। भगवान शिव और भगवान राम।'

नचिकेत: 'भगवान गणेश और भगवान हनुमान।'

लोपामुद्रा: 'अनिर्बान?'

अनिर्बान: 'सच कहूं, तो अभी भी मुझे मूर्ति पूजा की तुक कुछ समझ में नहीं आई है। मगर फिर भी, मुझे मानना होगा कि भगवान गणेश मुझे पसंद हैं।'

लोपामुद्रा: 'ठीक है। मेरी तो देवी सरस्वती और देवी लक्ष्मी हैं। पापा कहते हैं कि वो साईं बाबा जैसे आध्यात्मिक गुरुओं से प्रेरित होते हैं। और बेशक, निराकार, हमारे उपनिषदों के अनुसार सबके स्रोत—ब्रह्म से।'

गार्गी: 'इनका झुकाव भगवान शिव की ओर भी है, है ना, पापा?'

अपनी बेटी को देखते हुए धर्म राज का चेहरा कोमल हो गया था।

अनिर्बान: 'अंकल, काश मुझमें आपके जैसी योग्यता होती कि बिना चिढ़े अपनी पत्नी और बेटी को अपनी ओर से बोलने दे सकता। मैं समझ नहीं पाता कि मुझे कभी-कभी अपनी पत्नी को इतनी छूट देनी चाहिए। या नहीं।'

गार्गी: 'मुझे अपने मां-पापा की यह बात पसंद है। इनके अंदर थोथा अहं नहीं है और इनकी निकटता इस बात की इजाज़त देती है।

वैसे, पापा अपने ऊपर स्वामित्व जताने के लिए आसानी से किसी को भी भावनात्मक जगह दे देते हैं। तो मां को क्यों नहीं?!'

सब हंसने लगे।

अनिर्बान: 'मैं ब्रह्म को पूरी तरह नहीं समझता हूं। यह क्या है? सब कुछ? तो फिर देवी-देवता क्यों हैं? अगर आप एकेश्वर की बात करते हैं—जो कि मेरी समझ के अनुसार ब्रह्म है—तो ये बाक़ी सारे देवता उस एकेश्वर, ब्रह्म के उपसमूह मात्र हैं। तब तो बाक़ी चर्चा ही सारहीन हो जाती है। ऐसा ही है ना?'

धर्म राज: 'चीज़ों को देखने के मेरे तरीक़े में तो नहीं। अक्सर एक और अनेक के बीच संबंध जीवंत अनुभव नहीं होता है। यह एक सैद्धांतिक विचार है जिसे महर्षि याज्ञवल्क्य, सप्तर्षि वशिष्ठ से लेकर रोजर बेकन और थियोसॉफ़िस्ट्स तक कई विद्वान विचारकों ने प्रतिपादित किया था। लेकिन अभी तक भी यह संदेश पैठा नहीं है। निश्चय ही मेरे दिमाग़ में तो नहीं। अनुभवजन्य रूप से हम सभी विशिष्टता, ध्रुवीकरण और पृथक्करण में फंसे हुए हैं। हम सभी में ख़ुद को किसी न किसी "अन्य" के विरुद्ध खड़ा करने की गहन प्रवृत्ति होती है। चलो, फ़िलहाल हम "दूसरी ओर" वाली प्रवृत्ति से बचने की कोशिश करते हैं। जहां तक ब्रह्म की बात है...'

ब्रह्म[15] ब्रह्मांडीय वास्तविकता है। यह सत्य है, माया, भ्रम से मुक्त होने पर एकमात्र वास्तविकता। इसका कोई रूप-आकार नहीं है और इसे केवल अनुभव किया जा सकता है। यह एक ऐसी चेतना है जो अनंत रूप से व्याप्त ही है। यह शाश्वत है।

ब्रह्म एक है। सभी भाव, रूप और अस्तित्व इसमें समाहित हैं। यह वो सब कुछ है जिसका हम सब एक भाग हैं। हमारी पृथकता की भावना एक भ्रम है।

जीवन का एकमात्र लक्ष्य उस निराकार की चेतना को प्राप्त करना है जो स्थूल ब्रह्मांड का, जीवन के एकत्व का एक अंग है—यह जानना: अगर मैं प्रोटोन हूं, तो मैं किसका घटक हूं? परमाणु! अगर मैं एक परमाणु हूं, तो मैं किसका घटक हूं? अणु—डीएनए अणु! अगर मैं एक डीएनए अणु हूं, तो मैं किसका घटक हूं? जीवित कोशिका! अगर मैं एक जीवित कोशिका हूं, तो मैं किसका घटक हूं? संभवत: फेफड़ा! अगर मैं फेफड़ा हूं, तो मैं किसका घटक हूं? संभवत: बाघ! या "मैं।" या "तुम।"

अगर मैं बाघ हूं तो फिर मैं *किसका* घटक हूं? यदि मैं "मैं" या "तुम" हूं, तो मैं या तुम *किसका* घटक हैं? वो जिसका संपूर्ण भौतिक जीवन बिल्डिंग ब्लॉक हैं।

अंतर्ज्ञान के लिए स्थान तब बनता है जब स्व-स्पष्ट पहचान पर सवाल उठाया जाता है और तर्क को भ्रमित किया जाता है।

सारा जीवन ब्रह्म, निराकार ईश्वर है। सभी रूप—जिनमें देवी-देवता भी शामिल हैं—निराकार ईश्वर की ओर ले जाने का काम कर सकते हैं।

लोपामुद्रा: 'तुम सब समझ रहे हो न, अनिर्बान?'

अनिर्बान व्यंग्यात्मक हंसी हंसा। 'अच्छा। तो, हम सबकी व्यक्तिगत पसंद है...'

लोपामुद्रा: 'ये तुम्हारे इष्ट देवता हैं।'

अनिर्बान: 'मतलब?'

लोपामुद्रा: 'तुम्हारे मनचाहे या चुने हुए देवता। तुम किसी देवता की ओर खिंचते हो, भले ही तुम इसका कारण न समझ पाओ। यह किसी से प्रेम करने या एक अबूझ खिंचाव महसूस करने जैसा है।'

अनिर्बान: 'मैं यह समझा नहीं।'

धर्म राज: 'ये देवता किसी आइने की तरह होते हैं। ये तुम्हारी भावनाओं की प्रतिध्वनि बन सकते हैं। तुम वो देखते हो जो तुम देखना चाहते हो। तुम ख़ुद को उस तरह देखते हो जैसे तुम ख़ुद को देखना चाहते हो। और अगर तुम ख़ुद को सक्षम कर लेते हो, तो तुम वो देखते हो जो तुम्हें देखना होता है।'

लोपामुद्रा मुस्कुराईं और उन्होंने अपना सिर हिलाया। उन्होंने विनोदी भाव से अपने पति से नज़रें मिलाईं। *तुम्हारे प्रशंसकों और भक्तों का जमावड़ा! राज, इष्ट देव!*

धर्म राज की आंख में शरारत भरी चमक थी।

गार्गी: 'मां, पापा, जब आप दोनों प्राइवेट जोक शेयर करते हैं तो मुझे बिल्कुल अच्छा नहीं लगता। आपको पता है कि मैं बाहर कर दिया गया महसूस करती हूं।'

नचिकेत: 'पापा, प्लीज़ इसे वो बता दें जो यह सुनना चाहती है...'

धर्म राज: 'तुम बाहर कैसे हो सकती हो, गार्गी? तुम तो मेरा सैंटर हो।'

नचिकेत मुस्कुराने लगा।

गार्गी: 'आप दोनों ने अभी-अभी मेरी टांग-खिंचाई की?!'

धर्म राज ठठाकर हंस पड़े। नचिकेत की मुस्कुराहट भी फैल गई।

लोपामुद्रा: 'राज सबके साथ ऐसा करते हैं। ये सबको स्पेशल और शामिल हुआ महसूस करवाते हैं। एक बार जब ये किसी से बात कर रहे थे, तो मैंने यह कह दिया और इन्होंने मुझसे कहा, "लोगों से वो कहना

जो वो सुनना चाहते हैं, उन्हें शांत कर देता है। फिर आप उनसे वो कहने की जगह पा सकते हैं जो उन्हें सुनना चाहिए...'"

गार्गी: 'पापा की यही ख़ासियत है। दरअसल, नचिकेत, तुम भी ऐसे ही हो।'

अनिर्बान: 'इस इष्ट देवता के मुद्दे पर वापस आते हैं, भई... इतने सारे देवी-देवता क्यों? मेरे चुने हुए देवता। आपकी चुनी हुई देवी...'

धर्म राज: 'हमारे व्यक्तित्व बहुत भिन्न होते हैं, अनिर्बान। कोई भी दो व्यक्ति एकदम एक जैसे नहीं होते। लेकिन हम मोटे तौर पर लोगों को दो वर्गों में बांट सकते हैं—वो जो एक अंतरजीवन के प्रति सजग हो चुके हैं और वो जो नहीं हुए हैं। सुकून और चैन पाने के सबके लिए भिन्न-भिन्न मार्ग उपलब्ध हैं। और फिर आत्मबोध के लिए।'

अनिर्बान: 'आपने तो गोलपोस्ट ही बदल दिए, अंकल। मैं सोच रहा था कि हम भगवानों और आस्था की बात कर रहे हैं। लेकिन अब आप आत्मबोध की बात कह रहे हैं।'

धर्म राज: 'गोलपोस्ट तो बदलेंगे ही। यह विचारधाराओं का नेटवर्क है, जैसा तुम्हारी आंटी ने कहा। तुम मूर्ति-पूजा और मूर्तियों को आस्था से जोड़ रहे थे, अनिर्बान। यह कहीं ज़्यादा हो सकता है। आस्था स्कूल की पहली कक्षा की तरह है। हम स्कूल में बहुत लंबे समय तक रहते हैं।'

गार्गी: 'और फिर जब स्कूल पूरा हो जाता है तो कॉलेज आता है। अगर आस्था स्कूल में पहली कक्षा है, तो आत्मबोध पोस्ट ग्रेजुएट कोर्स जैसा है?!'

लोपामुद्रा: 'हां, गार्गी। लेकिन धर्म के क्षेत्र में तुम ख़ुद को एक साथ ही पहली कक्षा में और कॉलेज में पा सकती हो!'

अनिर्बान की ओर मुख़ातिब होकर लोपामुद्रा ने कहना जारी रखा, 'अनिर्बान, इससे फ़र्क़ नहीं पड़ता कि तुम देवी-देवताओं में विश्वास करते हो या नहीं। हम यहां पक्ष-विपक्ष की बहस नहीं कर रहे हैं। हम

कुछ इतनी विशाल और जटिल चीज़ को खोज रहे हैं जो सारे जीवन को समेटे हुए है। यहां साइलो चर्चाओं की तलाश में मत रहो, जिनमें हम एक विषय को पूरा करते हैं और फिर दूसरे को शुरू करते हैं। भिन्न-भिन्न लड़ियां हैं। कौन जाने, वो सब एक ही स्थान पर ले जाती हों। इसे इंटरनेट के ज़रिए कुछ खोजने की तरह देखो। तुम एक लेख पढ़ रहे हो, और फिर तुम्हें किसी हाइपरलिंक से जुड़ा कोई दिलचस्प उप-विषय मिल जाता है, तो तुम उस हाइपरलिंक पर क्लिक करते हो, उस उप-विषय पर जाते हो और गहराई से पढ़ते हो। इंटरनेट के ज़रिए तुम अपना ख़ुद का अनूठा मार्ग खोजोगे। जैसे हम सब खोजेंगे।'

अनिर्बान: 'मैं समझ रहा हूं आप क्या कह रही हैं। एक नाकाम कोशिश में मैं आप लोगों के हरेक शब्द का जितना अर्थ समझ सकता हूं, समझने की कोशिश कर रहा हूं। लेकिन यह एक विकास है।'

गार्गी: 'यह...'

लोपामुद्रा: 'यह एक खोज है। हम सब एक साथ अंधेरे में हाथ-पांव मार रहे हैं। मुझे बताओ, तुम्हें लगता है ईश्वर कोई बाहरी सत्ता, "वहां बाहर" कोई है? या ईश्वर एक आंतरिक अनुभव हैं?'

अनिर्बान: 'मैंने अक्सर इस बारे में सोचा है। यह विषय मुझे लुभाता है, मगर मैं कह नहीं सकता कि मुझे इस बारे में कोई गहरा ज्ञान हासिल हुआ है।'

लोपामुद्रा: 'नचिकेत, तुम क्या सोचते हो?'

नचिकेत: 'दोनों?'

धर्म राज हंस पड़े, 'गार्गी, तुमने एक सहजज्ञानी से शादी की है। मुझे नहीं लगता कि तुमने अभी जो कहा है, उसे तुम पूरी तरह समझते हो, नचिकेत। लेकिन तुम सही हो। और इसी बात पर, लोपा, क्या एक कप चाय और मिलेगी?'

लोपामुद्रा हंसीं: 'दो घूंट?'

धर्म राज ने उनकी ओर थम्स अप किया: 'दो घूंट!'

5
सुख के सिद्धांत

हाथ में चाय लिए धर्म राज ने कहना जारी रखा, 'देवताओं की अवधारणा कुछ लोगों को बहुत आकर्षक लगती है। भारत में, हमारे यहां अनेक देवी-देवता हैं, और बहुत लोग उनकी ओर खिंचते हैं। ऐसे दूसरे लोग भी हैं जो शायद आध्यात्मिक हों लेकिन उन्हें कोई बाहरी संबल नहीं चाहिए। जानते हो, *कठोपनिषद* दो दिलचस्प शब्द कहता है: श्रेयस और प्रेयस।'

भारतीय दर्शन चार वेदों—ऋग्वेद, सामवेद, अथर्ववेद और यजुर्वेद—में अंतर्निहित है। ये सभी दार्शनिक चिंतन के साथ समाप्त होते हैं, जिन्हें कालान्तर में उपनिषद के नाम से जाना गया। इन्हें *वेदांत* भी कहा जाता है।

उपनिषद का अनुवाद 'चरणों में बैठना' हो सकता है। शिष्य अपने गुरुओं के चरणों में बैठते थे जो जीवन और ब्रह्मांड की प्रकृति को स्पष्ट करते थे। पारंपरिक रूप से दस प्रमुख प्राचीन उपनिषद हैं, ईश, केन, कठ, प्रश्न, मुंडक, माण्डूक्य, तैत्तिरीय, छांदोग्य, ऐतरेय और बृहदारण्यक। श्वेताश्वतर, कौषीतकि और मैत्राणीय अन्य प्राचीन उपनिषद हैं। मुक्तिकोपनिषद 108 उपनिषदों का उल्लेख करता है। विभिन्न सूत्रों से प्राप्त सूचियों के आधार पर यह संख्या सैकड़ों में जा सकती है। इन लघु उपनिषदों को शैव, शाक्त, वैष्णव, योग, संन्यास, सामान्य आदि वर्गों में बांटा जा सकता है। इन्हें युगों-युगों तक मौखिक रूप से

पीढ़ी दर पीढ़ी सौंपा जाता रहा, जब तक कि अंतत: इन्हें लिखा नहीं गया।

सत्रहवीं शताब्दी में शाहजहां के सबसे बड़े पुत्र दारा शिकोह ने कई उपनिषदों का संस्कृत से फ़ारसी में अनुवाद किया था। इस प्रयास में उसने काशी (बनारस, अब वाराणसी, उत्तर प्रदेश, भारत) के पंडितों की मदद ली थी।

कठोपनिषद सबसे प्रसिद्ध उपनिषदों में से है और कृष्ण यजुर्वेद के अंत में लिखा गया है। इसे भारतीय दर्शन के महान शिष्य बाल नचिकेत और मृत्यु के देवता यम के बीच संवाद के रूप में प्रस्तुत किया गया है।

ऋषि वाजश्रवा ने अच्छे कर्मों को संचित करने के लिए एक आनुष्ठानिक यज्ञ किया। इसके लिए आवश्यक था कि वे अपनी सारी पूंजी दान कर दें, लेकिन उनके पुत्र नचिकेत को शीघ्र ही अहसास हुआ कि उनके पिता उन्हें नहीं दे रहे हैं। वो भी अपने पिता को प्रिय थे, तो वो बार-बार वाजश्रवा से उन्हें भी दान करने के लिए कहते रहे। ऋषि ने अपना आपा खो दिया और उन्होंने अपने पुत्र से कहा कि वो उन्हें मृत्यु के देवता यम को दे देंगे। निष्कपट बालक ने इसे एक आदेश के रूप में लिया, और वो यम के पास जा पहुंचे, जिन्हें धर्म राज भी कहा जाता है।

इसके बाद नचिकेत और धर्म राज के बीच संवाद हुआ जो कठोपनिषद के रूप में सहस्राब्दियों तक गुंजायमान होता रहा।

नचिकेत: 'श्रेयस और प्रेयस। ओके...?'

धर्म राज: 'प्रेयस का अर्थ है वो सब जो हमारी इंद्रियों के लिए सुखद है।'

नचिकेत: 'हम्म... गार्गी, आज से मैं तुम्हें "प्रेयस" कहूंगा!'

सब हंसने लगे।

लोपामुद्रा: 'क्योंकि यह तुम्हारे लिए सुखकारी है? या इसलिए कि यह सुख-आकांक्षी है?'

गार्गी: 'दोनों, मुझे लगता है!'

नचिकेत: 'मेरी पत्नी में एक चीज़ की कमी नहीं है—ईमानदारी की!'

धर्म राज ने जारी रखा, 'जो ऐंद्रिक अंगों को सुख देता है, वो क्षणिक है। और नचिकेत, लगभग सारे मनुष्य प्रेयस की दुनिया में ही रहते हैं। केवल तुम्हारी गार्गी ही नहीं।'

गार्गी ने ज़ोरों से सिर हिलाया।

लोपामुद्रा: 'प्रेयस वास्तव में आनंद से परे है। तार्किक नज़रिए से भी हम उस पर निर्भर करते हैं जो हमारी इंद्रियां महसूस करती हैं। हम अपनी अनुभवजन्य यथार्थता पर गर्व करते हैं।'

अनिर्बान ने कंधे उचकाए। 'यह इतनी भी बुरी बात नहीं हो सकती! और श्रेयस क्या है?'

धर्म राज: 'श्रेयस धर्म है। शुद्ध। संतुलित। यह स्थायी आनंद भी है। लेकिन यह आनंद दुर्लभ है। बहुत कम ऋषि-मुनि ही बस यह जानते हैं कि यह क्या है। और वो भी बस इस स्थिति में जाते-आते रहते हैं। चलो श्रेयस और प्रेयस का रोडमैप बनाते हैं।'

अनिर्बान: 'पहले इन पर चर्चा क्यों न कर लें?'

लोपामुद्रा: 'क्योंकि चर्चा विरोधात्मक होती है। और क्योंकि श्रेयस और प्रेयस दोनों ही वैध हैं। यहां कोई मुक़ाबला नहीं है। साथ ही, क्योंकि हम वो अनुभव करते हैं जो हमारे स्वभाव हमें अनुभव करने देते हैं। वो नहीं जो यह कर नहीं सकता... इस बहस में पड़ना नादानी है कि श्रेयस

बेहतर है या प्रेयस। रूपांतरण निजी यात्रा है और इसके लिए अनुकूलन करना होता है। सबके लिए एक साइज़ नहीं चलता।'

धर्म राज: 'मिसाल के लिए, मेरी पत्नी शायद ही कभी तेज़-तर्रार बहस करती हैं जबकि मेरी बेटी जानती है कि कैसे सीधे भिड़ जाना है!'

ऋषिका लोपामुद्रा[16] वैदिक युग में एक प्रसिद्ध दार्शनिक और विद्वान थीं। उन्होंने ऋग्वेद की अनेक ऋचाएं लिखी थीं और शाक्त परंपरा के *पंचदशी वेदांत* का श्रेय भी उन्हें ही दिया जाता है। वो ऋषि अगस्त्य की पत्नी थीं और स्वयं भी ऋषिका थीं।

किंवदंती के अनुसार, ऋषि अगस्त्य ने अपने लिए एक संपूर्ण स्त्री की रचना की थी। वो तन-मन से सुंदर थीं। उनके पास किसी दार्शनिक का सा ज्ञान और कटार की धार सरीखी तीक्ष्ण बुद्धि थी। उनके पास विश्लेषणात्मक दिमाग़ था और वो करुणामयी थीं। उनके पास ज्ञान का भंडार था लेकिन फिर भी उनमें किसी जिज्ञासु शिष्य की सी उत्सुकता थी। वो काव्यात्मक और गद्यात्मक, धीर-गंभीर और जीवंत थीं। वो किसी मोहिनी स्त्री का छल-कपट अपना सकती थीं और फिर ज्ञानियों के मस्तिष्कों को जड़ कर सकती थीं।

वो कावेरी नदी के अपने अवतरित रूप में हमारे बीच रहती हैं।

बृहदारण्यकोपनिषद हमें महान ऋषिका गार्गी की कहानी सुनाता है। विदेह के राजा जनक सज्जन, दार्शनिक राजा थे। उनकी विद्वत-सभाएं भारतवर्ष में प्रसिद्ध थीं। ऋषिकाएं और ऋषि अपने पांडित्य का प्रदर्शन करने और अपने ज्ञान को और बढ़ाने के लिए उनके राज्य में डेरा जमाए रहते थे।

सुख के सिद्धांत 57

> ऐसे ही एक अवसर पर उन्होंने शास्त्रार्थ को ब्रह्म के गूढ़ विषय पर केंद्रित किया। शास्त्रार्थ आरंभ हुआ और विद्वान स्त्री-पुरुष आगे आते और शीघ्र ही पीछे हट जाते। अंत में, बस दो लोग बचे: ऋषि याज्ञवल्क्य और ऋषिका गार्गी।
>
> वो वाक्पटु और दृढ़ थीं। उन्हें दबाया नहीं जा सकता था। उन्होंने विचारों, ऊर्जा और आत्मचिंतन की भीतरी, अनदेखी दुनिया के बारे में प्रश्न किए और झट से बाहरी दुनिया पर आ गईं जिसे केवल हमारी बाहरी इंद्रियों से ही अनुभव किया जा सकता है—पहला है स्थूल संसार और दूसरा है सूक्ष्म संसार।
>
> कौन जीता? हम नहीं जानते। लेकिन क्या यह मायने रखता है? शास्त्रार्थ अनेक, द्वैत, और एक पर था।

गार्गी: 'अगर आप दुनिया की राजनीति में पड़ेंगे तो मां आपको नाकों चने चबवा देंगी, पापा।'

धर्म राज: 'सच है। ये जानती हैं मेरी बोलती कैसे बंद करें! लेकिन अनिर्बान कुछ कहने को फड़फड़ा रहा है। क्या बात है, नौजवान?'

अनिर्बान: 'ऐसा लगता है कि हम आत्मबोध पर वापस आ गए हैं। भगवान गणेश के प्रति मेरे आकर्षण के माध्यम से आत्मबोध?!'

धर्म राज: 'तुम भगवान गणेश के साथ या उनके बिना भी इस तक पहुंच सकते हो। यह इस पर निर्भर करता है कि तुम कौन हो।'

नचिकेत: 'या, तुम क्या हो। मिसाल के लिए, मैं भूखा हूं। क्या मैं होटल से डिनर का ऑर्डर कर दूं? मसाले भात और आलू?'

गार्गी: 'अच्छा आइडिया है! मुझे भी भूख लगी है और चर्चा अभी से बहुत गहरी होने लगी है। मैं ज्वारिची भाखरी के साथ वांग्याचे भरीत भी लूंगी। और थोड़ा ठेचा। और कुछ मीठा।'

6
मनन प्रक्रिया

सुइट में एक छोटा सा कमरा था जहां इस ग्रुप ने बैठकर खाना खाया। बाद में, वो अपना डेज़र्ट शीरा लेकर मुख्य कक्ष में आ गए।

गार्गी: 'वैसे आपका दिन कैसा रहा?'

लोपामुद्रा: 'भागमभाग भरा। हमने ट्रेडमिल पर स्ट्रैस टैस्ट किया। पापा का दिल मेरे दिल से ज़्यादा ताक़तवर है। ऐसा नहीं है कि मेरा बहुत बुरा है। दिन भर और भी बहुत सारे टैस्ट हुए।'

नचिकेत: 'कल हम घर जा सकते हैं?'

'हां, तुम जा सकते हो। आराम से।' डॉ. आदर्श भट्टाचार्य ने ख़ामोशी से अंदर आते हुए कहा। 'हैलो सबको। थिनावा, अनिर्बान, नमस्कार, अंकल-आंटी। मुझे एक पेशेंट को देखना था तो सोचा मिलता चलूं।'

धर्म राज: 'बहुत ख़ूब। हमारे साथ बैठो। डिनर करोगे? नचिकेत ने घर जैसा बढ़िया खाना मंगवाया था ईगो होटल से। अजीब नाम है यह।'

डॉ. आदर्श: 'है ना? नहीं, शुक्रिया। मैं घर पहुंचने तक रुकूंगा।'

लोपामुद्रा उठीं और अंदर कमरे में चली गईं, 'अच्छा, तो थोड़ा सा शीरा तो लेना ही होगा। कोई बहाना नहीं। बसा। बैठो।'

डॉ. आदर्श आज्ञा मानते हुए बैठ गए। लोपामुद्रा वापस आईं और उन्होंने उन्हें एक बोल पकड़ा दिया। उन्होंने शीरे से भरे बोल में चम्मच डाल दिया।

अनिर्बान: 'अगर तुम्हारे पास कुछ टाइम हो तो हमारे साथ बैठो, आदर्श। यहां बहुत दिलचस्प बात चल रही है। तुम्हें आनंद आएगा।'

डॉ. आदर्श: 'आप लोग क्या बात कर रहे हैं?'

अनिर्बान: 'मूर्ति पूजा पर।'

डॉ. आदर्श: 'वाह! मेरी पत्नी और मैं हाल ही में काठमांडू के पशुपतिनाथ जी मंदिर से वापस आए हैं। बहुत शक्तिशाली अहसास था। आप लोग किस देवता की चर्चा कर रहे हैं?'

'फ़िलहाल तो, श्रेयस और प्रेयस पर!' नचिकेत हंसा।

'ओके,' उलझन में पड़े आदर्श के माथे पर बल पड़ गए।

गार्गी: 'दरअसल हम मूर्ति पूजा के पक्ष में केस बना रहे हैं।'

डॉ. आदर्श: 'केस बना रहे हैं? क्यों, समस्या क्या है?'

अनिर्बान: 'तुम मूर्ति पूजा को लेकर सहज हो?'

डॉ. आदर्श: 'क्या हम सब नहीं हैं? मेरी बेटी पायल ने परसों के लिए भगवान गणेश की मिट्टी की मूर्ति बनाई है। ईको-फ्रेंड्ली। मैं फ़ोटो दिखाता हूं।'

उन्होंने अपने फ़ोन पर खोजा और उसे सबको दिखाया।

लोपामुद्रा: 'यह तो अब पांच साल की हो गई ना?'

'हां, कितनी जल्दी। समय पता नहीं कब उड़ जाता है!' डॉ. आदर्श ने फ़ोन को अपनी शर्ट की जेब में रखते हुए कहा।

अनिर्बान: 'मूर्ति पूजा का तुम्हारे लिए क्या अर्थ है, आदर्श?'

डॉ. आदर्श: 'इस बारे में कभी सोचा नहीं। खूब भालो लागे। मेरे ख़्याल से यह इस विचार में निहित है कि ईश्वर सब चीज़ों में है। और सबमें हैं। अगर मैं एक पत्थर में ईश्वर को देख सकता हूं तो प्रकृति में क्यों नहीं देख सकता? किसी इंसान में क्यों नहीं? अपने शत्रु में भी क्यों नहीं?'

अनिर्बान: 'लेकिन क्या ऐसा होता है? या यह बस अंधविश्वास और शोषण की ओर ही ले जाता है?'

डॉ. आदर्श: 'शोषण और दुरुपयोग तो सब चीज़ों का हो सकता है। रेज़र ब्लेडों का भी दुरुपयोग हो सकता है! तो क्या हम उन्हें भी छोड़ दें? यहां तक कि मॉडर्न मेडिसिन का भी दुरुपयोग किया जा सकता है। जोसेफ़ मेंगेले माहिर डॉक्टर था। लेकिन कैसा राक्षस था!'

धर्म राज: 'यह मुझे पसंद आया। रेज़र ब्लेड में भी अनेक संभावनाएं हैं! अगर इसे समझा जाए तो।'

डॉ. आदर्श: 'श्रेयस और प्रेयस। यानी अच्छा और आनंद। लेकिन यह मूर्ति पूजा से कैसे जुड़ा है?'

लोपामुद्रा: 'समय आने पर हम मूर्ति पूजा पर बात करेंगे। सब्र करें!'

डॉ. आदर्श: 'ओके। अंकल?'

धर्म राज: 'धार्मिक धर्म दो दिशाओं में तालमेल और संतुलन तलाशते हैं: बाहरी दुनिया जो हमारी इंद्रियों के माध्यम से हमारे लिए सुलभ है, और हमारी आंतरिक दुनिया जो चिंतन-मनन और अवलोकन के माध्यम से हमारे लिए सुलभ है। कर्म की दुनिया और अवलोकन की दुनिया। मैं दो शब्द और जोड़ूंगा: निवृत्ति और प्रवृत्ति। निवृतीय और प्रवृत्तीय आवेग।'

नचिकेत: 'मुझे दोनों में से कौन सा चुनना चाहिए?'

लोपामुद्रा: 'हम वो चुनते हैं जो हम चुन सकते हैं। दूसरे की ओर से हम लगभग अज्ञानी रहते हैं।'

अनिर्बान: 'इनका क्या मतलब है?'

धर्म राज: 'दरअसल, राजीव मल्होत्रा इन्हें संस्कृत के अन-अनुवादनीय शब्द कहते हैं,[17] और इसका कारण भी है। लेकिन मोटे तौर पर कहें तो निवृत्ति रुकने, लौटने की क्रिया है। यह पांचों इंद्रियों से दूर जाना और हमारे ध्यान को भीतर की ओर मोड़ना है।'

गार्गी: 'और प्रवृत्ति उनके लिए है जो प्रेयस की दुनिया में रहते हैं, मेरे ख़्याल से?'

धर्म राज: 'हां, लेकिन इससे अधिक। प्रवृत्ति आगे बढ़ना; इंद्रियों की दुनिया की ओर जाना है।'

डॉ. आदर्श: 'मैं सम्मोहित तो हूं, मगर अभी भी थोड़ा सा उलझा हुआ हूं। यह श्रेयस और प्रेयस से कैसे जुड़ता है?'

लोपामुद्रा: 'फ़िलहाल निवृत्ति और प्रवृत्ति पर ही रहें। पॉइंट यह है कि हम किसी भी दिशा में खोज कर सकते हैं। निवृत्ति मननशील है; इसका साधन ध्यान है। ईश्वर "निर्गुण निराकार" है।'

धर्म राज: 'और प्रवृत्तिक लोग ऐंद्रिक संसार में रहते हैं। यह हमारे लिए "वास्तविक" है, मगर यह बेतरतीब या तरतीब से सहेजे गए रिकॉर्डों के दृष्टिकोण का स्टोरहाउस है। यह एकमात्र "वास्तविकता" है जो बहुत से लोग जानते हैं। लेकिन वो भी जिज्ञासु हो सकते हैं।'

नचिकेत: 'प्रवृत्ति के लिए क्या साधन है?'

लोपामुद्रा: 'प्रार्थना और उपासना।'

नचिकेत: 'और मूर्ति पूजा प्रवृत्तिक लोगों के लिए है?'

अनिर्बान: 'ठीक है। मैं यह समझ गया। लेकिन आपने आत्मबोध का ज़िक्र क्यों किया था, अंकल? यह कैसे होता है?'

लोपामुद्रा: 'आत्मबोध परोक्ष रूप से होता है, अगर होता है तो। शांति और सुकून ही पर्याप्त हैं।'

धर्म राज: 'कोई भी आत्मबोध का लक्ष्य रखकर उपासना नहीं करता।'

अनिर्बान: 'मेरा भी यही मानना है! क्या हम पहले निवृत्तिक मार्ग पर बात कर सकते हैं? मुझे यह ज़्यादा दिलचस्प लग रहा है। यह आंतरिक मार्ग है, इसलिए मुझे लगता है ईश्वरत्व आंतरिक होगा। और प्रवृत्ति बाहरी मार्ग है; भगवान, या देवी-देवता, बाहरी हैं।'

धर्म राज: 'निवृत्तिक लोगों के लिए आंतरिक जीवन शुरू हो गया है। दूसरों के लिए, जीवन बाहरी है...'

लोपामुद्रा: 'इसे समझने के लिए आसान कैसे बनाएं? क्या हम दोनों के लिए कुछ बुनियादी सिद्धांत बना सकते हैं?'

धर्म राज: 'हम्म। हम दोनों के लिए तीन आधारभूत सिद्धांत निर्धारित करते हैं। पहले, निवृत्ति। लोपा, क्यों न तुम सुझाओ?'

लोपामुद्रा: 'ठीक है। पहला होगा स्थितप्रज्ञ। फिर आत्मबोध। और तीसरा... मुझे नहीं पता। तुम बताओ।'

धर्म राज: 'मैं पहले दोनों से सहमत हूं। तीसरा *कर्मण्येवाधिकारस्ते मा फलेषु कदाचन*[18] होगा... संक्षेप में, निष्काम कर्म।'

लोपामुद्रा: 'आह... सुंदर...'

गार्गी: 'आप दोनों बस भी करेंगे? हम अज्ञानियों को भी ज्ञान दें कुछ।'

धर्म राज मुस्कुराए। 'स्थितप्रज्ञ शांतमना होता है।' उन्होंने अपनी बेटी पर नज़र डाली, 'एक ऐसी चीज़ जो अपने योगाभ्यास के बाद भी तुम्हारे पास नहीं है!'

गार्गी भुनभुनाई। उसके पिता मुस्कुराए और आगे कहने लगे, 'एक बंदर और एक शेर के बारे में सोचो। क्या अंतर है?'

गार्गी: 'बंदर बहुत चंचल होता है; सारे में कूदता-फांदता रहता है। एक कहावत भी मशहूर है कि बंदर का मन बातूनी होता है। बेमतलब। लेकिन शेर राजाओं की तरह चलता है, मेरा मानना है। शानदार और एक मक़सद के भाव के साथ।'

अनिर्बान: 'हम्म... शेर। इससे मुझे एक बेघर आदमी याद आ गया जो मुंबई में मेरे जिम के बाहर बैठता है। क्या बंदा है वो भी—किसी से कुछ नहीं मांगता; बस शांति से बैठा रहता है। शेर की तरह, शायद! अपनी आंखों से गरिमा भरा सवाल करता है। मालीवलया—मेरी पत्नी

ने इस बेघर बंदे को एक पोर्टेबल म्युज़िक प्लेयर गिफ़्ट किया था। अब वो अपनी आंखें बंद किए म्युज़िक सुनता बैठा रहता है। दूसरी ओर, जिम में दिन भर लोग आते हैं। कभी-कभी मैं उन्हें देखता हूं, यह बहुत दिलचस्प होता है। अगर आधे मिनट में वैले न आए, तो वो चिढ़ जाते हैं, हौंक! हौंक! हौंक! मुझे लगता है, वो बंदरों जैसे होते हैं?! उनका वक़्त क़ीमती है, आख़िरकार।'

गार्गी: 'मज़े की बात बताऊं, हम इसकी पत्नी को वल्ली कहते हैं। लेकिन यह हमेशा उसका पूरा नाम लेता है—मालीवलया। बाक़ी सब उसे वल्ली बुलाते हैं! क्या तुम अकेले में भी यही करते हो, अनिर्बान! मा-ली-व-ल-या? हमेशा?'

अनिर्बान रहस्यमय ढंग से मुस्कुराया लेकिन उसने जवाब नहीं दिया।

लोपामुद्रा: 'तुम्हारी पत्नी थाई हैं ना?'

अनिर्बान: 'आधी थाई, आधी सिख।'

लोपामुद्रा: 'हम्म... मैं किसी दिन उनसे मिलना चाहूंगी। थोड़ा विषयांतर तो है, लेकिन गार्गी, मुझे यह कहना होगा। तुम हमेशा बेचैन रहती हो।'

गार्गी ने विरोध किया: 'हमेशा?'

लोपामुद्रा: 'ठीक है, अपने हाथ-पैरों से तो हमेशा नहीं। लेकिन अपने मन में तो हमेशा होती हो!'

धर्म राज: 'रहने भी दो, लोपा। यह सही नहीं है! तुमने इससे कहीं बुरा देखा है। तुम्हारी उस कज़िन का क्या? मुझे याद है उस दिन उसने रेस्तरां में कैसा बर्ताव किया था!'

गार्गी: 'आमोदिनी माशी?'

लोपामुद्रा हंस पड़ीं। उन्होंने कहा: 'और कौन? हां। वेटर से मेज़ पर एक चम्मच गिर गया था। उसने त्यौरियां चढ़ाकर वेटर को घूरा।

इससे बेचारा इतना घबरा गया कि उसने सर्व करते में पालक-पनीर मेज़ पर गिरा दी। वो तो फ़ौरन भड़क गई।'

धर्म राज: 'करेक्शन। वो फट पड़ी थी। चुड़ैलों की तरह चिल्लाने लगी।'

लोपामुद्रा: 'यह तो सच है। बंदरमना। यक़ीनन शेरों वाली गरिमा क़तई नहीं थी। आमोदिनी देखने-सुनने में भले ही सॉफ़िस्टिकेटेड हो, मगर उसका दिमाग़ हमेशा सारी चीजों में पड़ा रहता है। तुम्हारा वो बेघर बंदा, अनिर्बान... वो शेर की सी ज़िंदगी गुज़ार रहा है; कुछ लोग कहेंगे कि वो कहीं अधिक परिपूर्ण ढंग से मानवीय अनुभव को जी रहा है। आमोदिनी का मन अस्थिर है।'

गार्गी: 'मां मेरे बारे में सही कह रही हैं, पापा। मुझे शांत रहना सीखना होगा। फिर मैं ज़िंदगी को कहीं बेहतर तरीक़े से संभाल सकूंगी। जब मन बकबक नहीं कर रहा होता है, तभी हम कोई बारीकी नहीं चूकते हैं। मुझे यह सीखना होगा।'

नचिकेत: 'वाह! आत्मबोध शुरू हो गया!'

गार्गी: 'केवल थ्योरी में, ओके? ठंड रखो।'

लोपामुद्रा मुस्कुराईं। 'दरअसल, आत्मबोध दूसरा सिद्धांत है। स्थितप्रज्ञ तो बस शांत मन या स्थिरबुद्धि है। भगवद् गीता[19] में भगवान कृष्ण ने इसे बहुत सुंदर ढंग से कहा है। जब तुम घर आओगे तो मैं तुम्हें दिखाऊंगी। राज, अगर मैं आत्मबोध को समझाने की कोशिश करूं तो तुम्हें कोई एतराज़ तो नहीं है?'

धर्म राज: 'मैं उत्सुकता से सुन रहा हूं, अर्धांगिनी जी!'

लोपामुद्रा ने कोमलता से अपने पति की बांह को छुआ। 'तो, आत्मबोध का मतलब अंग्रेज़ी में सैल्फ़-अंडरस्टैंडिंग भले ही हो, मगर अंग्रेज़ी भाषा ने इस शब्द के साथ घोर अन्याय किया है। यह मनोवैज्ञानिक के पास जाने भर से कहीं ज़्यादा है!'

नचिकेत: 'या आपके पति के, जिस स्थिति में ज्ञान मुफ़्त मिलता है!'

लोपामुद्रा: 'और इसलिए, रिआयती! नहीं, यह व्यक्तित्व को डीकोड करना नहीं है। यह ये समझना है कि मैं व्यक्तित्व *नहीं* हूं; मैं अपना शरीर, अपनी भावनाएं, अपने विचार, अपनी ऊर्जा नहीं हूं। भगवद् गीता हमें बताती है कि ये वो वस्त्र हैं जो हमने पहने हुए हैं,[20] जबकि हम वो शांत आत्मा हो सकते हैं जो अवलोकन करती है। भले ही मैं गहनता से सोच रही हूं, मैं फिर भी शांत रह सकती हूं। मेरी भावनाएं उमड़ी पड़ रही हों, मगर मैं एक क़दम दूर हट सकती हूं। मेरा शरीर कष्ट में हो, मगर मैं ख़ुद को इस अनुभूति से ऊपर रख सकती हूं। मेरा वास्तविक स्वभाव सत्, चित्त, आनंद है।'

धर्म राज: 'और मै यह केवल बौद्धिक स्तर पर नहीं जानूंगा। किसी चरण पर, मुझे इसका अनुभव होगा।'

अनिर्बान: 'क्या यह किसी के लिए संभव है?'

लोपामुद्रा: 'मुझे पता है मैंने इसका अनुभव नहीं किया है। लेकिन केवल इसी स्थिति में हम पूरी तरह से अपने स्वभाव के गुणों और वर्णों को जान पाएंगे। केवल तभी मैं जानूंगी कि *मैं* कष्ट नहीं पाऊंगी। कभी नहीं।'

नचिकेत: 'आपको इसे समझाना होगा, मां। "मैं कष्ट नहीं पाऊंगी। कभी नहीं।" इससे आपका क्या मतलब है?'

लोपामुद्रा: 'ज़्यादातर लोग आनंद और प्रसन्नता के बीच अंतर को समझते हैं। है ना?'

अनिर्बान: 'हम्म...'

लोपामुद्रा: 'चुनौती पीड़ा को कष्ट से अलग करने में है। कुछ लोगों में दर्द सहने की बहुत अधिक क्षमता होती है, दूसरों में कम होती है। जैसे पापा में दर्द सहने की क्षमता बहुत ज़्यादा है। लेकिन दर्द की सीमा क्या होती है? क्या इसका मतलब यह है कि अपनी सीमा पर

पहुंचने तक आप दर्द महसूस नहीं करते हैं? यक़ीनन, आप महसूस करते हैं। आपका शरीर पहले भी दर्द का अनुभव कर रहा था। सीमा पर पहुंचने का मतलब बस यह है कि अब दर्द की अनुभूति आपको परेशान कर रही है।'

नचिकेत: 'यह कुछ ऐसा है, "मैं दुखी हूं। अब मैं अपनी सकारात्मकता खो चुका हूं।"'

लोपामुद्रा: 'हां। तभी आप कष्ट पाते हैं। इस पॉइंट पर पहुंचने तक आप दर्द को महसूस तो करते हैं लेकिन आप इसे ख़ुद को दुखी नहीं करने देते। आप ठीक हैं।'

धर्म राज: 'लेकिन यह अपनी-मुश्किल-स्थिति-को-स्वीकार-करो-और-सकारात्मक-रहो सीमा वास्तव में आत्मबोध नहीं है, है ना?'

लोपामुद्रा: 'नहीं। यह ताक़त है, लेकिन यह दर्द से विमोह नहीं है। आत्मबोध दर्द सहने की उच्च सीमा होना नहीं है बल्कि यह जानना है कि *आप* दर्द में नहीं हैं। आपका शरीर दर्द में है। फिर आपके पास कोई सीमा नहीं रहेगी। क्योंकि आप दर्द में कारक नहीं होंगे। आप दर्द के कारण कष्ट नहीं पाएंगे।'

गार्गी: 'एक "आउच" भी नहीं?'

धर्म राज: '"आउच" की छूट तो हमेशा रखना! यह दबाव कम करता है। तनाव को निकलने दो। बस अपनी गहनतम स्थिरता को मत गंवाओ। तुम्हारा शरीर और भावनाएं जीवन का अनुभव करते हैं। लेकिन तुम अवलोकक हो।'

डॉ. आदर्श: 'आप दर्द में नहीं हो; आपका शरीर दर्द में है। आप नहीं सोच रहे; आपका मस्तिष्क सोच रहा है। आप प्यार नहीं कर रहे। आपका दिल प्यार कर रहा है। आप एक साक्षी हो।'

नचिकेत: 'खूब थ्योरेटिकल आहे। क्या यह संभव भी है?'

डॉ. आदर्श: 'अभ्यास केवल तभी हो सकता है जब थ्योरी अच्छे से समझ ली जाए। और ख़ुद थ्योरी को समझने में ही पूरा जीवन लग जाएगा। है ना, अंकल?'

धर्म राज मुस्कुराए।

गार्गी: 'मैं तो अभ्यास को अगले जन्म के लिए छोड़ रही हूं!'

धर्म राज: 'हम सभी नहीं छोड़ रहे हैं क्या? अभी फ़िलहाल मुझे जो सबसे प्रेक्टीकल काम करना है, वो है वाशरूम का दौरा करना।'

लोपामुद्रा: 'मैं मामा को बुलाती हूं।'

गार्गी: 'मामा कौन है?'

लोपामुद्रा: 'वार्डबॉय। उसे मामा बुलाते हैं। चलो सब लोगों, आज का दिन काफ़ी थकान भरा रहा है। पापा को मदद चाहिए।'

लोपामुद्रा ने बैल बजाई, जबकि बाक़ी सारे लोग उठे और कमरे से चले गए।

7
आत्म साक्षात्कार, दिव्य साक्षात्कार है

लोपामुद्रा ने कमरे से बाहर झांका और नौजवानों से वापस अंदर आने को कहा। वो पहले की तरह ही अपनी-अपनी जगहों पर बैठ गए।

अनिर्बान: 'अंकल, और वो तीसरा सिद्धांत? वो तो बहुत मशहूर है।'

लोपामुद्रा: 'अभी मैंने आत्मबोध पूरा नहीं किया है।'

अनिर्बान: 'ओह। माफ़ी चाहूंगा!'

लोपामुद्रा: 'जैसा मैं कह रही थी, हमें पता होना चाहिए कि किसे शामिल करना है और किसे शामिल नहीं करना है। अगर तुम्हारा हृदय प्रेम महसूस करता है, तो इस प्रेम को शामिल करो। अगर तुम्हारा मस्तिष्क किसी विचार पर मनन कर रहा है, और यह अच्छा विचार है, तो इसे शामिल करो। अगर तुम्हारा शरीर पीड़ा महसूस करता है; तो इसे एक अहसास के रूप में कम और इस संकेत के रूप में अधिक शामिल करने की कोशिश करो कि तुम्हारे शरीर में क्या चल रहा है।'

अनिर्बान: 'इसका क्या मतलब हुआ?'

लोपामुद्रा: 'ठीक है। अपने व्यक्तित्व के ऊपर, एक अवलोकक के रूप में तैरते हुए अपनी कल्पना करो। तुम अनुभव में ग़ोता लगाते हो, और फिर पानी के ऊपर आते हो और देखते हो, सीखते हो, अपने ज्ञान को जज़्ब करते हो, और फ़ालतू बातों को छोड़ देते हो।'

धर्म राज: 'आत्मबोध यह अंतर्दृष्टि है कि मैं धर्म राज नहीं हूं। धर्म राज मेरा एक पहलू है, यह मेरी मशीनरी है। मैं जिस तरह सही समझूं इसे सुधार सकता हूं। वो यह अंतर्दृष्टि भी है कि लोपामुद्रा, आदर्श,

74 मूर्ति पूजा

अनिर्बान, गार्गी और नचिकेत भी मेरे पहलू हैं। और मैं इनका पहलू हूं। जैसे कि पेड़, तारे, पशु, चांद और सूरज हैं। एकत्व में कोई "अन्यता" नहीं होती।'

लोपामुद्रा: 'अपने पड़ोसी भिड़े भी? वो भी तुम्हारे पहलू का हिस्सा हैं, राज?!'

धर्म राज हंस पड़े। 'उसे मैं कैसे छोड़ सकता हूं? लेकिन तुम सही कहती हो, लोपा। मैं तुम्हारा पॉइंट समझ गया!'

नचिकेत: 'अगर मुझमें "अन्य" का बोध है, मैं सच में नहीं समझा। मुझे इस आत्म का बोध नहीं है! मैं ख़ुद को नहीं जानता। हा!'

डॉ. आदर्श: 'तब तो मैं निवृत्ति के लिए तैयार नहीं हूं; मुझे प्रवृत्ति को ही और खोजना होगा। हम्म?'

धर्म राज: 'सही कहा। हमें लगता है कि हम जानते हैं लेकिन यह केवल बौद्धिक ज्ञान है। हम इसे महसूस नहीं करते। हम वो हो नहीं जाते। प्रवृत्ति हमें अनुभव से समझने में सहायता करती है। महसूस करके। और मूर्तियां इस महसूस करने के-माध्यम से-समझने में सहायता करती हैं।'

अनिर्बान: 'प्रवृत्ति को खोजने से पहले, क्या हम निवृत्ति के तीसरे सिद्धांत को जान सकते हैं, अंकल?'

धर्म राज: 'आह! कर्मण्येवाधिकारस्ते मा फलेषु कदाचन, मा कर्मफलहेतुर्भूर्मा ते सङ्गोऽस्त्वकर्मणि।[21] देखो, आत्मबोध निष्क्रियता और आलस के लिए बहाना नहीं हो सकता। यह निष्काम कर्म की नींव है।'

कर्मण्येवाधिकारस्ते मा फलेषु कदाचन,
मा कर्मफलहेतुर्भूर्मा ते सङ्गोऽस्त्वकर्मणि

यह *सॉन्ग ऑफ़ गॉड* का सबसे प्रसिद्ध श्लोक माना जाता है।[22]

भगवद् गीता, अध्याय 2, श्लोक 47

कृष्ण द्वैपायन ऋषि पाराशर और एक मछुआरा स्त्री सत्यवती के पुत्र हैं। हम उन्हें वेदों के संकलनकर्ता वेद व्यास के रूप में जानते हैं। व्यास वेदों को चार खंडों में वर्गीकृत करते हैं: ऋग, यजुर, साम और अथर्व। लेकिन वेदों को समझना बहुत कठिन था। इसलिए व्यास एक कथा लिखने का निर्णय करते हैं जो वेदों के संदेश को जन-जन तक पहुंचाने के लिए रूपकीय साधन का काम करेगी।

भगवान गणेश कथावाचक का लेखक बनने का प्रस्ताव रखते हैं। किंतु प्रभु एक शर्त रखते हैं: अपने कथा-वाचन में व्यास रुक नहीं सकते। कथावाचक भी एक शर्त रख देते हैं: जिस तरह लेखक की लेखनी रुक नहीं सकती, उसी तरह प्रभु भी केवल तभी लिखेंगे जब उन्हें श्लोक समझ आ जाएगा।

उनके संयुक्त प्रयास का परिणाम है: महाभारत, भारत का भव्य महाकाव्य।

महाभारत में अठारह अध्याय हैं जिन्हें पर्व कहा गया है। छठा अध्याय भीष्म पर्व है। इसमें कुरुक्षेत्र के युद्ध के पहले दस दिनों का वर्णन है। भीष्म पर्व में ही भारत के ज्ञान का मोती निहित है: भगवद् गीता।

गीता में अठारह खंड हैं जो भीष्म पर्व के तेईस से चालीस उपपर्व हैं।

सॉन्ग ऑफ़ गॉड मित्र पार्थ और उनके मार्गदर्शक सारथि; या योद्धा अर्जुन और सारथि भगवान कृष्ण के बीच संवाद है।

लोपामुद्रा: 'हां। आत्मबोध निष्काम कर्म की नींव है। आत्मावलोकन का अर्थ यह नहीं है कि हम जीवन से मुंह मोड़ लें। हमें अपने मनोविज्ञान का अवलोकन करना और उसे समझना चाहिए और इसी के साथ सक्रिय भी रहना चाहिए। हमें अपने कार्यों को अपने आंतरिक खिंचावों और भावनाओं से अलग करना होगा, और वो करना होगा जो किया जाना चाहिए।'

गार्गी: 'कैसे?'

धर्म राज: 'प्रतिक्रिया और प्रत्युत्तर में भेद करके। प्रतिक्रिया फ़ौरी होती है और बाहरी उत्तेजना से अपने आप ही प्रेरित हो जाती है। प्रत्युत्तर चिंतन का परिणाम होता है और कहीं अधिक सजग होता है। हम हर वक़्त चीज़ों के प्रति प्रतिक्रिया करते हैं। वास्तव में, हमारे पास हमारे व्यक्तित्व के अनुसार प्रतिक्रियाओं की तयशुदा लिस्ट होती है। यहां तक कि रिश्ते-नाते भी तयशुदा पैटर्न में ढल जाते हैं। अगर कोई मेरा अपमान करता है, तो मैं उसका अपमान करूंगा। अगर कोई मेरे लिए उदार है, तो मैं उसके प्रति उदार रहूंगा। अगर कोई मुझे नापसंद करता है, तो मैं भी उसे नापसंद करूंगा। अगर ऐसा होता है, तो मैं वैसा करूंगा, वग़ैरह, वग़ैरह। ये आदतें, पूर्वाग्रह और पहले से पाली हुई धारणाएं होती हैं। ये हमारा बोझ हैं। हम जिस व्यक्ति को नापसंद करते हैं उसकी समझदारी भरी बात को भी अक्सर नज़रअंदाज़ कर देते हैं, केवल इसलिए कि हमें वो स्रोत पसंद नहीं होता जो वो बात कह रहा होता है, भले ही वो बात हमारी इंद्रियों को अपील कर रही हो। इसके बजाय हमें प्रत्युत्तर देना सीखना चाहिए। प्रतिक्रिया त्वरित होती है। प्रत्युत्तर केंद्रित होता है। तो, इसमें समय का अंतराल निहित होता है। यहां तक कि मौन भी एक प्रत्युत्तर होता है।'

लोपामुद्रा: 'असल बात यह है कि दूसरों के हाथ में अपनी डोर मत सौंपो। उकसावे में मत आओ।'

नचिकेत: 'इससे मुझे भगवान बुद्ध की एक कहानी याद आती है...'

> सिद्धार्थ गौतम, भावी भगवान बुद्ध, भिक्षु के रूप में घूमते थे और भिक्षा मांगते थे। एक दिन संन्यासी ने एक द्वार खटखटाया और जब वो खुला तो उन्होंने अपना भिक्षापात्र आगे कर दिया। गृहस्वामी कुछ क्रुद्ध था। उसने तुरंत ही चिल्लाना शुरू कर दिया, 'अरे निकम्मे! तू कुछ काम क्यों नहीं करता है? मुफ़्त का माल बटोरता फिरता है! आलसी! आलसी!' सिद्धार्थ मुस्कुराए और मुड़कर चल दिए। इससे वो आदमी और ज़्यादा भड़क गया। वो उनके पीछे भागा और उनका कंधा पकड़ लिया। 'मैं तुझे भला-बुरा कह रहा हूं और तू बस चल दिया। तू साबित क्या करना चाहता है?'
>
> संन्यासी ने उत्तर दिया, 'मान लीजिए आपके पास दो संतरे हैं, और आप उनमें से एक मुझे देते हैं। लेकिन मैं लेने से इंकार कर देता हूं। तो उन दोनों संतरों का क्या होगा?'
>
> आदमी ने कहा, 'वो मेरे ही पास रह जाएंगे।'
>
> भगवान बुद्ध ने अपना संदेश दिया, 'यही तुम्हारी गालियों के साथ हुआ है।'[23]

लोपामुद्रा: 'मशहूर कहानी है, मगर अभी भी बहुत वास्तविक और सार्थक है। जो व्यक्ति तुम्हारे साथ गाली-गलौज करता है, वो तुम्हें आहत करना चाहता है, और तुम आहत होकर उसे विजयी बना देते हो। तुम्हारी प्रतिक्रिया उसे भी आहत करने की होगी। कितना नकारात्मक लेन-देन है! अगर तुम इसे स्वीकार नहीं करते हो, तो यह लेन-देन पूरा नहीं होगा। तब यह देनेवाले के पास ही रह जाएगा, और उसमें तुम्हें

आहत करने की शक्ति नहीं होगी। सकारात्मक को स्वीकार करो, नकारात्मक को स्वीकार मत करो।'

नचिकेत: 'वर्ना आप बस बकबकिया बंदर होंगे। बंदर पर एक पत्थर फेंकें। वो उसे वापस आप पर फेंक देता है। केला फेंकें। वो उसे लपक लेता है। एक और केला फेंकें। वो दूसरे हाथ से उसे पकड़ लेता है। एक और फेंकें...'

अनिर्बान: 'वो एक को छोड़कर इस वाले को पकड़ लेगा। दो और फेंको। वो सारे छोड़ देगा...'

नचिकेत: 'बिल्कुल! आप किसी शेर को पत्थर मारें। अगर उसका मूड नहीं होगा तो वो कोई ध्यान ही नहीं देगा! और अगर उसका मूड हुआ तो... आप जानते हैं क्या होगा! शेर जवाब देगा। क्या वो सचेतन होगा? सजगता के साथ? कौन जाने?!'

अनिर्बान: 'मैं समझ रहा हूं कि तुम यह मज़ाक़िया सी टिप्पणी कर रहे हो, नचिकेत, लेकिन पहले तो शेर को प्रत्युत्तर की गरिमा दिखाने की मिसाल के तौर पर इस्तेमाल किया गया था। यहां यह जानवरों और इंसानों के बीच रेखा खींचता मालूम देता है।'

गार्गी: 'अरे, अनिर्बान, तब शेर के उदाहरण को एक धारणा को समझाने के लिए रूपक के तौर पर इस्तेमाल किया गया था, और अब नचिकेत उस खींची गई रेखा को एक मज़ाक़ के तौर पर इस्तेमाल कर रहा है। या, तुम किसी शेर पर पत्थर फेंककर ख़ुद उसकी प्रतिक्रिया देखना चाहोगे?'

नचिकेत हंस पड़ा जबकि अनिर्बान ने अपने हाथ खड़े कर दिए।

लोपामुद्रा: 'ख़ैर, हमारे मामले में ऐसा ही होना चाहिए; प्रत्युत्तर सचेतन और सजगता से भरे हों, बस। हमें इस दिशा में काम करना होगा। हमें अंततः अपने विचारों, भावनाओं और कार्यों का स्वामी बनना होगा। इसे समझना पहला क़दम है। हमारे अंदर सुख—या दुख—बाहर

से नहीं आते हैं। हम असहाय नहीं हैं। हमें समझना होगा कि घटनाएं और लोग हमें दुखी नहीं करते हैं। हमारे अपरीक्षित दृष्टिकोण करते हैं।'

गार्गी: 'और हमारी अपनी इच्छाओं और कष्टों के प्रति हमारी प्रतिक्रियाएं। अगर आप सुखी होने का कोई कारण तलाश रहे हैं, तो आपने यह नहीं समझा कि सुख क्या है।'

अनिर्बान: 'लाओ त्सु की वेई वू वेई की अवधारणा, जिसका अर्थ है किए बिना करना। अगर हम चिंता और इच्छा की कड़ियों को तोड़ देंगे, तो हमारे कर्म अपने आप में एक उद्देश्य बन जाएंगे। एजेंडा-विहीन कर्म। अगर आप किसी परिणाम की आशा करेंगे, तो मज़ेदार ढंग से आप उसी परिणाम के विरुद्ध काम कर रहे होंगे।'

डॉ. आदर्श: 'यही तो। एजेंडा-विहीन कर्म। कर्मण्येवाधिकारस्ते... यह आपको फ़ोकस देता है। वर्ना आप किसी तफ़्सील को नज़रअंदाज़ कर सकते हैं। इस तरह आप वो सब कुछ पूरी तरह से मुमकिन बेहतरीन तरीक़े से करेंगे जैसे उसे किया जाना चाहिए। और फिर धैर्य रखें। आपको शायद वो परिणाम मिल जाएगा।'

गार्गी ने अपनी कमर सीधी की। 'आंतरिक संसार से हम निबट गए? मुझे नहीं लगता कि मैं इसके लिए तैयार हूं। किसी दिन...'

नचिकेत: 'अगले जन्म में?'

गार्गी मुस्कुराई। 'शायद। बेहतर होगा तुम भी वहीं हो! फ़िलहाल तो, केवल यह बाहरी संसार ही मेरे लिए वास्तविक है। मेरे योग के बावजूद!'

लोपामुद्रा: 'तुम योग का अभ्यास नहीं करती हो, जैसा कि मैंने तुमसे अनगिनत बार कहा है! तुम जो करती हो वो अष्टांग योगासन है।'

अनिर्बान: 'फ़र्क़ क्या है?'

नचिकेत और गार्गी ने एकसुर में जवाब दिया, 'किसी और दिन...'

योग मिलन है। एक लय में जुड़ना है।

यह वैयक्तिक चेतना—माइक्रोकॉज्म—का सार्वभौमिक चेतना—मैक्रोकॉज्म—के साथ एक होना है। यह हमारे भीतर का सम्मिलन—हमारे आत्मालाप और भावनाओं का हमारे शब्दों और व्यवहार के साथ मेल, और इस तरह आंतरिक संतुलन और तालमेल पाना—भी है।

ऋषि पतंजलि[24] योग सूत्र में इस महामिलन के आठ-सूत्री मार्ग को संहिताबद्ध करते हैं और इसे अष्टांग योग कहते हैं:

1. यम: आत्मसंयम
2. नियम: आत्मावलोकन
3. आसन: शारीरिक मुद्राएं
4. प्राणायाम: श्वसन
5. प्रत्याहार: इंद्रियों को वश में करना
6. धारणा: एकाग्रता
7. ध्यान
8. समाधि: संपूर्ण के साथ एकाकार होना; शुद्ध चेतना

आसन, प्राणायाम और प्रत्याहार बाहरी वातावरण से अपनी चेतना को पृथक करने में हमारी सहायता करते हैं।

ऋषि पतंजलि योगासन को स्थिरम् सुखमासनम् कहते हैं, जिसका अर्थ है स्थिर और आरामदेह मुद्रा। यह लंबी अवधि के लिए आराम से बैठने की क्षमता है, जो कि प्राणायाम, धारणा, ध्यान और समाधि के लिए आवश्यक है। इस तरह योगासन आठ सूत्रों में से एक है। इससे हम अपने शरीर को अलग करने और इससे विचलित न होने

> की क्षमता हासिल करते हैं। शरीर को मन से अलग करना, ताकि यह हमारे ध्यान में बाधा न डाले।
>
> अनेक आसन उन पशुओं और प्राणियों की मुद्राओं और गतिविधियों की नक़ल करते हैं जो अपने पर्यावरण और शरीरों के साथ सामंजस्य में रहते हैं। वो सामंजस्य को हमसे बेहतर समझते हैं।
>
> योगासन हमारे ऊर्जा प्रवाहों और मानसिक केंद्रों को सरेखित कर सकता है। यह हमारे स्वायत्त नर्वस सिस्टम और एंडोक्राइनल सिस्टम, हमारे न्यूरोट्रांसमीटरों और हारमोनों में संतुलन स्थापित करता है।
>
> इस तरह, योगासन हमें योग के लिए तैयार करता है।

अनिर्बान: 'ओके, तो अब हम इंद्रियों की दुनिया में चलते हैं। बाहरी दुनिया में।'

लोपामुद्रा: 'यह अहं का लोक भी है। लेकिन जल्दी ही हमें देवी-देवताओं पर आना होगा। आदर्श की ख़ातिर।'

डॉ. आदर्श: 'असल में मुझे घर जाना होगा। लेकिन मैं इसे छोड़ना भी नहीं चाह रहा।'

नचिकेत: 'पापा, आप प्रवृत्ति के तीन सिद्धांत बता दें, और फिर हम आज की चर्चा को विराम दे देंगे।'

धर्म राज: 'ठीक है। तो, सबसे पहले तो, प्रवृत्ति हमारी इंद्रियों के माध्यम से अनुभूति का जीवन है। यह डरों, आकांक्षाओं और इच्छाओं की दुनिया है।'

लोपामुद्रा: 'क्रोध, आवेग, प्रसन्नता, कष्ट... संतोष और असंतोष।'

धर्म राज: 'यह वो दुनिया है जिसमें हम जीते हैं, और अपने आप ही इसमें वो सब शामिल हो जाता है जो हम देखते, सुनते, छूते, सूंघते और खाते हैं।'

अनिर्बान: 'क्या इस कमरे में मौजूद लोग सर्वाइवल से परे नहीं चले गए हैं? जिसमें हमारी बुनियादी ज़रूरतें पूरी हो गई हैं?'

धर्म राज: 'नहीं, बुनियादी ज़रूरतें कहीं अधिक परिष्कृत और विस्तृत हो गई हैं। हम अनजाने ही बुनियादी को पुनर्परिभाषित कर देते हैं। भोजन की ज़रूरत अच्छे भोजन, नए भोजन, शानदार भोजन, स्वस्थ भोजन की ज़रूरत बन गई है। नचिकेत और गार्गी केवल बिरयानी खाने लखनऊ गए थे।'

गार्गी ने कंधे उचकाए।

लोपामुद्रा: 'राज, तुमने वाक़ई इसकी नब्ज़ पकड़ ली है, है ना? आश्रय की आवश्यकता ज़्यादा बड़े घर, शानदार लोकेलिटी, ख़ूबसूरत घर, ज़्यादा कमरों वाले घर की आवश्यकता बन गई है। कपड़ों की आवश्यकता बहुत बड़ी है! क्यों, गार्गी? ज़्यादा कपड़े, ज़्यादा रंग, ज़्यादा पैटर्न—यह तो मेरे साथ भी है!'

गार्गी: 'बिल्कुल। आपकी बेहतरीन साड़ियां!'

धर्म राज: 'मुझे इनकी साड़ियां पसंद हैं!'

लोपामुद्रा: 'अरस्तू की लॉलीपॉप!'

नचिकेत और गार्गी हंस पड़े।

अनिर्बान: 'अरस्तू की लॉलीपॉप? मतलब?'

गार्गी: 'मां यह कहकर पापा को चिढ़ाती हैं।'

लोपामुद्रा: 'ये मेरे ऐंद्रिक फ़िलॉसफ़र हैं—अनुरागी और विरागी।'

धर्म राज मुस्कुराए। 'ऐंद्रिकता के बिना फ़िलॉसफ़ी बिना नमक के भोजन की तरह है। बिना दरवाज़ों का महल। सुरविहीन शब्द...'

लोपामुद्रा: 'ठीक है, ठीक है। हम बात समझ गए!'

धर्म राज: 'लेकिन सच में, इंद्रियों की दुनिया सर्वाइवल की दुनिया है। कंपटीशन। इकोनॉमिक्स। पैसा।'

अनिर्बान: 'और इस मार्ग के मुख्य आध्यात्मिक संकेतचिह्न क्या हैं? सिद्धांत?

धर्म राज: 'लोपा?'

लोपामुद्रा: 'तुम्हारी बारी।'

धर्म राज: 'मैंने इस पर काफ़ी सोचा है। *एकम् सत विप्रा बहुधा वदन्ति* मेरा पहला सिद्धांत होगा। दूसरा *अहम् ब्रह्मास्मि* और *तत त्वम् असि* का मेल है। और तीसरा होगा *ईशावास्यम् इदम् सर्वम्। यत्किञ्च जगत्याम् जगत...*'

गार्गी: 'पापा, इसके लिए हम तरोताज़ा दिमाग़ से बैठेंगे। आज के लिए दुकान बढ़ाते हैं।'

डॉ. आदर्श: 'हां, मेरी पत्नी भी मुझे मैसेज किए जा रही हैं। मुझे भागना होगा।'

नचिकेत: 'क्या कल काम पर जाने से पहले मैं आप दोनों को घर छोड़ दूं? मैं सुबह-सुबह यहां आ सकता हूं।'

लोपामुद्रा: 'मेरे ख़्याल से हम लोग ख़ुद चले जाएंगे। शाम को आ जाना, अनिर्बान। आदर्श, तुम भी आना। हम साथ में डिनर भी कर सकते हैं?'

डॉ. आदर्श: 'मैं डिनर के लिए तो नहीं रुकूंगा। परसों गणेश चतुर्थी है, और अभी बहुत सारी तैयारियां बची हुई हैं। लेकिन हां, मैं शाम को आ सकता हूं, साढ़े पांच बजे?'

अनिर्बान: 'और तुम्हारी ओपीडी का क्या?'

डॉ. आदर्श: 'कल मैं ब्रेक ले लूंगा। एक शाम सर्वाइवल के परे!'

नचिकेत: 'इसी बात पर, आज की चर्चा ख़त्म करते हैं।'

युवाओं ने दोनों बुज़ुर्गों के पैर छुए और कमरे से निकल गए, उनके दिमाग़ जानकारियों और उत्साह से लबरेज़ थे।

8

सबको अपनाएं; बिना भेदभाव

गार्गी ने अपने योग के सैशन पूरे किए और सीधे अपने माता-पिता के घर की ओर चल दी। लोपामुद्रा और धर्मराज सुबह दस बजे तक घर पहुंच गए थे। पुणे में उमस के बावजूद यह ख़ुशगवार और ठीकठाक ठंडा दिन था। मां और बेटी ने दिन के लिए एक ख़ास काम प्लान किया हुआ था—गणपति बप्पा को घर लाने के लिए तुलसी बाग जाना। दस दिन पहले जन्माष्टमी पर लोपामुद्रा ने नदी तट की पानी में घुल जाने वाली मिट्टी से बनी एक इको-फ्रेंडली—शाडूची मूर्ति—का ऑर्डर दे दिया था।

वो पहले रविवार पैठ में गईं। लोपामुद्रा ने वहां अपनी मनपसंद दुकान से गणपति बप्पा के लिए सजावट का सामान ख़रीदा। दुकानदारों से उनकी जान-पहचान पैंतीस साल से ज़्यादा पुरानी थी।

ख़रीदारी के बाद मां-बेटी ने लंच करने और फिर भगवान की मूर्ति लेकर घर जाने का फ़ैसला किया। अपने ख़रीदारी के थैले उठाए वो एफ़सी रोड पर वैदेश्वर रेस्तरां की ओर चल दीं।

गार्गी: 'मैं पहली बार आपके साथ बप्पा को लाऊंगी, मां। इस काम के लिए मैं हमेशा पापा के साथ गई हूं।'

लोपामुद्रा: 'परंपरागत रूप से परिवार के मुखिया को बप्पा को घर लाना चाहिए। या फिर, परिवार के सबसे छोटे लड़के को। लेकिन मैंने तय किया कि पापा को घर पर आराम करने देना बेहतर होगा। कभी-कभी हम इन नियमों में ढील दे सकते हैं, है न?'

गार्गी: 'मेरे लिए तो एकदम मस्त है। मुझे आपके साथ यह करने में मज़ा आ रहा है।'

उन्होंने अपने ऑर्डर दिए। लोपामुद्रा ने भाजणीचे थाली पीठ और दही के साथ मस्तानी मैंगो मिल्कशेक मंगवाया। गार्गी ने वहां की स्पेशल अंकुरित मूंग सलाद चाट, सोया ग्रिल्ड सैंडविच और चॉकलेट प्रोटीन शेक मंगवाया।

लोपामुद्रा: 'गार्गी, मैं बहुत समय से तुमसे कहना चाह रही हूं। बात यह है... प्लीज़ नचिकेत को जज मत किया करो।'

गार्गी: 'मां, मैं उसे जज नहीं करती। मैं तो उससे प्यार करती हूं।'

लोपामुद्रा: 'बिल्कुल करती हो।'

गार्गी: 'क्या? जज? या प्यार?'

लोपामुद्रा मुस्कुराईं: 'दोनों।'

गार्गी: 'मैं बस यह चाहती हूं कि उसे अपने ग़ुस्से पर नियंत्रण हो, बस। वो ग़ुस्से से फट पड़ता है और बाद में आपा खो देने के लिए ख़ुद को दोष देता है। ऐसा करके वो ख़ुद को नुकसान पहुंचाता है। वो शारीरिक रूप से भी ख़ुद को नुकसान पहुंचाता है। वो दूसरों के लिए एकदम तैयार रहता है। और फिर जल्दी ही भड़क जाता है। हमेशा मददगार रहना, हमेशा काम आना। हमेशा मौजूद रहना, बहुतों के लिए। वो पागल है।'

लोपामुद्रा: 'यानी, वो अपनी सीमाएं निर्धारित नहीं करता है और फिर लोग उसे अपनी ख़ुशियों का इन्चार्ज बना देते हैं। अपने कल्याण तक का। मुझे तो तुम्हारे पापा जैसा सुनाई देता है। वो ऐसे ही थे। वास्तव में, अभी भी हैं। फ़र्क़ बस यह है कि पहले यह उन्हें निचोड़ देता था, अब वो इसे बेहतर ढंग से संभाल लेते हैं। उनकी भी अपनी शिवजी की बारात थी—हर क़िस्म और डिज़ाइन के लोगों का गुट।'

भगवान शिव महाशिवरात्रि[25] पर देवी पार्वती से विवाह करते हैं।

अपने विवाह के दिन, भगवान शिव अपने अनुयायियों को लेकर अपने श्वसुर हिमवान की ड्योढ़ी पर पहुंचते हैं। वो देवताओं और दानवों, भूत-पिशाचों, पशुओं, कीड़े-मकोड़ों, सांपों और उन जीवों की छोटी सी टोली थी जिन्हें इंसान परजीवी कहते हैं। मानव और अ-मानव। बड़े-छोटे। विकसित, अविकसित, और अर्ध-विकसित। ये उनके गण हैं। किसी को छोड़ा नहीं गया है। कोई प्रतिबंधित नहीं है।

आवश्यक नहीं है कि वो एक-दूसरे को पसंद करते ही हों। वो एक दूसरे से सहमत भी नहीं होते हैं, मगर आज रात वो सब एकजुट होकर आए हैं, उस एक चीज के लिए जो उन सबको एक करती है—अपने देवों के देव महादेव, अपने पशुपतिनाथ के लिए उनका प्रेम।

हिमालय पर्वतशृंखला के राजा हिमवान शर्मिंदा हैं, क्रुद्ध भी हैं। देवी पार्वती की मां मीना मूच्छित हो जाती हैं और अपनी लाड़ली बेटी के भीषण भविष्य की संभावनाओं को आत्मसात नहीं कर पा रही हैं। वधू भी उन अनेक विचित्र प्राणियों को देखकर अचंभित हैं जो उनके भावी पति के साथ आए हैं। वो उन्हें और उन सबको स्वीकार कर लेती हैं। उनके स्वामी सबके स्वामी हैं; वो सबको अंगीकार करते हैं। बिना भेदभाव। बिना बहिष्करण।

यह आम धारणा है कि महाशिवरात्रि पर भगवान शिव देवी पार्वती से विवाह करते हैं, जिसे उत्तर भारत में हिंदू माह फाल्गुन और दक्षिण भारत में माघ माह की कृष्ण पक्ष की चतुर्दशी को मनाया जाता है। याद रहे, उत्तर भारत में पूर्णिमांत पंचांग माना जाता है और दक्षिण भारत अमावस्यंत पंचांग का पालन करता है। इसलिए, उत्तर भारत एक पखवाड़े पहले नए माह में प्रवेश कर लेता

> है। लेकिन भारत की 'अनेकता में एकता' की ख़ूबसूरती यह है कि भले ही महीनों के नाम भिन्न हों, मगर जिस दिन उत्तर भारतीय और दक्षिण भारतीय लोग महाशिवरात्रि मनाते हैं, वो एक ही है, और यह हमेशा ग्रेगोरियन कैलेंडर के फ़रवरी या मार्च माह में पड़ती है।

गार्गी: 'कोई हैरानी नहीं कि पापा और नचिकेत से इन लोगों की इतनी अच्छी बनती है।'

लोपामुद्रा चुप रहीं।

गार्गी: 'मैं उन्हें "इसके पगलैट" कहती हूं। मैंने यह अनगिनत बार देखा है, मां। फ़ोन पर, सुनते, और फिर बात करते हुए मानो वो इसकी ज़िंदगी के सबसे ज़रूरी लोग हों। लेकिन फ़ोन काटने के बाद वो चिल्लाते हुए अपना फ़ोन पटकेगा, कुचलेगा, "ये लोग मुझे अकेला क्यों नहीं छोड़ देते?" मुझे यह समझ नहीं आता। उन ज़रूरतमंद लोगों के लिए मौजूद रहने की इसकी ज़रूरत को मैं नहीं समझ पाती। क्या वो उनसे दूर रहने को नहीं कह सकता? यह कितना मुश्किल हो सकता है?'

लोपामुद्रा: 'गार्गी, उसे करने दो। वो ऐसा ही है। ऐसा नहीं होता कि हम किसी शख़्स को प्यार करें और फिर उसके एक हिस्से को नकार दें। जब तुम अपनी नापसंदीदगी जताती हो, तो वो आहत होता है। मैं बस यही कह रही हूं।'

गार्गी: 'मैं बस पीछे हट जाती हूं, मां। मैं अपने शानदार पति के फिर से उभरकर आने का इंतज़ार करती हूं। यह आसान है—और वो हमेशा उभर आता है।'

लोपामुद्रा: 'ठीक है। अच्छा है।'

गार्गी और लोपामुद्रा रेस्तरां से निकलीं, और घर की ओर लौटते हुए आख़िर में उन्होंने मूर्ति ले ली।

शाम साढ़े चार बजे वो घर पहुंचीं, थकी-हारी लेकिन ख़ुश। धर्म राज किचन में थे, अपने लिए अदरक वाली स्पेशल चाय बना रहे थे। दोनों स्त्रियों ने जल्दी से शॉवर लिया और बरामदे में उनके पास आ गईं।

गार्गी: 'मां, क्या मैं शाम के लिए कुछ स्नैक्स ऑर्डर कर दूं? मेरी राय है कि हम घर में बस चाय-कॉफ़ी ही बनाएं।'

लोपामुद्रा: 'अच्छा आइडिया है।'

गार्गी: 'मैं नचिकेत को फ़ोन करके उससे कुछ चीज़ें लेते आने के लिए कह देती हूं।'

लोपामुद्रा: 'तुम इस तरह से स्नैक्स ऑर्डर करती हो?'

गार्गी मुस्कुरा दी।

धर्म राज: 'मुझे तो समोसे खाने हैं। और कांदे-पोहे। हम प्रवृत्तिक लालसाओं में डूबेंगे।'

गार्गी: 'मुझे यह नहीं लगता, पापा। आपके लिए बस कांदे-पोहे। शायद समोसों की जगह मैं इडली ऑर्डर कर दूंगी। आप वो भी खा सकते हैं।'

धर्म राज: 'लोपा, तुम्हारी बेटी तो गुंडी है।'

लोपामुद्रा: 'तो अब यह मेरी बेटी हो गई, है ना? यह सही कह रही है, तुम भी यह जानते हो। पापा समोसे नहीं खाएंगे, गार्गी। चिंता मत करो। अपने लिए मंगवा लो। अनिर्बान को वो पसंद आएंगे। लेकिन हां, इडली भी मंगवा लेना।'

धर्म राज: 'लोपा, कल पूजा के लिए तुमने किसी भट्टजी से बात कर ली है?'

लोपामुद्रा ने सिर हिलाया। 'नहीं जी। मैं तो इंतज़ार कर रही थी कि तुम मुझे याद दिलाओ। हां, कर ली बात, मेरे भले आदमी। और तुम्हारी जानकारी के लिए बता दूं, यह महिला भट्टजी हैं।'

गार्गी: 'वाह। यह तो बढ़िया है।'

धर्म राज: 'यह मायने नहीं रखता। उन्हें योग्य और निष्ठावान होना चाहिए। तेवढ़े पूरे (इतना काफ़ी है)।'

गार्गी: 'ऑप्टिक्स मायने रखती है, पापा।'

धर्म राज: 'जैसा तुम कहो, राजा।'

नचिकेत और अनिर्बान आ गए। अनिर्बान बाइक से उतरा और नचिकेत ने नीम के पेड़ के नीचे बाइक खड़ी कर दी।

धर्म राज: 'वो भला डॉक्टर कहां है?'

अनिर्बान: 'आ रहा है।'

गार्गी: 'और खाना कहां है?'

नचिकेत: 'आ रहा है। हम गार्डन बैठें? मैं कुर्सियां बाहर ले आता हूं।'

गार्गी: 'मैं और चाय ले आती हूं। और मां को भी बता दूंगी।'

पंद्रह मिनट बाद जब छोटा सा ग्रुप तुलसी की झाड़ के पास अपनी कुर्सियों पर जम गया तो डॉ. आदर्श भट्टाचार्य अंदर आए।

धर्म राज: 'आदर्श, तुम अपनी कार कंपाउंड में पार्क करोगे?'

डॉ. आदर्श: 'नहीं, ठीक है। मैंने बाहर पार्क कर दी है।'

गार्गी: 'तुम फ्रेश होना चाहोगे?'

डॉ. आदर्श: 'नहीं, शुक्रिया। मैं ठीक हूं।'

गार्गी: 'चाय?'

डॉ. आदर्श: 'वो तो बढ़िया रहेगी। आभार। अनिर्बान, तुम्हारी कल की तैयारी हो गई?'

लोपामुद्रा: 'तुम किस मंडल में शूट रहे हो?'

अनिर्बान: 'आपको कल पता लग जाएगा, आंटी। यह बॉलीवुड की एक नामचीन हस्ती के लिए है जो एक माणाचे गणपति के दर्शन के लिए जाने पर अपनी फ़ोटोग्राफ़ी करवाना चाहता है।'

गार्गी: 'कौन आ रहा है?' उसने चाय का कप डॉ. आदर्श की ओर बढ़ाया।

अनिर्बान: 'कल जान लोगी—यह ख़बरों में आ जाएगा, मुझे यक़ीन है।'

गार्गी: 'मां और मैं आज शॉपिंग के लिए गए थे। हम बप्पा को घर ले आए।'

नचिकेत मुस्कुराया। 'आपने परंपरा तोड़ दी, मां। घर के पुरुष की जगह स्त्रियां बप्पा को घर लाई हैं।'

लोपामुद्रा: 'हां, हम ले आए।'

गार्गी: 'और कल हमारे यहां महिला भट्टजी आएंगी। मुझे अच्छा लगा!'

डॉ. आदर्श: 'क्यों नहीं? लचीली परंपराएं, जैसा कि मेरी पत्नी कहती है। मेरी बेटी पायल और मैंने घर पर ही भगवान गणेश की मूर्ति बनाई है। हमने मिट्टी और टूथपिकों का इस्तेमाल किया। उसकी ज़िद थी कि हम उसे सजाने के लिए नॉन-टॉक्सिक रंगों का ही इस्तेमाल करें। मुझे बहुत आनंद आया।'

लोपामुद्रा: 'कितना अच्छा है!'

गार्गी: 'मुझे उम्मीद है खाना आने में बहुत देर नहीं लगेगी, नचिकेत। मुझे भूख लगी है।'

नचिकेत: 'जल्दी ही आ जाएगा। इडली, समोसे और कांदे पोहे।'

डॉ. आदर्श: 'अंकल के लिए समोसे?'

धर्म राज: 'यह सब माया है, आदर्श!'

सब हंस पड़े।

धर्म राज: 'चिंता मत करो। मैं उन्हें छुऊंगा भी नहीं।'

अनिर्बान: 'मैं सोच रहा हूं कि आज शाम अपनी चर्चा को फिर से शुरू करने के लिए माया सटीक विषय है। इस "माया" के चक्कर को मैं कभी नहीं समझ पाया हूं। ऐसा कैसे हो सकता है कि हम जो कुछ भी देखते हैं, वो महज़ भ्रम है? यह बड़ी बेतुकी सी बात है।'

धर्म राज: 'यह अजीब लगता है, मैं मानता हूं। आख़िरकार, हम जो देखते, सुनते या छूते हैं, उसे उसी तरह से दूसरे भी अनुभव कर रहे होते हैं।'

अनिर्बान: 'वही तो। अगर अनेक लोग एक जैसा अनुभव कर रहे हैं, तो जब तक कि वो किसी संगठित रैकेट में न हों, यह एक ऑब्जेक्टिव घटना होगी, भ्रम नहीं। मानव बुद्धि ने इस तथाकथित मायावी दुनिया को परिवर्तित करके नियंत्रित किया है। यह असल न होकर सबके लिए कोई काल्पनिक स्थिति कैसे हो सकती है?'

गार्गी: 'यह सही कहता है, पापा। यहीं पर विवेकपूर्ण दिमाग़ विद्रोह करने लगता है। अगर सब कुछ भ्रम है, तो यथार्थ का क्या मतलब है?'

लोपामुद्रा: 'जब हम कहते हैं कि यह दुनिया यथार्थ नहीं है, तो हमारा मतलब होता है कि यह लगातार बदल रही है। यह अस्थायी है, सीमित है। भौतिक दुनिया माया है क्योंकि यह स्थायी नहीं है। जैसे यह पल वास्तविक नहीं है क्योंकि यह अभी ही बीता पल हो चुका है। अब यह बस मेरी स्मृति का एक अंश है, उतना ही "सच" जितना कोई अच्छे से सहेजकर रखा गया रिकॉर्ड हो।'

धर्म राज: 'और अच्छे से सहेजकर रखा गया रिकॉर्ड भी इस पर निर्भर करता है कि उस पल हमारी इंद्रियों ने क्या अनुभव किया था। और यह पहले की यादों और स्मृति पर भी निर्भर करता है। क्या यह क्लासिक आत्म-संदर्भ का एक उदाहरण है? यह उलझन भरा है। इसीलिए हमें

सहारे और मार्गदर्शन की ज़रूरत होती है। मैं कह सकता हूं, किसी गुरु का "संरक्षण" भी। क्योंकि हमारी इंद्रियां हमें आध्यात्मिक पथ से डिगा भी सकती हैं।'

नचिकेत: 'ऐसा नहीं है कि हम सब एक ही चीज़, एक ही वास्तविकता को देखते हैं। हमारे अनुभव इस पर भी आधारित होते हैं कि हम क्या याद रखते हैं और क्या देखने की अपेक्षा करते हैं। "अदृश्य गोरिल्ला प्रयोग" की भांति।'

लोपामुद्रा: 'वो क्या है?'

डैनियल सिमंस और क्रिस्टोफ़र शैबरी ने 1999 में 'गोरिल्लाज़ इन अवर मिड्स्ट: सस्टेंड इनअटेंश्नल ब्लाइंडनेस फ़ॉर डाइनैमिक इवैंट्स'[26] शीर्षक से एक प्रयोग किया था।

एक बास्केटबॉल कोर्ट में अनेक वॉलंटियर्स को बुलाया गया। उन्हें एक मैच को देखना था। उसमें दो टीमें थीं जिनमें तीन-तीन खिलाड़ी थे—एक टीम ने सफ़ेद शर्ट पहनी थीं और दूसरी ने काली। दोनों टीम अपने साथी खिलाड़ियों को बास्केटबॉल पास करतीं, ड्रिब्लिंग करते हुए या बिना ड्रिब्लिंग के। वॉलंटियर्स को दो बैचों में बांट दिया गया था। एक से सफ़ेद टीम पर ध्यान देने को कहा गया था, तो दूसरे से काली टीम पर। उनसे यह भी कहा गया था कि ड्रिब्लिंग के साथ या उसके बिना दिए जाने वाले पासों की गिनती करें। अवलोकनकर्ताओं ने वही किया जैसा उनसे कहा गया था। ज़्यादातर ने सही गिनती की।

> मैच के दौरान, पूरा गोरिल्ला सूट पहने एक आदमी स्टेजिंग एरिया में घूमता रहा। कई मौक़ों पर, गोरिल्ला ने अपनी छाती भी पीटी।
>
> वॉलंटियर्स के विभिन्न ग्रुपों के साथ इस प्रयोग को कई बार दोहराया गया।
>
> हर मैच के बाद वॉलंटियर्स से पूछा गया क्या उन्होंने कोई असामान्य चीज़ देखी—कोई गोरिल्ला, शायद। उनमें से लगभग आधों ने गोरिल्ला को देखा ही नहीं था। सबका ध्यान उन गतिविधियों में रत था जिन पर ध्यान देने के लिए उनसे कहा गया था—जिन पर उनसे ध्यान *दिलवाया* गया था।
>
> इस प्रकार, पूर्वाग्रह पारिस्थितिजन्य होते हैं।

गार्गी: 'वाह! ज़रा सोचिए किसी ने कूदते-फांदते गोरिल्ला को नहीं देखा।'

लोपामुद्रा: 'मायाजाल में फंसे थे सब!'

अनिर्बान हंसा। 'भ्रमजाल में फंसे थे! ओके!'

लोपामुद्रा: 'राज, मैं प्रवृत्ति के उन तीन सिद्धांतों के बारे में सोच रही थी जिनके बारे में तब तुमने ज़िक्र किया था। पहला *एकम् सत् विप्रा बहुधा वदन्ति* है ना?'

धर्म राज: 'हां। वो सत्य जिसका अस्तित्व है, एक है; ज्ञानी लोग इसे अनेक रूपों में बताते—या जानते हैं। तुम्हारा सच और मेरा सच एक ही अंत-बिंदु पर पहुंचते हैं। किसी एक व्यक्ति या ग्रुप के लिए भी यह बहुत बड़ा विचार है। यह आदिम, क्षेत्रवादी मानसिकता के विरुद्ध है जो हमें दूसरे लोगों और दूसरे समूहों को प्रतिद्वंद्वात्मक संदर्भों में देखने पर मजबूर करती है। सहज रूप से जब हम विरोध का सामना करते

हैं तो लड़ते हैं, जड़ हो जाते हैं या भाग जाते हैं। अगर हम लड़ते हैं तो एक जीतता है और दूसरा हारता है। अगर कोई जड़ हो जाता है या भाग जाता है, तो दूसरा जीत जाता है।[27] लड़ने-जड़ हो जाने-भाग जाने की सहज वृत्ति की प्रतिक्रियाएं किसी अन्य संभावना को अंगीकार नहीं कर सकतीं। और हम अपने रैप्टीलियन मस्तिष्क और हॉर्मोनल सिस्टम में इस स्वायत्त प्रतिक्रिया की आनुवंशिक स्मृति को सहेज लेते हैं। विकास की दृष्टि से हम कभी पशु थे और वो आदिम मस्तिष्क हमारे भीतर अस्तित्वमान है। हम दिखावा करते हैं कि हमने इस पर नियंत्रण पा लिया है, लेकिन असल नियंत्रक तो वो है। यह पुरखों का मस्तिष्क है। यह सबसे पुराना और सबसे शक्तिशाली है।'

अनिर्बान: 'हां, बिल्कुल। जैसे भेड़ियों का कोई झुंड अपने इलाक़े को बचाता है, उसी तरह इंसान भी अपने मनोवैज्ञानिक और वैचारिक स्थान की रक्षा करता है। जब हम उन्हें सुरक्षित कर लेते हैं, तो हम उन्हें फैलाना चाहते हैं। यह काफ़ी नहीं है कि मैं किसी बहस में जीत जाऊं और आपको ऐसे ही छोड़ दूं। मैं चाहूंगा कि आप भी उसी तरह सोचें जैसे मैं सोचता हूं।'

नचिकेत: 'हां, इससे हमें अच्छा महसूस होता है। इससे हमें ऐसा महसूस होता है जैसे कि हम दूसरों से बेहतर हैं। जैसे, "मेरी मां सबसे अच्छी हैं।" "मेरा बच्चा सबसे अच्छा है।" "मेरा देश सबसे अच्छा है।" "मेरी विचारधारा सबसे अच्छी है।"'

लोपामुद्रा: 'मैं सबसे अच्छी हूं—अपने दिल की गहराइयों में कौन यह नहीं मानता? मानव स्वभाव जैसा है वैसा ही रहेगा, लेकिन जब इस तरह की प्रवृत्तियों को धर्मग्रंथों का समर्थन मिल जाता है तो वो ख़तरनाक हो जाती हैं। "मेरा ईश्वर सत्य है; तुम्हारा ईश्वर या देवी-देवता झूठे हैं।" "दूसरे देवी-देवताओं की पूजा नहीं करनी चाहिए क्योंकि मेरे पुरुष ईश्वर को ईर्ष्या होती है!"[28] लेकिन हिंदू मार्ग बहुत भिन्न है। यह सुंदर पंक्ति—*एकम् सत्*—ऋग्वेद की है,[29] है ना?'

धर्म राज: 'हां।'

लोपामुद्रा: 'यह एक उद्घोषणा है जो धर्मशास्त्रीय रूप से पंथों की बहुलता, सत्य की ओर जाने वाले अनेक मार्गों का समर्थन करती है। यह सिद्धांत है।'

अनिर्बान: 'यह इतना महत्वपूर्ण क्यों है, आंटी? सिद्धांत जो भी हो, इंसानों के अंदर हिंसा की अथाह क्षमता है। वो कोई न कोई बहाना निकाल लेंगे लड़ने का...'

लोपामुद्रा: 'जब कोई धार्मिक मत वकालत करता है कि ईश्वर तक जाने का मार्ग केवल यही है और कि बाक़ी सभी मत ग़लत और स्पष्ट रूप से बुरे हैं, तो हमारे सामने कहीं बड़ी समस्या खड़ी हो जाती है। मानव स्वभाव जैसा है वैसा है, जैसा कि तुमने सही कहा। हिंसा हमारे अंदर गहरी पैठी हो सकती है और है। लेकिन जब धार्मिक मत इन प्रवृत्तियों को नैतिक विश्वसनीयता दे देते हैं, तो यह निराशाजनक हो जाता है। फिर हिंसा एक न्यायसंगत उद्देश्य का आभामंडल पा लेती है।'

धर्म राज: 'इस चर्चा को राजनीति और युद्धों से दूर रखते हैं, लोपा।'

लोपामुद्रा: 'बस कह रही हूं...'

धर्म राज मुस्कुराए और उन्होंने कहना जारी रखा। 'ऋग्वेद का यह कथन वैयक्तिक स्तर पर और अधिक दिलचस्प हो जाता है। हम सब अपनी मनोवैज्ञानिक संरचना में अनूठे ढंग से भिन्न होते हैं। एक साइज़ सब पर फ़िट नहीं होता, जैसा कि तुम अक्सर कहती हो, लोपा।'

लोपामुद्रा: 'एक मत, एक ग्रंथ, एक ईश्वर, एक मार्ग—यहां तक कि तथाकथित "सार्वभौमिक मूल्यों" का एक सैट भी सार्वभौमिक रूप से सच साबित नहीं होता।'

डॉ. आदर्श: 'मैं आपका पॉइंट समझ रहा हूं। लोग भिन्न होते हैं। कुछ लोगों के लिए जो बात हंसी की होती है, दूसरों को वो बेहूदा

लगती है। कोई बात अगर मेरी आंखों में आंसू ला देती है, तो आपको वो बचकाना लग सकती है। एक ही माता-पिता की संतानें बचपन से ही एकदम भिन्न हो सकती हैं।'

नचिकेत: 'और एक ही व्यक्ति अपने जीवन के विभिन्न चरणों में भिन्न होता है। साठ साल के बुज़ुर्ग वो व्यक्ति नहीं होते जो वो पच्चीस की उम्र में होते हैं। या पचपन में भी। विभिन्न समयों पर समान स्थिति में वो भिन्न तरीक़े से प्रतिक्रिया करते हैं। वो विशिष्ट और निरंतर परिवर्तनशील होते हैं। और इसीलिए, आध्यात्मिक मार्ग भी समान नहीं हो सकते।'

अनिर्बान: 'तो फिर समुदाय और सामंजस्य का क्या?'

धर्म राज: 'सामंजस्य का अर्थ समरूपता नहीं होता। इसे एक दूसरे का क्लोन बनकर या एक दूसरे की नक़ल करके नहीं पाया जा सकता। या ख़ुद को किसी के अधीन करके भी।'

लोपामुद्रा: 'अगर तुम सामंजस्य को समझना चाहते हो तो प्रकृति को देखो। तुम पाओगे कि सामंजस्य की संभावना तब सामने आती है जब दो इकाइयां, चाहें वो जड़ हों या चेतन, परस्पर एक दूसरे को प्रभावित करती हैं। ढलान पर या बीच में नदी अपने प्रवाह के साथ बहती है। अगर यह सौम्य होती है तो जब यह किनारों से टकराती है तो सामंजस्य में रहती है। अगर सौम्य नहीं होती तो असंतुलन पैदा हो जाता है।'

अनिर्बान: 'यानी यह नदी पर है? सौम्य होना या न होना?'

डॉ. आदर्श हंसने लगे। 'यह जानना दिलचस्प होगा। उफ़ान पर बह रही नदी किनारों पर विनाश और तबाही पैदा करती है। वो असंतुलन है।'

अनिर्बान: 'और, घुमावदार नदी का धीमा प्रवाह किनारों पर तलछट जमा करता है। लेकिन क्या कोई शांत जलाशय सामंजस्यपूर्ण नहीं हो सकता?'

धर्म राज: 'संतुलन के लिए एक से अधिक इकाई की ज़रूरत होती है। संगीत की तरह। जब संगीत के सुरों का कोई कॉम्बीनेशन गणितीय तालमेल के साथ परस्पर क्रिया करता है और सुखद प्रभाव पैदा करता है तो यह संतुलन है। पियानो पर एक सुर बजाया जाए तो वह सामंजस्यपूर्ण नहीं होता। दूसरे सुर को भी बजाना ज़रूरी होता है, और परस्पर क्रिया करने पर दो ध्वनियां संतुलन या असंतुलन पैदा करती हैं। हरेक सुर भिन्न होता है, और एक अकेला सुर नीरस होता है। दो सुर जब एक दूसरे के साथ सटीकता से क्रिया करते हैं, तो वो संतुलन पैदा करते हैं, और ऐसा नहीं करते तो असंतुलन पैदा करते हैं। लेकिन परस्पर क्रिया महत्वपूर्ण है, क्योंकि यही संतुलन और असंतुलन को निर्धारित करती है। एक शांत व्यक्ति स्थितप्रज्ञ हो सकता है। शांत बैठे दो लोग निगाहों के आदान-प्रदान से, ऊर्जा के आदान-प्रदान से सामंजस्य दर्शा और अनुभव कर सकते हैं। यह परस्पर क्रिया है।'

नचिकेत: 'किसी तस्वीर में अगर केवल एक ही ऑब्जेक्ट हो— मान लें, एक पहाड़, या सूरज या कोई शेर—तो वो सामंजस्यपूर्ण नहीं होगी। उसमें एकाकी भव्यता होगी, लेकिन जब असमानताएं होती हैं, तो सामंजस्य की गुंजाइश होती है।'

अनिर्बान: 'यह तो बहस का विषय है। आर्ट की थ्योरी तुमसे पूरी तरह से असहमत होगी।'

नचिकेत: 'ठीक है, अनिर्बान। एकाकी भव्यता भी सामंजस्यपूर्ण हो सकती है। लेकिन तब यह उस एक ऑब्जेक्ट को बनाने वाले रंगों और सामग्रियों की परस्पर क्रिया का संतुलन होगी।'

लोपामुद्रा ने अपनी बात जारी रखी। 'जब परस्पर क्रिया का बिंदु पीड़ारहित होता है और बेमेल नहीं होता, तो संतुलन होता है। अगर कोई टकराव न हो, तो प्रत्येक अपनी संभाव्यता की दिशा में काम कर सकता है और विकास कर सकता है। एक बात याद रखना—हम किसी के भी

साथ लगातार संवाद नहीं कर सकते, उन लोगों के साथ भी नहीं जिनके साथ हम रहते हैं।'

अनिर्बान: 'विकास के लिए टकराव आवश्यक है। टकराव बुरी चीज़ नहीं है, मेरा मानना है।'

'सही कहते हो, अनिर्बान,' लोपामुद्रा मुस्कुराईं। 'टकराव विकास को शुरू कर सकता है। असंतुलन भी। हम यह नहीं कह रहे हैं कि टकराव और असंतुलन बुरी चीज़ें हैं। या संतुलन अच्छी चीज़ है और विकास की दिशा में बढ़ने का इकलौता रास्ता है। जब हम एक चीज़ पर बात करते हैं तो अपने आप ही दूसरी चीज़ों को दरकिनार कर रहे या नकार नहीं रहे होते हैं। और तुम इसे मेरा निजी पूर्वाग्रह कह सकते हो, मगर संतुलन में सौंदर्य है। टकराव में सौंदर्य नहीं होता। बस यही बात है।'

नचिकेत: 'सवाल यह है: हम परस्पर व्यवहार को कैसे सामंजस्यपूर्ण बनाएं, और साथ ही अपना सार भी न खोएं—सफ़ेद बादलों जैसे बन जाएं? ख़ुद को अधीन किए बिना हम टकराव को कैसे टालें? या अपने पारस्परिक व्यवहार में उथले बने रहें?'

धर्म राज: 'उत्तर अगले सिद्धांत में निहित है—दोहरे सिद्धांत में, दरअसल: *अहं ब्रह्मास्मि* और *तत् त्वम् असि।*'

> *अहं ब्रह्मास्मि* ब्रहदारण्यकोपनिषद का महावाक्य है। इसका स्थूल अनुवाद होगा, *मैं ब्रह्म हूं,* यह अद्वैत मत की व्याख्या करता है कि स्थूल और सूक्ष्म जगत में कोई अलगाव नहीं है। यह यह भी बताता है कि मैं स्वयं को किस तरह अनुभव करता हूं, यह मेरी चेतना के स्तर को निर्धारित करता है। मैं स्वयं को अपने संचित और वर्तमान विचारों और भावनाओं के पुलिंदे के रूप में अनुभव कर सकता हूं, या मैं इन विचारों और भावनाओं के प्रति सजग हो सकता हूं, लेकिन

स्वयं को एक ऐसी इकाई के रूप में भी अनुभव कर सकता हूं जो उनसे अलग है। मैं स्वयं को अन्य जीव रूपों से भिन्न महसूस कर सकता हूं या स्वयं को समग्र जीवन के सूक्ष्म अवयव के रूप में अनुभव कर सकता हूं।

मैं सब कुछ हूं। सब कुछ मैं है।

शुक्ल यजुर्वेद[30] के अंतिम अध्याय ब्रहदारण्यकोपनिषद हैं। माना जाता है कि इसकी रचना 700 ईसा पूर्व के लगभग हुई थी। इसमें छह अध्याय हैं और इनकी रचना का श्रेय ऋषि याज्ञवल्क्य को दिया जाता है। उपनिषदों में दार्शनिक विचारों की तह में जाने के लिए संवाद पद्धति का प्रयोग किया गया है। ब्रहदारण्यकोपनिषद में अनेक ऋषियों और ऋषिकाओं—याज्ञवल्क्य और उनकी पत्नी मैत्रेयी, याज्ञवल्कय और गार्गी, अजातशत्रु और गार्ग्य, और याज्ञवल्क्य और देवी सीता के दार्शनिक प्रवृत्ति वाले पिता जनक—के बीच संवाद हैं।

तत् त्वम् असि छांदोग्योपनिषद का महावाक्य है। इसका अनुवाद *वो तुम हो* के रूप में किया जाता है। *तुम दिव्य हो। तुम सब कुछ हो।* अपनी विशुद्ध अवस्था में जीवात्मा और परमात्मा एक हैं। यह महान वाक्य छांदोग्योपनिषद के प्रत्येक खंड के अंत में आता है।

छांदोग्योपनिषद सामवेद के अंतिम अध्याय हैं और माना जाता है कि इसकी रचना 800 ईसा पूर्व के आसपास हुई थी। इसकी रचना का श्रेय ऋषि उद्दालक को दिया जाता है और इसका काफ़ी बड़ा अंश ऋषि और उनके पुत्र श्वेतकेतु के बीच संवाद के रूप में है।

> अपनी औपचारिक शिक्षा पूरी करने के बाद श्वेतकेतु गुरुकुल से घर लौटता है। मगर अपने गर्वित पुत्र से प्रश्न करने पर उद्दालक जान लेते हैं कि श्वेतकेतु केवल जीवन और यथार्थ की प्रकृति का सैद्धांतिक ज्ञान हासिल करके वापस आया है। उसका गुरुकुल ज्ञान को बोध के जीवंत अनुभव में बदलने में असफल रहा था। इस प्रकार संवाद इस टिप्पणी से आरंभ होता है, 'तुम वही हो, श्वेतकेतु!'[31]

डॉ. आदर्श: 'मेरे दादामोशाय अक्सर कहते थे, "मैं सब कुछ हूं; मैं सब जगह हूं।" अहंकारी विचार है, आपको नहीं लगता? बहुत घमंड से भरा, विनम्रता से अछूता। मुझे यह कहना पसंद नहीं है, लेकिन कुछ-कुछ यह उनके जैसा ही था। वो अपने आसपास के लोगों की क़तई परवाह नहीं करते थे और उनमें घमंड कूट-कूटकर भरा था। परिवार तकलीफ़ पाता था। अहं ब्रह्मास्मि... मेरे दादामोशाय सब कुछ थे!'

लोपामुद्रा: 'दादामोशाय! तुम मुझे याद दिला रहे हो कि हमारी बंगाली भाषा कितनी मीठी है। हां, अवधारणाओं को अगर ठीक से न समझा जाए तो वो बहुत ग़लतफ़हमी पैदा कर सकती हैं। "मैं सब कुछ हूं।" यह "मैं" कौन है? इसे समझना ही चुनौती है।'

अनिर्बान: 'निजम।'

गार्गी: 'निजम क्या है?'

अनिर्बान: 'यह तेलुगु में *सच* है। मैंने सोचा कि मैं भी अपनी थोड़ी सी मातृभाषा डाल दूं! ख़ैर, हां, अहं संतुष्टि के पीछे भागता है, इस विश्वास से मुतमईन कि यह सुप्रीम है। अहं ब्रह्मास्मि!'

नचिकेत: 'पापा, आपने एक बार मुझसे कहा था—कि हमारी ग़लत पहचान दिव्य नहीं होती। "नचिकेत" दिव्य स्थायी पहचान नहीं है। "नचिकेत" मेरी अस्थायी पहचान है। अनंत "मैं" जो हमारे भीतर रहता है, वो दिव्य स्थायी है।'

धर्म राज: 'अपने खोखले अहं से पार पाना बहुत मुश्किल है। मगर छांदोग्योपनिषद संतुलन बिठाने का एक आइडिया सुझाता है, अहं ब्रह्मास्मि का "यिन" से "यैंग।" वो "यिन" तत् त्वम् असि है। तुम्हारा सार, भी, दिव्य है। सब कुछ उसी तत्व का अंश है जो तुम्हें बनाता है।'

लोपामुद्रा: 'मैं केंद्र हूं। तुम केंद्र हो। केंद्र सब जगह है।'

अनिर्बान: 'मुझे याद है मैंने हाल ही में यह किसी और संदर्भ में सुना था। ओह हां, सू जनजाति की उस पुरानी कहानी में।'

डॉ. आदर्श: 'कैसी कहानी?'

> ब्लैक एल्क एक सू लड़का था जिसका जन्म ओग्लाला लकोटा परिवार में हुआ था जो उन्नीसवीं शताब्दी के उत्तरार्ध में दक्षिणी लकोटा में लिटिल पाउडर रिवर के किनारे रहता था।
>
> नौ साल की उम्र में लड़का बीमार पड़ गया। दिन गुज़रते गए, और उसकी हालत में बेहतरी का कोई चिह्न न दिखा। फ़िक्रमंद माता-पिता ने स्थानीय ओझा को बुलाया। जब ओझा ने लड़के की जांच की, तो ब्लैक एल्क कपकपाने लगा और उसे दिव्य छवि दिखाई देने लगी। बाद में उसने बताया कि उसने ख़ुद को 'दुनिया के सबसे ऊंचे स्थान, इसके केंद्रीय पर्वत पर' देखा था।
>
> बच्चे के लिए केंद्रीय पर्वत हार्नी पीक था। तब से इसका नाम ब्लैक एल्क पीक हो गया है।
>
> उसकी बात ने 'केंद्र' की परिभाषा को विस्तार दिया। उसने कहा था, 'केंद्रीय पर्वत हर कहीं है... कोई भी जगह दुनिया का केंद्र है।'[32]

> सू अमेरिका की मूल जनजाति है जो मिसीसिपी नदी के उद्गम के आसपास रहती थी। वो आज के दौर के नेब्रास्का, मोंटाना, मिनेसोटा, और उत्तरी एवं दक्षिणी डेकोटा तक फैली हुई थी।

अनिर्बान: 'जोसेफ़ कैंपबेल कहता है कि ख़ुद को केंद्र के रूप में देखना "अपरिपक्व वैयक्तिकता" हो सकती है, जब तक कि आप यह न समझते हों कि केंद्र आपके सामने है, उस व्यक्ति में भी है जो आपके रूबरू है। वो व्यक्ति भी आपका केंद्र है।'[33]

धर्म राज: 'बिल्कुल। यही तो सामंजस्य का राज़ है। सम्मानजनक समावेशन।'

'मैं इसे अपने भीतर कैसे पैदा करूं? इसे अपने आसपास के लोगों में कैसे पैदा करूं? करने से कहना आसान है,' डॉ. आदर्श ने असहजता से कहा।

अनिर्बान ने कनखियों से अपने दोस्त को देखा। वो जानता था कि आदर्श और उसकी पत्नी मोना की शादी में कुछ समस्याएं चल रही थीं।

धर्म राज: 'मैं कहूंगा कि जवाब के लिए प्रकृति को देखो। प्रकृति हमें सिखाती है कि कब यह संतुलन में है और कब असंतुलन में। पहले हम सामंजस्य और संतुलन के पहलू पर फ़ोकस करें। नदी पेड़ को पोषण देती है, और पेड़ भोजन प्रदान करता है। यह पक्षियों के लिए आवास भी बन जाता है। पक्षियों की बीट केंचुओं का भोजन बनती है, और केंचुए मिट्टी की गुणवत्ता को सुधारते हैं… उन सबके बीच एक कड़ी है, और उनका सम्मानजनक परस्पर व्यवहार जीवन को फलने-फूलने देता है।'

लोपामुद्रा: 'और वो अपने अनूठेपन को भी बचाए रखते हैं। तो संतुलन और सम्मान आपस में जुड़े हुए हैं। जब प्रकृति सम्मानजनक

समावेशन की स्थिति में होती है, तो सामंजस्य होता है। जब नहीं होती, तो असामंजस्य होता है।'

डॉ. आदर्श: 'असामंजस्य बहुत सम्मानजनक नहीं होता, है ना? प्रकृति में हिंसा, मारना और मारे जाना भी है। शिकार और शिकारी का परस्पर व्यवहार... आप इसे असम्मानपूर्ण कहेंगे?'

धर्म राज: 'शिकार और शिकारी का संबंध प्रकृत्ति का नियत तरीक़ा है, लेकिन यह मानने का कोई कारण नहीं है कि वो एक दूसरे का सम्मान नहीं करते। एक दूसरे को गंभीरता से लेना सम्मानपूर्ण है, मेरा मानना है। शिकारी शिकार करता है, शिकार का शिकार होता है। यह उनके परस्पर व्यवहार की प्रकृति है। वो मित्र नहीं हैं। वो मित्र *हो ही नहीं* सकते। लेकिन उस आपसी व्यवहार में बहुत अधिक सम्मान है। क़ुदरती शिकारी व्यवहार का सुचारू क्रियान्वयन ही जीवन में संतुलन बनाए रखता है। तुम्हें अमीश की किताब *रावण: आर्यवर्त का शत्रु* में शेर और हिरणी की कहानी याद है?'

गार्गी: 'हां, मुझे याद है... मेरे मनपसंद दृश्यों में से एक है वो! शिकारी और शिकार दोनों में भव्यता होती है, इस पर निर्भर करते हुए कि वो जो कर रहे हैं वो क्यों कर रहे हैं। जब हम एक दूसरे को गंभीरता से लेते हैं, तो वहां सम्मान होता है। असम्मान लापरवाही और उपेक्षा से भरा होता है।'

अनिर्बान: 'और पशु-जगत में यह ख़तरनाक हो सकता है। अगर आप लापरवाह हैं, तो आप मारे जाएंगे। लेकिन क्या ये मनुष्य की धारणाएं नहीं हैं। सम्मान? दोस्ती? और इस बात का सबूत कहां है कि शिकार और शिकारी के बीच एक दूसरे को "भोजन" और "संकट" के रूप में देखने के अलावा और कोई संबंध होता है?'

गार्गी: 'रूपक और लफ़्फ़ाज़ी भी तो मनुष्य की बनाई धारणाएं हैं, है ना, अनिर्बान? और विचारों को व्यक्त करने के लिए कहानियां बुनना? उदाहरण के लिए, द *लॉयन किंग*[34] में, टिमोन और पुंबा सिम्बा

के "दोस्त" हैं। मुफ़ासा सिम्बा को सम्मान की अवधारणा समझाता है। वो इसका प्रदर्शन भी करता है। मानवीय धारणाओं को समझाने के लिए पशुओं के आचार-व्यवहार का प्रयोग करना बहुत पुराना तरीक़ा है। विवेक और तर्क तो मानव बुद्धि का महज़ एक पहलू हैं। ठीक है?'

डॉ. आदर्श: 'वाह! तुम दोनों क्या हमेशा ऐसे ही लड़ते हो? मुझे समझ नहीं आता तुम लोग दोस्त कैसे हो!'

गार्गी: 'ओह! हम बहुत अच्छे दोस्त हैं! कभी सम्मान के साथ, तो कभी असम्मान के साथ। सही है, अनिर्बान?'

अनिर्बान नक़ली वार से बचते हुए झुक गया। और हंसने लगा। 'तुम मेरे सबसे पगलैट दोस्तों में से हो, गार्गी सावंत।'

धर्म राज ने चेहरे पर मुस्कान की झलक लाते हुए अपनी भृकुटियां चढ़ाईं। नचिकेत ने प्रसन्नता से अपनी पत्नी को देखा।

अनिर्बान: 'एक बात और है। यह इस सबसे अलग हो सकती है, लेकिन मुझे यह कहनी होगी। हिंसा तो पशुओं के आपसी व्यवहार का बहुत छोटा सा हिस्सा है। मैं फ़ोटोग्राफ़र हूं और मैं बता रहा हूं, टीवी शो पूरी तस्वीर पेश नहीं करते हैं। वो शिकारों को प्रमुखता से दर्शाते हैं—मेरे ख़्याल से इसकी वजह यह है कि दर्शक इस तरह की चीज़ें देखना पसंद करते हैं। लेकिन ज़्यादातर समय जंगल में पशु शांति से रहते हैं। शिकार और शिकारी आपस में मिलजुलकर, शांति से रहते हैं। शिकारी पशु हर समय भूखे नहीं होते और वो केवल तब शिकार करते हैं जब भूखे होते हैं।'

डॉ. आदर्श: 'तुम जो एक बड़ा पॉइंट रख रहे हो वो यह है कि अगर हिंसा का तत्व हो तो भी सामंजस्य बना रह सकता है। ऐसा ही है ना?'

लोपामुद्रा: 'यह विचार तो परखने लायक़ है।'

धर्म राज: 'मुझे जवाब नहीं पता। हम एक बात जानते हैं और वो यह कि मनुष्य सामंजस्य में नहीं रहता, न प्रकृति के साथ न एक

दूसरे के साथ। हम अपनी ज़रूरतों और कुछ अप्राप्य संतोष के लिए प्रकृति को नष्ट करते हैं। लेकिन हम बस एक अथाह गड्ढे को भरने की कोशिश ही कर रहे हैं।'

नचिकेत: 'तो फिर हमें क्या संतुष्ट कर सकता है?'

डॉ. आदर्श हंस पड़े। 'कुछ नहीं पता। लेकिन हम सम्मान देने से शुरू कर सकते हैं। हम परस्पर व्यवहार में एक दूसरे का सम्मान करने की कोशिश कर सकते हैं।'

नचिकेत: 'असम्मान असामंजस्य की ओर ले जाता है, और आजकल हम यह बहुत ज़्यादा देख रहे हैं। हम इसे ढेरों नाम दे देते हैं—धार्मिक टकराव, ग़लतफ़हमी, पीड़ा, बदला, पूर्वाग्रह, असहिष्णुता, नैतिक अहंकार, एक्टिविज़्म और नेकी करना। लेकिन यह सब बस इसलिए होता है कि हमारे अंदर सम्मान की कमी है।'

डॉ. आदर्श: 'लोग आहत करने के अपने अधिकार तक के लिए लड़ सकते हैं। दूसरों का मज़ाक उड़ाना... सब असम्मानपूर्ण होने के अधिकार के लिए।'

गार्गी: 'होना चाहिए ना? हमें इन अधिकारों की ज़रूरत है।'

लोपामुद्रा: 'मेरा ऐसा मानना है। वो प्रेशर वॉल्व का काम करते हैं। अगर हम फ्रिक्शन का ठीक से इस्तेमाल करें तो यह उपयोगी हो सकता है। लेकिन याद रहे कि इससे असामंजस्य भी उत्पन्न होगा। असम्मान से असामंजस्य पैदा होता है, लेकिन हम जो भी कहना चाहते हैं उसे कहने के अधिकार को दबाना और भी बुरा है।'

धर्म राज: 'किसी दिन हमारी मनुष्य जाति असम्मानपूर्ण हुए बिना असहमत होना सीख जाएगी। तब तक सम्मान के बिना स्वतंत्रता का प्रयोग करना असामंजस्य ही पैदा करेगा। यह मान लो।'

अनिर्बान: 'हम्म। तीसरा सिद्धांत क्या है?

धर्म राज: '*ईशावास्यम् इदम् सर्वम्; यत्किञ्च जगत्याम् जगत।* गार्गी, मेरी डेस्क पर ईशोपनिषद का एक बहुत ही सुंदर अनुवाद रखा

है। प्रीतिश नंदी का। क्या उसे ले आओगी? मैं उसके कुछ अंश सुनाना चाहूंगा जो मुझे पसंद हैं।'

गार्गी उठी और अपने माता-पिता के कमरे में चली गई। तभी, डोरबैल बजी और गेट खुलने की आवाज़ आई। नचिकेत डिलीवरी बॉय से खाने के पैकेट लेने बाहर गया और उन्हें लेकर किचन में चला गया। बाक़ी लोग बैठे रहे, अचानक उनके पेट भूख से कुलबुलाने लगे थे।

9

स्व को पाना,
दिव्यत्व को पाना है

डॉ. आदर्श का फ़ोन रह-रहकर बज रहा था और आख़िरकार वो ग्रुप के बीच से उठकर उसे सुनने के लिए बाहर चले ही गए। वो वापस अंदर आए, तो उनके चेहरे पर राहत थी।

'सब ठीक है?' अनिर्बान ने सावधानी बरतते हुए पूछा।

डॉ. आदर्श: 'हां! मोना थी। उसने कहा कि अगर मुझे इस शाम में इतना ही आनंद आ रहा है, तो मैं एक शर्त पर आराम से बैठ सकता हूं—कल इस सारी बातचीत को उसके सामने दोहराना होगा। एक-एक शब्द।'

धर्म राज: 'उनसे यहां आने को क्यों नहीं कहा?'

डॉ. आदर्श: 'मैंने कहा था, लेकिन वो हंसने लगी और बोली कि उसे ऐसी बातचीत में कोई दिलचस्पी नहीं है। उसके लिए मायावी दुनिया ही असल दुनिया है।'

लोपामुद्रा: 'या हो सकता है कि यह उनका तुम्हें तुम्हारी स्पेस देने का तरीक़ा हो। यह बहुत स्वीट है।'

डॉ. आदर्श: 'वाक़ई? हम्म... मैंने इसे इस तरह से नहीं देखा था।'

नचिकेत और गार्गी वापस आ गए थे। नचिकेत के हाथ में एक ट्रे थी और गार्गी एक किताब लिए थी।

'तो ये हैं कांदे-पोहे, इडली और समोसे। गार्गी, तुम डाइनिंग टेबल से ट्रे ले आओगी? मैंने कॉफ़ी निकाल दी है।'

गार्गी: 'ज़रूर। और ये लीजिए अपनी किताब, पापा।'

धर्म राज ने उसके हाथ से किताब ले ली और पन्ने पलटने लगे जब तक कि उन्हें सही पन्ना नहीं मिल गया। बाक़ी लोग स्वादिष्ट भोजन लेने में लगे थे। लोपामुद्रा ने कांदे-पोहे से एक प्लेट भरी और उसे अपने पति के पास रखी कॉफ़ी टेबल पर रख दिया। गार्गी कॉफ़ी के कपों से भरी ट्रे लिए वापस आई।

धर्म राज: 'यह रहा:

ईशावास्यम् इदम् सर्वम्; यत्किञ्च जगत्याम् जगत।
वो उन सबमें विद्यमान है जो जीवित हैं।
जो बीत गया उस सबको त्याग दो।
उसमें आनंद प्राप्त करो, जो सदैव जीवित रहता है।[15]

यह ईशोपनिषद का पहला सूत्र है। संक्षेप में इसका अर्थ है कि ईश्वर सब वस्तुओं में विद्यमान है। प्रत्येक वस्तु दिव्य है।'

ईशोपनिषद दस प्रमुख उपनिषदों में से एक है। यह शुक्ल यजुर्वेद के अंत में लिखा एक छोटा सा उपनिषद है। इसमें केवल अठारह मंत्र हैं, लेकिन उन्होंने आदि शंकराचार्य, स्वामी चिन्मयानंद, श्री अरबिंदो, महात्मा गांधी और विनोबा भावे जैसे विद्वान दार्शनिकों के लिए प्रेरक शक्ति के रूप में काम किया है। यह वेदान्तिक धारणा के सार को प्रस्तुत करता है।

महात्मा गांधी ने इस उपनिषद के बारे में कहा था, 'यदि सभी उपनिषद और अन्य सारे धर्मग्रंथ भी अकस्मात राख हो जाएं, और यदि ईशोपनिषद का केवल पहला श्लोक ही हिंदुओं की स्मृति में शेष रह जाए, तो भी हिंदू धर्म सदैव जीवित रहेगा।'

नचिकेत: 'बेसिकली, अगर किसी वस्तु का अस्तित्व है, तो वो दैवीय है—पेड़, नदियां, पहाड़, जंगल...'

डॉ. आदर्श: 'पशु, पक्षी, मक्खियां...'

गार्गी: 'तारे, ग्रह, सूरज, चांद...'

लोपामुद्रा: 'पुरुष, स्त्री, डंडे-पत्थर...'

अनिर्बान: 'ख़ासकर वो पत्थर जिन्हें मूर्ति बना दिया गया है?'

लोपामुद्रा: '*कालीचरण* फ़िल्म का वो पुराना गाना याद है? "*पत्थर की पूजा करके, हारी मैं हारी?*"'

गार्गी: 'इस गाने पर मेरी सोच ज़रा फ़र्क़ है. *पत्थर की पूजा करके, ना हारी मैं ना हारी!* तुम *मेरे* इस रूप का अनुवाद कैसे करोगे, नचिकेत?'

नचिकेत: '"*Worshipping stones as I have, I've not lost, no I've not lost!*" अनुवाद में वो चुटीलापन नहीं आ पाया.'

अनिर्बान: 'आंटी, यह दिलचस्प है कि आपने स्त्री-पुरुषों को डंडे-पत्थरों के साथ रख दिया है. क्या यह इरादतन था, आपका स्त्री-पुरुषों को डंडे-पत्थरों के साथ रखना?'

लोपामुद्रा मुस्कुराईं. 'नहीं, चैतन्य स्तर पर तो यह इरादतन नहीं था.'

डॉ. आदर्श: 'यह मुझे पसंद आया—चैतन्य स्तर पर इरादतन. असल मंशाएं अक्सर हमारे अवचेतन में पैठी होती हैं.'

अनिर्बान: 'मुझे यह ज़बरदस्ती फ़िट किया सा लगा, लेकिन मुझे लगता है आपने यह जानबूझकर किया था.'

उसने शरारत से अपनी भंवें मटकाईं, और कहना जारी रखा, 'मुझे लगता है, आप दूसरे जीव-रूपों से पृथक्करण की हमारी गहरे पैठी भावना को हटाने की कोशिश कर रही हैं. साथ ही, हममें से ज़्यादातर लोग डंडों को तो जीव-रूप—वनस्पति जीवन—मान लेंगे, मगर पत्थर? मगर फिर मुझे खनिजविज्ञानी रॉबर्ट हेज़न का एक लेख याद आ रहा है.

वो कहता है कि समय के साथ चट्टानों की प्रजातियों की संख्या और उनकी जटिलता में निरंतर बढ़ोतरी हुई है। खनिज विकासशीलता दर्शाते हैं। और इंसान की गतिविधियों की वजह से आज वो तेज़ी से विकास कर रहे हैं।'[36]

नचिकेत: 'एंश्रोपोसीन युग। हम इंसान इस ग्रह पर विकास की गति को नाटकीय ढंग से प्रभावित कर रहे हैं।'

गार्गी: 'और, इस तरह चट्टान जीवन है! अगर यह विकास कर रही है तो यह जीवन है।'

लोपामुद्रा: 'मुझे लगता है मैं उस पृथक्करण पर सवाल उठाना चाहूंगी जो हम इंसान जीवन के अन्य रूपों से अनुभव करते हैं। इंसानी दृष्टिकोण भी आना चाहिए क्योंकि हम इंसान हैं। प्रकृति और जीवन के हमारे अवलोकन में हम भी शामिल होने चाहिएं। हम इससे बाहर नहीं हैं।'

नचिकेत: 'ओके, यानी सब चीज़ें दैवीय हैं। ठीक है। लेकिन किस उद्देश्य से? जीवन का अंतिम उद्देश्य क्या है?'

धर्म राज: 'अंतिम उद्देश्य... सारा ब्रह्मांड दोहराव का अंतहीन चक्र है। लयात्मक दोहराव। लेकिन संतुलन की अवस्था तक पहुंचने की चाह भी है। यह इस संतुलन को कभी नहीं पाता, लेकिन खोज हमेशा जारी रहती है, नॉन-स्टॉप। तो, उद्देश्य संतुलन है, मेरे विचार से।'

लोपामुद्रा: 'और हम अक्सर ही यह भूल जाते हैं कि हम भी इस ब्रह्मांड का ही हिस्सा हैं। तो, कुछ मायनों में, हमारी अंतरात्मा भी संतुलन की इच्छा करती है। हम इस ज़रूरत को नज़रअंदाज़ करने की कोशिश करते हैं, लेकिन यह बनी रहती है।'

अनिर्बान: 'कंफ़्यूशियस ने कहा था कि समाज में संतुलन केवल तभी संभव है जब आंतरिक संतुलन होगा, यानी, समाज के हरेक व्यक्ति के अंदर संतुलन। उसके अनुसार आंतरिक संतुलन से परिवार में, राज्य में, संसार में, और अंतत: ब्रह्मांड में संतुलन आता है।'[37]

स्व को पाना, दिव्यत्व को पाना है 117

डॉ. आदर्श: 'वैसे आंतरिक संतुलन है क्या? कोई व्यक्ति पूरी तरह से शांत-सहज दिख सकता है, लेकिन अंदर से नाराज़ या परेशान हो सकता है।'

धर्म राज: 'यही तो है। वो असंतुलन होगा। संतुलन बाहरी दिखावा नहीं है। आंतरिक संतुलन तब होगा जब हमारे अत्यंत आंतरिक विचार भी हमारे शब्दों से भिन्न न हों, हमारी गहनतम भावनाएं हमारे कार्यों से विपरीत न हों। और हमारे कार्य हमारे शब्दों, विचारों और भावनाओं की काट न करें।'

डॉ. आदर्श: 'यह तो हमेशा मुमकिन नहीं है। आप ऐसे किसी को जानते हैं?'

धर्म राज: 'नहीं—आख़िरकार तो हम इंसान ही हैं। लेकिन किसी दिन यह मुमकिन होना चाहिए। किसी दिन। किसी जीवन में। भविष्य में कभी। हम इस दिशा में काम कर सकते हैं।'

अनिर्बान: 'मूर्ति पूजा करके?!'

अनिर्बान ने अविश्वास के साथ धर्म राज को देखा, मगर वो शांत रहे और उसकी आंखों में देखते रहे। लोपामुद्रा धर्म राज के प्रति दिखाए गए असम्मान को बर्दाश्त नहीं कर पाईं, और उन्होंने इस विषय पर अनिर्बान की असहजता में लिपटी उत्सुकता के लिए उसे झिड़क दिया। अपनी आवाज़ तेज़ न करने की पूरी कोशिश करते हुए उन्होंने कहा, 'तुम मूर्ति पूजा नहीं करना चाहते तो मत करो, अनिर्बान। लेकिन इसका मज़ाक़ मत उड़ाओ। क्योंकि यह कट्टरपन की ओर पहला क़दम है, किसी से महज़ इसलिए नफ़रत करने की ओर पहला क़दम कि वो मूर्ति पूजा करता है।'

अनिर्बान: 'माफ़ी चाहूंगा, ये बेअदबी थी। मुझे बहुत अफ़सोस है, आंटी। लेकिन मैं मूर्ति पूजा से जुड़ नहीं पा रहा हूं, यहां तक कि इसे समझ भी नहीं पा रहा हूं। भगवान जानता है मैंने कोशिश की है। अपनी मां की ख़ातिर।'

धर्म राज: 'धीरज रखो, अनिर्बान। फ़िलहाल हम आंतरिक संतुलन की बात कर रहे हैं।'

नचिकेत: 'और आंतरिक संतुलन हम कैसे पाते हैं?'

धर्म राज: 'सबसे पहले अपने स्वभाव को समझकर—असल में समझकर। यह महत्वपूर्ण है कि हम ऐसा करें। दरअसल, यह उससे जुड़ा है जिसे आधुनिक मनोविज्ञान हमारा "अवचेतन" कहता है। इसे समझना आसान नहीं है क्योंकि हम अपने अनेक पहलुओं की ओर से अनजान होते हैं। हमारा स्वभाव हमारे अवचेतन से जुड़ा होता है और कभी-कभी हमसे ज़्यादा वो दूसरों को स्पष्ट दिखता है।'

गार्गी: 'हम अपने कुछ हिस्सों से अनजान हो सकते हैं, मैं मानती हूं। हां, अवचेतन होता है, लेकिन यक़ीनन हमें इस बात का बख़ूबी भान होता है कि हम कौन हैं? या आपको लगता है कि हम सब साइको हैं? ख़ुद को लेकर पूरे भ्रमित?'

धर्म राज: 'सही कहा, गार्गी, बिना किसी लाग-लपेट के प्रसन्न आत्मा। वैसे, तुम फिर से चरम पर सोच रही हो। असंयत शब्द क्यों चुनो? इस तरह तो तुम श्रोता को गंवा दोगी।'

गार्गी ने अपने होंठ भींच लिए। 'ठीक है, तो हम सब वंडरलैंड में एलिस और टॉम हैं। हम नहीं जानते कि हम कौन हैं।'

धर्म राज ने गहरी सांस ली। उन्होंने देखा कि नचिकेत दिलचस्प नज़रों से गार्गी को ही देख रहा था।

धर्म राज हमेशा उसके असहानुभूतिपूर्ण तौर-तरीक़ों और बेलौस बर्ताव पर अपने दामाद की असहजता को भांप जाते थे, और यह उन्हें अपनी बेटी के प्रति रक्षात्मक बना देता था। जब उसके प्रति उनकी रक्षात्मकता सतह पर आने लगी तो उन्होंने अपने होंठ भींच लिए। उनकी असहमति शीघ्र ही बेटी से दामाद की ओर मुड़ गई। आख़िरकार इंसानी कमज़ोरियां गहरी और अथाह होती हैं।

डॉ. आदर्श: 'मैं यह समझ रहा हूं। हमें लगता है कि हम ख़ुद को जानते हैं, लेकिन हम नहीं जानते। हम ख़ुद को तर्कों और मनोवैज्ञानिक कम्फर्ट के पीछे छिपा लेते हैं।'

धर्म राज: 'हम भले ही पूरी तरह से ख़ुद को न जानते हों, मगर हम यह जानते हैं कि हम अपने बारे में क्या सोचना पसंद करते हैं। जो भी हो, हम अपने बारे में सचेतन रूप से जितना जानते हैं, वो ज़र्रा बराबर भी नहीं है। बाक़ी अजाना है। उदाहरण के लिए हम अपने स्वभाव के उस हिस्से को नहीं जानते जो तब तक भली-भांति विकसित हो चुका होता है जब हम दो साल के होते हैं। अध्ययनों के अनुसार, हमारे बुनियादी स्वभाव का अच्छा-ख़ासा हिस्सा गर्भ में कोशिका-निर्माण के दौरान बन जाता है।'[38]

डॉ. आदर्श: 'इसे सैल मेमोरी कहते हैं।'

धर्म राज: 'हां, यह बहुत शक्तिशाली होती है। हमारा स्वभाव हमारे पहला अक्षर सीखने से पहले ही काफ़ी हद तक विकसित हो जाता है। यह ज़्यादातर मातृ-प्रभाव और प्रतिबिंबन के माध्यम से होता है। शिशु के रूप में भी हमारी इंद्रियां अनुभव करती हैं और हमारा दिमाग रिकॉर्ड करता है, और हमारी भावनाएं उससे प्रेरित होती हैं जो हम अवचेतन रूप से रिकॉर्ड करते हैं। जब हम शब्द सीखते हैं और बोलना शुरू करते हैं, तो हमारी समझबूझ शब्दों से आकार लेती है, लेकिन हमारा भावनात्मक आधार पहले ही निर्धारित हो चुकता है। तो, यह हमारे चेतन आत्मबोध का हिस्सा नहीं होता।'

गार्गी: 'इसका निर्माण कैसे होता है? बायोलॉजिकली, मेरा मतलब है।'

डॉ. आदर्श: 'एक तो, हमारे जीन्स पर कैमिकल टैग्स के ज़रिए। एपिजेनेटिक्स। घटनाएं, भावनाएं, जिन्हें हम अनुभव करते हैं—वो हमारे डीएनए का हिस्सा बन जाती हैं। सिद्धार्थ मुखर्जी ने अपनी किताब *द जीन*[39] में इसे बड़े शायराना ढंग से लिखा है। वो कहते हैं कि पेरिस

में आपने जिस मैडेलीन की महक का आनंद लिया था, उसने आपके जीन पर एक कैमिकल टैग बना दिया था—एपिजेनेटिक चिह्न धीरे-धीरे जीन्स पर परत बनाते हैं। वो गंध हरेक बार वही भावनाएं उभारेगी। और एपिजेनेटिक परिवर्तन विरासत में मिलते हैं। तो, हो सकता है मैडेलीन की महक आपकी दादी का अनुभव रहा हो। मगर आप भी इसे पसंद करेंगे, भले ही आप कभी पेरिस न गए हों!'

धर्म राज: 'इस पर हम किसी और दिन विस्तार से बात करेंगे, शायद तब जब हम चक्रों पर बात करेंगे। फ़िलहाल तो, हम यही कह सकते हैं कि अपने स्वभाव को खोल पाना मुश्किल है। बौद्धिक रूप से देखें तो शायद इसकी कोई ज़रूरत भी नहीं है। इसे बस अपने चरित्र-निर्माण से मिटाना होगा।'

डॉ. आदर्श: 'कैसे?'

लोपामुद्रा: 'बुद्धि और विवेक से। जैसा पापा ने कहा, कैसे पर कभी और चर्चा होगी, लेकिन हमें पहले अपने स्वभाव को पहचानना होगा। और आत्मबोध आंतरिक रूपांतरण की ओर ले जाता है। हमारे इष्ट देवता इसमें हमारी मदद कर सकते हैं। लेकिन पहले, हमें एक ग्रीक देवता का आशीर्वाद लेना होगा। क्या तुम लोगों ने काइरोस देवता का नाम सुना है?'

अनिर्बान: 'सही पल के ग्रीक देवता!'

लोपामुद्रा मुस्कुरा दीं।

काल और स्थान के टाइटन देवता क्रोनोस/क्रोनस का विवाह ओलिंपियन देवताओं[40] की माता देवी रिया से होता है। मगर क्रोनोस संतान नहीं चाहता। उसे डर है कि इतिहास ख़ुद को दोहराएगा और वो उसका तख़्तापलट देंगे, जैसे उसने कभी अपने पिता यूरेनस का तख़्ता पलटा था। इसलिए, जब भी रिया शिशु को जन्म देती है, तो

क्रोनोस तुरंत शिशु को निगल जाता है। असहाय महसूस करती रिया आख़िरकार ज़्यूस को जन्म देती है और अपने शिशु की नियति की बागडोर अपने हाथ में ले लेती है। जब क्रोनोस नवजात शिशु को ले जाने के लिए उसके पास आता है, तो वो अपने पति को कपड़े में लिपटा एक पत्थर पकड़ा देती है। क्रोनोस उसे अपना नवजात शिशु समझते हुए तुरंत निगल जाता है। फिर रिया ज़्यूस को क्रेट द्वीप पर छिपा देती है जहां उसके पुत्र को बकरी अमलथिया पालती है।

एक दिन ज़्यूस को अपने पिता के बारे में पता लगता है और वो वापस आता है। वो क्रोनोस का पेट फाड़ देता है और अपने भाई-बहनों—समुद्रों के देवता पोसीडन; पाताललोक के देवता हेड्स; कृषि की देवी डेमेटर; अग्नि की देवी हैस्टिया; और विवाह और परिवार की देवी हेरा—को आज़ाद करता है।

वज्र और विद्युत का देवता ज़्यूस हेरा से शादी करता है और देवताओं के आवास ओलिंपस पर्वत पर आधिपत्य करके देवी-देवताओं का राजा बन जाता है। हेरा से उसकी अनेक संतान होती हैं: युद्ध का देवता एरेस; अग्नि का देवता हेफ़ेस्टस; और यौवन की देवी हीबे। अन्य स्त्रियों से भी उसकी संतान होती हैं; देवता अपोलो, हर्मीस और डायोनाइसस, और देवी आर्टेमिस और एथीना (उसकी पसंदीदा संतान)।

उसकी सबसे छोटी संतान काइरोस है। अगर क्रोनोस अनक्रमिक समय का देवता है, तो उसका पोता काइरोस सफलता के समय—सही पल[41]—का देवता है।

काइरोस युवा और ख़ूबसूरत है, उसके सिर पर बालों की बस एक लट है जो नाटकीय रूप से उसके माथे पर पड़ी रहती है। उसके सिर के पीछे का हिस्सा गंजा और चिकना है, जो इस बात का द्योतक है कि उसे पीछे से 'पकड़ा नहीं जा सकता'—आप उसे बस सामने से पकड़ सकते हैं। उसके पैरों के साथ-साथ उसकी पीठ पर भी पंख हैं, जिसका अर्थ है कि उसके उड़न-पांव हैं। अक्सर, उसे पंजों के बल खड़ा दर्शाया जाता है; अभी आप उसे देखते हैं, अगले पल नहीं देखते। सही पल चाकू की धार पर टिका होता है, और इसलिए वो एक हाथ में चाकू पकड़े हुए है।

काइरोस और संपत्ति एवं सौभाग्य की देवी टाइचे प्रेमी हैं। वो एक दूसरे के हैं, क्योंकि वो 'जादुई पल' उत्पन्न करते हैं—सही पल और सौभाग्य का मेल।

प्राचीन ग्रीक कवि पोसीडिपस ने इस मायावी देवता पर कुछ विचारोत्तेजक पंक्तियां लिखी थीं, जिन्हें उत्कृष्ट मूर्तिकार लिसिपस द्वारा गढ़ी गई एक मूर्ति में दर्शाया गया था:

'मूर्तिकार कौन और कहां का है? सिकियॉन का।

और उसका नाम? लिसिपस।

और तुम कौन हो? काइरोस, नियंत्रक।

तुम पंजों के बल क्यों खड़े होते हो? मैं हमेशा दौड़ता रहता हूं।

तुम्हारे पैरों पर पंख क्यों हैं? मैं हवा के साथ उड़ता हूं।

> तुमने दाहिने हाथ में उस्तरा क्यों पकड़ा हुआ है? उनके लिए चिह्न के रूप में कि मैं किसी भी तीखी धार से तीखा हूं।
>
> और तुम्हारे बाल तुम्हारे चेहरे पर क्यों पड़े हैं? उस आदमी के लिए जो ज्यूस द्वारा मुझे पकड़ने के लिए भेजा जाता है।
>
> और तुम्हारे सिर का पीछे का हिस्सा गंजा क्यों है? क्योंकि जिसके साथ भी मैंने कभी अपने पंखों वाले पैरों पर दौड़ लगाई है, वो अगर चाहे तो भी मुझे पीछे से नहीं पकड़ सकता।
>
> कलाकार ने तुम्हें क्यों बनाया? तुम्हारी ख़ातिर, अजनबी, और उसने मुझे एक सबक़ के रूप में ड्योढ़ी पर स्थापित किया है।[42]

नचिकेत: 'वाह! क्या बात है। सही पल का देवता। वो क्या करता है?'

लोपामुद्रा: 'वो संवाद में उस रहस्यमय पल का देवता है जब वक्ता की बात बिना किसी विकृति या ग़लतफ़हमी के श्रोता तक पहुंचती है।'

गार्गी: 'क्या यह इतना दुर्लभ है कि इसके लिए कोई देवता होना चाहिए? कभी-कभार ग़लतफ़हमी हो जाती है, मैं मानती हूं, लेकिन लोग हर वक्त बोलते ही रहते हैं। और मैसेज फिर भी पहुंच ही जाता है।'

धर्म राज: 'यह दुर्लभ है। बहुत, बहुत दुर्लभ, और तुम यह जानती हो। बेशक, वक्ता जो भी कहना चाहता या चाहती है, उसे वो बात कहने के लिए सही शब्दों को चुनना चाहिए, जो कि एक चुनौती है, ख़ासकर तब जब भावनाएं शामिल हों। भावनाएं संवाद पर घात लगा सकती हैं।

लेकिन उससे भी अहम यह कि श्रोता को अपनी पहले से सोची-समझी धारणाओं, पूर्वाग्रहों और अंतर्निहित एजेंडा से मुक्त होकर ईमानदारी से बात सुननी चाहिए, जो कि लगभग असंभव है। कोई हैरानी नहीं कि यूनानियों में एक देवता को इसका भार सौंप दिया था।'

गार्गी: 'असल में किसके साथ बात करते हुए?'

धर्म राज: 'किसी के भी, सबके साथ। ख़ासकर उनके साथ जो हमारे सबसे क़रीबी हैं। लेकिन सबसे अहम संवाद वो है जो हमारे मन में चलता है। हम हर वक़्त ख़ुद को धोखा देते हैं। हमारा आत्मालाप अक्सर अपने अंतर्निहित उद्देश्यों से अनजान रहते हुए हमारा अपने साथ किया जाने वाला एजेंडा-चालित संवाद होता है। हम अपने बारे में अच्छा महसूस करना चाहते हैं, चाहें जो भी हो। और यहीं मूर्ति पूजा एक छोटी सी भूमिका निभाती है।'

लोपामुद्रा: 'आत्मबोध आसानी से नहीं होता। हमें मार्गदर्शन, या कम से कम किसी तरह के साइनपोस्ट चाहिए होते हैं। और इसी तरह देवता हमारी सहायता कर सकते हैं। और इसके लिए उन्हें सगुण होना होगा।'

नचिकेत: 'निवृत्तिक मार्ग के विपरीत जहां "देवत्व" निर्गुण होगा, है ना?'

धर्म राज: 'और निराकार। हर देवी-देवता में अपने विशिष्ट गुण होते हैं, उसी तरह जैसे हमारे अंदर विभिन्न गुण होते हैं। हमें उस अनुकंपन, उस लयबद्ध गति की ज़रूरत है।'

अनिर्बान: 'दिलचस्प है कि आपने "लयबद्ध गति" कहा। यह फ़िज़िक्स का सिद्धांत है।'

लोपामुद्रा: 'हां, लेकिन यहां यह सिद्धांत भावात्मक शरीर पर लागू होता है। तब मेरा गुण प्रतिबिंबित कंपन से दृढ़ता पाने के परिणामस्वरूप और तीव्र, और स्पष्ट हो जाता है।'

गार्गी: 'मां, आप इसे समझा सकती हैं? मुझे यह समझ नहीं आया।'

लोपामुद्रा: 'गार्गी, जब सैनिक किसी झूला-पुल को पार करते हैं, तो अपनी चाल को तोड़ देते हैं। पुल पर वो एक लय में मार्च नहीं करते। जानती हो क्यों?'

गार्गी: 'नहीं। मुझे नहीं पता।'

लोपामुद्रा: 'क्योंकि, जब सैनिक क़दमताल करते हुए चलते हैं तो वो एक समान फ्रीक्वेंसी उत्पन्न करते हैं। और अगर वो फ्रीक्वेंसी झूला पूल की फ्रीक्वेंसी से मैच कर जाती है तो मैकेनिकल अनुकंपन पुल के स्वाभाविक कंपन को कई गुणा बढ़ा देता है, और वो टूट जाता है।'

गार्गी: 'आह। और आप इस सिद्धांत को भावनाओं पर लागू कर रही हैं। जब मेरी भावनाएं किसी देवता के प्रतीकात्मक अनुकंपन के साथ अनुकंपन करती हैं, तो वो कई गुणा बढ़ जाती हैं और सतह पर उठ आती हैं। वो पहचानने योग्य बन जाती हैं।'

नचिकेता: 'इसलिए विभिन्न लोगों के लिए विभिन्न देवता होते हैं।'

लोपामुद्रा: 'सॉरी, राज, लेकिन यहां मैं एक छोटा सा राजनीतिक बिंदु रखे बिना नहीं रह सकती।'

धर्म राज मुस्कुराए। 'अगर तुम यही चाहती हो तो। तुम्हारा इस ओर रुझान है।'

लोपामुद्रा भी मुस्कुराईं। 'शुक्रिया। जीवन विविधतापूर्ण है, हम सब यह जानते हैं। और हमें सब वस्तुओं और सब लोगों के प्रति उस वास्तविक समावेशी एकता और प्रेम का अनुभव करना चाहिए जिसके बारे में धार्मिक और नैतिकतावादी लोग तक बात करना पसंद करते हैं। खुले दिल से समावेशन का पालन करना खुले दिमाग़ से उसका पालन करने से भिन्न है। दिल को शामिल किए बिना अगर हमसे कहा जाए कि केवल एक ईश्वर है, तो वो ईश्वर मेरा और मेरे लोगों का बन जाता है। इस चुने हुए समावेशन से हम ख़ुद को असहिष्णुता और असामंजस्य

के लिए ढाल लेते हैं। अगर "मैं" या "मेरे लोग" सही हैं, तो "तुम" या "अन्य" ग़लत ही होंगे। यह अपरिहार्य है।'

अनिर्बान: 'आप इस निष्कर्ष पर कैसे पहुंचीं? असहिष्णुता और असामंजस्य तो किसी "अनुभव किए गए बोध" के बावजूद होगा। क्या आप कुछ ज़्यादा ही जनरलाइज़ नहीं कर रही हैं?'

लोपामुद्रा: 'अनिर्बान, मैं विचारों के ज़रिए दिमाग़ से समझने और अनुभव एवं भावनाओं के ज़रिए दिल से समझने के बीच फ़र्क़ कर रही हूं। एक सच्चा उदार हृदय किसी के भी प्रति असहिष्णु या असामंजस्यपूर्ण *नहीं हो सकता*। और मैं किसी एक व्यक्ति या कुछ लोगों के प्रति उदारता की बात नहीं कर रही हूं। मैं एक ऐसे हृदय की बात कर रही हूं जो उदारता को महसूस करता है। हमेशा।'

अनिर्बान: 'यानी, यह असहिष्णुता तो होगी ही भले ही प्रेम और बंधुत्व का संदेश एक ऐसे पैग़ंबर ने दिया हो जिसने सब लोगों और वस्तुओं के साथ एकत्व का अनुभव किया हो?'

लोपामुद्रा: 'हां, मेरा ऐसा मानना है। एकता और सम्मानपूर्ण समावेशन *पैग़ंबर* के अनुभव हैं, उसके अनुयायियों के नहीं। उन्हें *उसने* महसूस किया है, उसके अनुयायियों ने नहीं—उसके पहले अनुयायियों में से भी बहुतों ने नहीं। उनके लिए "एक ईश्वर" एक विश्वास है। वो यह सोचते हैं। और उन्होंने इस संदेश को अनन्यता या पृथक्करण के रूप में प्राप्त किया है। चयनित समावेशन। यह उन्हें स्पेशल, "चयनित" बनाता है। एकता और सबके लिए सम्मान का संदेश आदान-प्रदान के पहले बिंदु पर ही लगभग पूरी तरह से खो जाता है।'

गार्गी: 'उनका अनुभव पैग़ंबर है। उसका अनुभव उनका अनुभव नहीं है। वो उनका विश्वास है।'

नचिकेत: 'संवाद साधारण प्रक्रिया नहीं है। अक्सर, हम एक दूसरे से उल्टी बात करते हैं, है ना, गार्गी?'

गार्गी: 'मैं जो भी कहती हूं, तुम उसे तोड़-मरोड़ देते हो।'

नचिकेत: 'मैं जानबूझकर ऐसा नहीं करता हूं, यक़ीन दिलाता हूं।'

गार्गी: 'ठीक है फिर, मैं मानती हूं कि मैं कभी-कभी तुमसे उस तरह से बात नहीं कर पाती हूं जैसे करना चाहती हूं। भावनाएं आड़े आ जाती हैं, ठीक? मुझे ख़ुद को समझने के लिए और समय देना होगा और फिर अपनी भावनाओं पर नियंत्रण पाना होगा।'

नचिकेत: 'मुझे भी।'

गार्गी: 'लेकिन बहुत ज़्यादा नहीं। वर्ना सारा मज़ा ही ख़त्म हो जाएगा!'

नचिकेत मुस्कुरा दिया।

डॉ. आदर्श: 'मतलब, ईश्वर एक अनुभव है, विश्वास नहीं। आत्मबोध भी एक अनुभव है, विश्वास नहीं। एक अहसास, महज़ विचार नहीं।'

नचिकेत: 'देवतागण, आदर्श। मैं सहमत हूं। किसी चीज़ को अनुभव करना, और उस पर सोचना या विश्वास करना कभी-कभी भिन्न चीज़ें होती हैं। जब हम किसी चीज़ के बारे में सोचते हैं, तो हम या तो इसे समझ जाते हैं या जो हम सोच रहे होते हैं उसके बारे में अनिश्चित रहते हैं। हम किसी निष्कर्ष पर पहुंच जाते हैं, या नहीं पहुंच पाते। लेकिन जब हम किसी चीज़ को महसूस करते हैं, तो अनिश्चितता के लिए कोई जगह नहीं होती। हम जानते हैं...'

गार्गी: 'यह प्रेम होने के जैसा है।'[43] आपको लगता है कि आप इसे जानते हैं। लेकिन आपको प्यार हो जाता है और फिर पता लगता है कि आप इसे बिल्कुल भी नहीं जानते थे। पागलपन। आपके टीनएज दौर की मिल्स एंड बून की सारी बकवास हवा में उड़ जाती है।'

अनिर्बान ने अपनी भौंहें उठाईं।

गार्गी: 'हां, अनिर्बान, मिल्स एंड बून किताबें सतही होती हैं और प्यार के बारे में कुछ भी नहीं सिखातीं। लेकिन अपनी टीनएज में मुझे

उनमें बहुत मज़ा आता था। बारबरा कार्टलैंड और नोर्म क्लीन में भी। चलो, हंस लो।'

अनिर्बान: 'सॉरी। मेरी जज करने की मंशा नहीं थी।'

नचिकेत: 'बेशक, हमारे विचार हमें वो नकारने के लिए विवश कर सकते हैं जो हम महसूस कर रहे हैं। जान के अनजान। मन ताक़तवर होता है। फिर भी, अगर आप उस ओर से सजग हों जो महसूस कर रहे हैं, तो आप निश्चित होते हैं। फिर आप जानते हैं, बिना किसी शक के, कि आपको ग़ुस्सा आ रहा है, या आप डर रहे हैं... ख़ैर, हमें इष्ट देवताओं और अपने गुणों का अनुभव करने की संभावना के बारे में बताएं, पापा, मां।'

धर्म राज: 'यह बहुत सीधा-सरल है, दरअसल। जैसे कसरत करने के लिए तुम्हारे शरीर को साजो-सामान की ज़रूरत होती है, उसी तरह आत्मज्ञान को भी होती है। इसे बहुत सारा साजो-सामान चाहिए होता है—ज़रूरत के मुताबिक़। लक्ष्य आंतरिक एकीकरण है। आपकी भावनाओं, आत्मालाप, दूसरों के साथ आपके व्यवहार और बातें करने में कोई विरोध नहीं होना चाहिए।'

लोपामुद्रा: 'प्रतीक और पौराणिक कथाएं दोनों सूक्ष्म, अप्रत्यक्ष उपकरणों का काम करते हैं। वो हुक हैं।'

डॉ. आदर्श: 'विज्ञान में, प्रतीकों और डायग्रामों को छवियों के रूप में प्रयोग करते हैं जो जटिल विचारों का प्रतिनिधित्व करती हैं। तो, क्या मूर्तियां जीवन और विचारों की किसी ख़ास फ़िलॉसफ़ी का प्रतिनिधित्व करती हैं?'

लोपामुद्रा: 'मूर्तियां विचारों का प्रतिनिधित्व भी कर सकती हैं। अभी, हम यही सुझा रहे हैं। वो हमारी प्रवृत्तियों, आवेगों और गुणों का मूर्त रूप हो सकती हैं। हज़ारों साल में उन्होंने सामूहिक ऊर्जा एकत्र की है। उनके संदेश युगों-युगों से आगे बढ़ाए जा रहे हैं।'

अनिर्बान: 'स्विस मनोविज्ञानी कार्ल युंग हमारे देवी-देवताओं से बहुत ज़्यादा प्रभावित था। वो उन्हें हमारी सामूहिक चेतना में पैठे आद्यरूप कहता था।'

धर्म राज: 'प्रतीक यही होते हैं। कोई भौतिक चीज़ जो किसी अ-भौतिक चीज़ का प्रतिनिधित्व करती है। वो बस किसी और चीज़ का प्रतिनिधित्व करते हैं।'

अनिर्बान: 'कुछ ज़्यादा ही सादा सी परिभाषा है। यह "किसी और चीज़" क्या है?

गार्गी: '"किसी को यह बताना कि किसी प्रतीक का क्या 'अर्थ' है उसे यह बताने जैसा था कि कोई गाना सुनकर उसे कैसा महसूस करना चाहिए—सब लोगों के लिए यह भिन्न था।"[44] मैंने एक रॉबर्ट लैंग्डन नॉवेल में यह पढ़ा था। यह लाइन मेरे दिमाग़ में रह गई है।'

डॉ. आदर्श: 'रॉबर्ट लैंग्डन कौन है?'

अनिर्बान: 'वो एक काल्पनिक पात्र है। अब यह मत कहना कि तुमने *दि दा विंची कोड* का नाम नहीं सुना, आदर्श।'

डॉ. आदर्श: 'मैंने फ़िल्म देखी है।'

गार्गी: 'किताब कहीं बेहतर है।'

अनिर्बान: 'किताबें हमेशा फ़िल्मों से बेहतर होती हैं, है ना?'

गार्गी: 'ज़रूरी नहीं है। *गॉन विद द विंड। चैरियट्स ऑफ़ फ़ायर। हमारी अपनी गाइड।*'[45]

अनिर्बान: 'मैं तो हमेशा किताबों को ही तरजीह देता हूं।'

गार्गी: '*बोर्न आइडेंटिटी?*'[46]

अनिर्बान: 'अब तुमने मुझे पकड़ लिया। वो फ़िल्म यक़ीनन बेहतर है।'

नचिकेत: 'फ़िल्मों और किताबों की बातों से पता नहीं क्यों मुझे हमेशा भूख लग आती है। मैं डिनर के लिए पीत्ज़ा ऑर्डर कर दूं? पापा?'

'मेरे लिए एक्स्ट्रा चीज़ के साथ, प्लीज़,' धर्म राज ने आंख मारी।

नचिकेत: 'मेरा ऐसा ख़्याल नहीं है! थिन क्रस्ट के साथ सब्ज़ियों की हैल्दी टॉपिंग, हम सब यही लेंगे। आप अभी-अभी अस्पताल से वापस आए हैं!'

धर्म राज: 'अब तो मैं ठीक हूं। मरना एक ही बार है!'

सब हंसने लगे।

गार्गी: 'हम एक ही बार मरते हैं... तब तक क्या मैं थोड़ी वाइन ले आऊं, पापा?'

धर्म राज: 'ज़रूर।'

लोपामुद्रा: 'गार्गी, फ्रिज में कुछ बोतलें रखी हैं। पिछले हफ़्ते पापा ने मॉल से कुछ बेहतरीन सांजोवेज़े ली थी।'

अनिर्बान: 'इटैलियन?'

धर्म राज: 'नहीं, फ्रेटेली की इंडियन वाइन है। सच कहूं, तो मैं इसकी क्वालिटी से हैरान रह गया था। इंडियन वाइनमेकिंग ने बहुत तरक्क़ी कर ली है।'

लोपामुद्रा: 'पापा ने एक बढ़िया वाइन एरेटर भी लिया था। तो, तुम्हें वाइन को डीकैंट और इंतज़ार नहीं करना पड़ेगा। वो किचन में ऊपर की दराज़ में है, छुरी-चाकुओं के साथ।'

गार्गी: 'वाह, आप लोग तो वाइन के एक्सपर्ट बनते जा रहे हैं! पीकर देखते हैं।'

10

प्रेम, सद्भाव और आशा

गार्गी सावंत छोटे-छोटे सुखों की पारखी थी। वो रेड और व्हाइट दोनों वाइन का एक सा मज़ा लेती थी और उसे प्रयोग करना भी पसंद था। वो सबके लिए वाइन निकालने लगी।

डॉ. आदर्श: 'मेरे लिए नहीं, गार्गी।'

गार्गी: 'क्यों?'

डॉ. आदर्श: 'मैं डॉक्टर हूं। हमेशा कॉल पर रहता हूं। साथ ही मेरा ख़ुद पर क़ाबू नहीं रहता। पछताने से बेहतर है सावधानी बरती जाए।'

गार्गी बैठ गई, उसने अपने गिलास में वाइन को हिलाया, सूंघा और एक छोटा सा सिप लिया। 'हम्म... अच्छी है। मुझे नहीं पता था हम इतनी अच्छी वाइन बनाते हैं। अब से मैं केवल इंडियन वाइन ही पियूंगी।'

अनिर्बान: 'क्या बात कह दी।'

नचिकेत मुस्कुरा दिया।

लोपामुद्रा: 'भारत में कई शानदार वाइनरी हैं। चुनाव करने के लिए अच्छी-ख़ासी रेंज है।'

अनिर्बान: 'आपको पता है, कहते हैं कि डायोनाइसस—'

नचिकेत: 'वाइन का ग्रीक देवता।'

अनिर्बान: 'साथ ही उत्साह का ग्रीक देवता भी। एक पुरानी ग्रीक कहानी है कि डायोनाइसस ग्रीस से भारत में वाइन लाया था।'[47]

धर्म राज: 'दिलचस्प। मुझे उत्साह का यह देवता पसंद आया। मेरी पसंद का देवता है!'

134 मूर्ति पूजा

डॉ. आदर्श: 'जब आप उत्साहित होते हैं, तो आनंदित होते हैं, और जब आप आनंदित होते हैं, तो आप दिव्यता का अनुभव करते हैं।'

> वज्र और बिजली के देवता ज्यूस को आकाश का देवता[48] भी कहा जाता है। हालांकि वो ओलिंपस पर्वत पर रहता था, मगर वो मनुष्यों के पास आने और उनसे बातचीत करने के लिए भी जाना जाता था। एक दिन उसे एक मानवी सेमेली से प्रेम हो गया। इस मिलन से डायोनाइसस का जन्म हुआ था, मगर दुखद रूप से सेमेली की मृत्यु हो गई।
>
> डायोनाइसस को मुख्यत: वाइन के ग्रीक देवता के रूप में जाना जाता है। वो प्रचुरता, रंगमंच, प्रकृति और उन्माद तक का देवता है। वो अव्यवस्था का देवता है, जिसे दार्शनिक रूप से ज्यूस के एक अन्य पुत्र अपोलो जो कि व्यवस्था का देवता है, के विपरीत माना जाता है। बेलगाम प्रचुरता कभी-कभी धार्मिक भावातिरेक की ओर ले जाती है, और इसी में डायोनाइसस की चमत्कारिक संभावना निहित है। लेकिन अगर आप भूल-चूक से बच सकें तो। रंगमंच और नाटक का मनोविज्ञान जीवन के मनोविज्ञान का द्योतक है, और जीवन आपको असंतुलन में उलझा सकता है।
>
> लीडिया के राजा मिडास ने अपनी उदारता से डायोनाइसस को प्रसन्न किया था।[49] अपनी सदाशयता दर्शाने के लिए डायोनाइसस ने मिडास को एक वरदान दिया। मूर्ख राजा ने मांगा कि जो भी चीज़ वो छुए, वो सोना हो जाए। डायोनाइसस ने वर दे दिया। अफ़सोस, डायोनाइसस के वरदान ने बेचारे मिडास को अंतत: पागलपन में धकेल दिया। उसका खाना सोना हो गया,

> पेय-पदार्थ सोना हो गए, उसके बाग़ के गुलाब सोने के हो गए और यहां तक कि जब उसने अपनी बेटी को दिलासा देने के लिए छुआ तो वो भी सोना हो गई। हम इस विडंबनापूर्ण पीड़ा को मिडास स्पर्श कहते हैं।

गार्गी: 'कभी-कभी भक्ति डायोनाइसियन आनंद और प्रचुरता पैदा कर देती है।'

लोपामुद्रा: 'हां। हिंदू देवी-देवताओं पर अपनी चर्चा शुरू करने के लिए भक्ति सही स्थान है। यह हमारे अंदर की मधुर भावनाएं उभारती है और हमारे मन के भटकाव को बांध सकती है। यह हमें ऐसा प्रेम महसूस करवाती है जो "मेरे" और "मेरे अपने" से परे जाता है। हममें से अधिकांश लोगों की गहरी रुचि बस "मेरे अपने" में होती है। जो इस दायरे से बाहर होते हैं, वो हमारी दिलचस्पी केवल तभी जगाते हैं जब वो हमें प्रभावित करते हैं। भक्तिमय प्रेम हमें विस्तार दे सकता है। यह एक अनूठी लालसा है जो हमारे हृदय को परमानंद से भर सकती है। यह हमें हमारी सीमाओं से ऊपर उठने में और कभी-कभी हमारे अहं को मुक्त करने में भी सहायता कर सकती है।'

धर्म राज: 'सिद्धांत में तो कम से कम। अक्सर, भक्ति हमारे डरों और इच्छाओं से जुड़ी होती है और अहं के पाश में फंसी होती है।'

नचिकेत: 'यानी तब तो भक्ति ख़तरनाक भी हो सकती है। आप उन "दूसरों" से नफ़रत करने लगते हैं जो आपकी अपनी भक्ति के विषय से, चाहे वो आपका ईश्वर हो या आपका देश, जुड़ नहीं पाते। उदाहरण के लिए, मैं अपने देश का भक्त हूं। मैं एक सैनिक, सड़क किनारे काम करता कोई मूर्तिकार, या मंगल ग्रह पर मंगलयान भेजने वाला वैज्ञानिक बनना चुन सकता हूं। पापा की तरह क़ानून प्रवर्तक बनकर मैं अपने समाज की रक्षा करने वाला पुलिस अफ़सर बन सकता

हूं। या मैं अपना वक़्त दूसरे देशों या लोगों से नफ़रत करने और उनके ख़िलाफ़ ज़हर उगलने में बिता सकता हूं।'

गार्गी: 'सोशल मीडिया अक्सर ज़हर उगलने का प्लेटफ़ॉर्म बनता है।'

डॉ. आदर्श: 'यह सही नहीं है। सोशल मीडिया प्लेटफ़ॉर्म तनावमुक्त होने में मेरी मदद करते हैं। लेकिन हम वापस मुद्दे पर आते हैं। अच्छा भक्त कैसे बनते हैं?'

लोपामुद्रा मुस्कुराईं: 'अच्छा-बुरा भक्त कुछ नहीं होता। भक्ति बस अंदर छिपी भावनाओं को सतह पर ले आती है; यह वास्तव में आपको दिखाती है कि आप कौन हैं। यह आत्मबोध की दिशा में एक आंतरिक गतिविधि भी हो सकती है।'

अनिर्बान: 'संभावना यह भी है कि ऐसा न हो।'

लोपामुद्रा: 'शायद नहीं। लेकिन वो भी ठीक है। हम हिंदुओं के लिए अगला जन्म तो होता ही है।'

अनिर्बान: 'हम हिंदू बड़ी सहजता से अगले जन्म की संभावना की बात करते हैं, है ना?'

नचिकेत: 'अगले जन्म की अवधारणा अचेतन रूप से बोध-प्राप्ति की तात्कालिकता और दबाव को दूर करती है। मेरा मानना है कि यह निष्क्रियता भी पैदा करती है। ख़ैर, भक्ति से भरा हृदय बंधुत्व के जुड़ाव को महसूस करने के लिए पर्याप्त है। जैसे समूह में कीर्तन करना रोमांचकारी हो सकता है। इससे मुझे हमेशा अच्छा महसूस होता है।'

लोपामुद्रा: 'भक्ति शांति और आशा भी प्रदान करती है... आशा पैंडोरा के डिब्बे में रह गई थी ना, अनिर्बान?'

टाइटन वंश का प्रोमिथियस जब देवताओं की अग्नि चुराकर मनुष्यों को भेंट कर देता है[50] तो उसे देवताओं के

राजा ज़्यूस के क्रोध का भागी बनना पड़ता है। ज़्यूस इस अपमान के लिए भयानक दंड देता है। वो प्रोमिथियस को कॉकेशस पर्वत पर एक ठूंठ से बांध देता है और एक बाज़ को काम सौंपता है कि रोज़ाना सुबह उसके जिगर को कोंच-कोंचकर निकाले। रात में जिगर फिर से विकसित हो जाता है, और सुबह यातना नए सिरे से शुरू हो जाती है। प्रोमिथियस खुलने का इंतज़ार करता कॉकेशस पर्वत पर तड़पता रहता है।

अग्नि का उपहार स्वीकार करने के लिए मनुष्यजाति को भी दंडित किया जाता है। ज़्यूस दिव्य शिल्पकार हेफ़ेस्टस से मिट्टी की एक औरत बनाने को कहता है। वो उसका नाम पैंडोरा रखता है और उसे 'उपहारों' से भरा एक पात्र देता है। दिलचस्प ढंग से, वो उससे यह भी कहता है कि उस पात्र को कभी न खोले—वो हमेशा बंद रहे। ज़्यूस पैंडोरा को प्रोमिथियस के भाई एपिमेथियस के पास भेजता है जो उसे अपनी पत्नी के रूप में स्वीकार कर लेता है, हालांकि प्रोमिथियस ने उसे चेतावनी दी है कि ज़्यूस का कोई उपहार स्वीकार न करे। ग्रीक पौराणिक कथाओं में, प्रोमिथियस 'पूर्वचिंतन' का, और एपिमेथियस 'पश्चचिंतन' का प्रतीक है।

एपिमेथियस और पैंडोरा अपनी उत्सुकता को रोक पाने में असमर्थ रहते हैं और पात्र को खोल लेते हैं। कष्ट, बीमारियां और बुराइयां भाग निकलती हैं और पृथ्वी पर फैल जाती हैं। पैंडोरा जल्दी से पात्र को बंद कर देती है और भयानक पूर्वाभास में विलाप करने लगती है। लेकिन तभी एक हल्की सी आवाज़ उसके कानों में गूंज उठती है—हल्की सी झनझनाहट। उसकी आंखें पात्र से एक

> किरण सी निकलते देखती हैं। आशा अंदर ही बंद रही थी। वो भागी नहीं थी।
>
> कभी निराश मत होइए, आशा कभी साथ नहीं छोड़ती।

अनिर्बान: 'वो रह गई थी! आशा भागी नहीं थी।'

लोपामुद्रा: 'हम्म। शांति और आशा को पाना आसान नहीं है, लेकिन आत्मबोध—यह बहुत कड़ी मेहनत है। प्रतीक और मिथक सहायक होते हैं क्योंकि उनकी एप्रोच अप्रत्यक्ष और हानिरहित होती है। विवादरहित। वो आपस में जुड़े होते हैं—छवियां और कहानियां अंतर्ज्ञान और भावनाओं को उभारते हैं।'

नचिकेत: 'मतलब, यह बुद्धि या ज्ञान की बात नहीं है। वो संकेतों जैसे हो सकते हैं।'

अनिर्बान: 'और यह यक़ीनन शाब्दिक नहीं है। मुझे यह पसंद है।'

धर्म राज: 'यह शाब्दिक या प्रत्यक्ष नहीं हो सकता, क्योंकि तब अहंकार प्रत्यक्ष संदेश का अधिकारी बन जाता है और यह जल्दी ही दूसरे लोगों से जुड़ जाता है और हमें आत्मचिंतन से दूर ले जाता है।'

नचिकेत: 'हम अहंकार को कैसे पहचानेंगे?'

अनिर्बान: 'जोसेफ़ कैंपबेल ने एक बहुत दिलचस्प सी बात कही थी। उसने कहा था कि अहं ख़ुद पर चिंतन नहीं कर सकता। इसलिए, इसे ख़ुद को मापने के लिए एक आईना चाहिए होता है।'[51]

धर्म राज: 'और देवता आईने का काम कर सकते हैं। हां, मुझे यह अच्छा लगा, अनिर्बान।'

अनिर्बान: 'सवाल यह है, हम आईने में क्या देखना चाहते हैं?'

लोपामुद्रा: 'क्या नहीं देखना चाहते से शुरू करो।'

धर्म राज: 'जो हमें वापस मां के इष्ट देवता पर ले आता है। अपने इष्ट देवता को आप नहीं चुनते। आपका इष्ट देवता आपको चुनता है, आपके संस्कारों के अनुसार।'

गार्गी: 'स्वभाव, सही ना?'

लोपामुद्रा ने धीरे से अपना सिर हिलाया। 'हां, एक तरह से। संस्कार मनोवैज्ञानिक प्रभाव होता है, कुछ हद तक झुकाव भी। हम अपने संस्कार के साथ जन्म लेते हैं—यह हमारी सहज अभिव्यक्ति है। यह जन्मजात है। स्वभाव भी सामाजिक अनुकूलन का प्रोडक्ट है जो इसे बढ़ाता या दबाता है। संस्कार और स्वभाव... इतना व्यक्तित्व नहीं जितना कि प्रवृत्ति है।'

डॉ. आदर्श: 'यह जीवन के पहले कुछ महीनों में ही स्पष्ट हो जाता है। मेरा जुड़वां भाई है, आपको पता ही है—शिरीष।'

नचिकेत: 'सच? मुझे यह नहीं पता था।'

डॉ. आदर्श स्नेह से मुस्कुराए। 'मैं उसके बारे में ज़्यादा बात नहीं करता। हग भले ही जुड़वां हों, लेकिन हमारे बीच ज़मीन-आसमान का अंतर है। मैं बीमार सा था, जन्म से ही; वो सेहतमंद था। छह महीने के अंदर ही सारे काका और मामियां उस पर लट्टू रहने लगे थे... शिशु के रूप में वो ख़ुशमिज़ाज, साहसी, गुस्सैल, निडर और मनमौजी था। मैं शांत, जोखिमों से बचने वाला, सतर्क और चिड़चिड़ा था। वो बेतरतीब था; मैं नकचढ़ा था। वो मस्तमौला था; मैं संयमित था।'

लोपामुद्रा: 'स्वभाव और प्रवृत्तियां आनुवंशिक होती हैं। चरित्र-निर्माण के लिए कोशिश करनी होती है और यह एक दायित्व होता है।'

धर्म राज: 'हम इस दायित्व का पालन न करना चुन सकते हैं। लेकिन फिर, हमारा जन्मजात स्वभाव धीरे-धीरे हावी होने लगता है। और बिगड़ता जाता है। इसे बदलना, या अपने स्वभाव को सच में पहचान भी पाना आसान नहीं है।'

लोपामुद्रा: 'भगवान गणेश हमारी सहायता कर सकते हैं। जब हम चुनाव कर लेते हैं, तो वो हमारे स्वभाव को नियंत्रित करते हैं और हमें चरित्र-निर्माण के साधन प्रदान करते हैं।'

भगवान शिव की अनुपस्थिति में देवी पार्वती आराम से स्नान करने का निर्णय लेती हैं।[52] कोई व्यवधान न डाले, यह सोचकर वो चंदन के लेप से एक बालक बनाती हैं और उसमें प्राण फूंक देती हैं। फिर वो अपने पुत्र को आदेश देती हैं कि वो स्नानागार के बाहर खड़ा रहे और किसी को अंदर न आने दे।

इस बीच, भगवान शिव घर लौट आते हैं और अपनी पत्नी से मिलना चाहते हैं। लेकिन बालक उन्हें अंदर नहीं जाने देता। क्रुद्ध होकर प्रभु उस हठी द्वारपाल का सिर काट देते हैं। मगर, अपनी व्याकुल पत्नी से निष्ठावान द्वारपाल की पहचान का सच जानने पर भगवान शिव अपने निष्ठावान नंदी को निर्देश देते हैं कि वो जाएं और उन्हें सबसे पहले जो प्राणी मिले उसका सिर ले आएं। नंदी एक हाथी का सिर लेकर वापस आते हैं, जिसे भगवान शिव तुरंत बालक के शरीर पर लगा देते हैं। विशालहृदय भगवान शिव बालक प्रभु गणेश को अपनी संतान के रूप में स्वीकार कर लेते हैं।

भगवान शिव और देवी पार्वती के पुत्र भगवान गणेश देवताओं के सेनानायक भगवान कार्तिकेय के भाई भी हैं। उत्तर भारत में, भगवान गणेश छोटे भाई हैं जबकि दक्षिण भारत में वो बड़े हैं। वो रिद्धि और सिद्धि के पति हैं जो संपत्ति और बुद्धि की प्रतीक हैं, और शुभ एवं लाभ के पिता हैं जो शुभ और लाभ का प्रतीक हैं।

> गणेश जी के अनेक नाम हैं—गणपति, विनायक, प्रथमेश, वक्रतुंड, एकदंत, लंबोदर, गजानंद, पिल्लैयार आदि।
>
> उनका हाथी का सिर और बड़ा पेट है। उनके ऊपरी बाएं हाथ में पाश है। निचले बाएं हाथ में उन्होंने लड्डू या मोदक थामा हुआ है। उनके ऊपरी दाएं हाथ ने परशु पकड़ा हुआ है। और उनका निचला दायां हाथ हमारी ओर हथेली किए अभय मुद्रा में उठा हुआ है—आश्वस्ति की भंगिमा जो हमें निर्भयता का आशीर्वाद प्रदान करती है। वो प्राय: अपने वाहन मूषक पर विराजमान होते हैं।
>
> सारे हिंदू अनुष्ठान और पवित्र कार्य भगवान गणेश के आह्वान से शुरू होते हैं।

नचिकेत: 'वो नवारंभों के देवता हैं।'

डॉ. आदर्श: 'शिरीष और मैं कुछ साल पहले यूएस में मनोज चलम के एक लैक्चर में गए थे। चलम ने भगवान गणेश को "ड्योढ़ी के देवता"—नई यात्रा का प्रवेशद्वार—कहा था।'[53]

लोपामुद्रा: 'उनके एक हाथ में पाश होता है जिससे वो हमें अपनी माया में खींच लें और हमें सम्मोहित कर सकें। और हमें अंदर खींचने के बाद वो हमारे मार्ग में विघ्न डालते हैं।'

डॉ. आदर्श: 'विघ्न *डालते हैं*? आपका मतलब है, उन्हें दूर करते हैं। वो तो विघ्नेश्वर हैं।'[54] अगर कोई बाधा हो, चाहे जैसी भी हो, तो हम उनकी शरण में जा सकते हैं। कहीं और जाने की कोई आवश्यकता ही नहीं है। भगवान गणेश किसी की राह में विघ्न डालते हैं, यह मुझे बहुत ही अनुचित जान पड़ता है। क्या यह अप्रासंगिक नहीं है?'

लोपामुद्रा: 'हिंदू धर्म में कोई निश्चित संदर्भ नहीं है, आदर्श। यह एक मनन है, एक खोज है। मायने बस प्रामाणिक सदाशयता रखती है। कोई दुर्भावनापूर्ण मंशा नहीं। इस संदर्भ में मैंने "माया" शब्द का भी प्रयोग किया है। इस शब्द ने भी नकारात्मक अर्थ पा लिया है। लेकिन मैं इस सबके सम्मोहन में जुड़ रही हूं। और, भगवान गणेश बुद्धि और दृढ़ता का प्रतिनिधित्व करते हैं। वो सर्विस प्रोवाइडर नहीं हैं। वो तुम्हारी बाधाएं क्यों दूर करेंगे? तुम्हें नहीं लगता उनके पास करने के लिए और बेहतर काम हैं?'

डॉ. आदर्श: 'लेकिन वो विघ्नहर्ता हैं। वो विघ्नविनाशक हैं।[55] मैं समझ नहीं पा रहा आप क्या कह रही हैं, आंटी।'

अनिर्बान: 'मैं भी नहीं। सारे भगवान अपने अनुयायियों की रक्षा करते हैं और वरदान देते हैं। यह कथन मुझे अजीब सा लग रहा है। किस तरह के भगवान मेरे जीवन को और ज़्यादा मुश्किल बनाएंगे?'

धर्म राज: 'वो विघ्नहर्ता भी हो सकते हैं, चिंता मत करो। हम जो चाहें वो विश्वास कर सकते हैं। वो बाधाएं डालते हैं *या* हटाते हैं; वो बाधाएं डालते हैं *और* हटाते हैं; वो बाधाएं डालते हैं और *तुमसे* उन्हें दूर करने की अपेक्षा करते हैं?'

लोपामुद्रा: 'तुम्हारे विचार में ये बाधाएं हैं क्या? क्या वो हमारे जीवन के वृत्तांत और अवसर हैं? क्या वो उलझझट्टे, कष्ट और अव्यवस्था हैं जो ये वृत्तांत हमारे अंदर पैदा करते हैं? क्या ये वो भावनात्मक नाटक हैं जो हम कभी-कभी अपनी जिंदगी को बना देते हैं? क्या ये हमारी जिंदगी की चुनौतियां हैं या इन चुनौतियों के प्रति हमारी *प्रतिक्रिया* हैं?'

नचिकेत: 'कुछ लोग चाहे जैसी भी परिस्थितियां हों, दुखी ही रहते हैं। अन्यों को जीवन लगातार घोर तकलीफ़ों से दो-चार करवाता है, मगर फिर भी वो नियंत्रण में दिखते हैं। ये बाधाएं क्या होती हैं? सही जवाब क्या है, पापा?'

प्रेम, सद्भाव और आशा 143

धर्म राज: 'सही या ग़लत जवाब कोई नहीं है। बस आत्मबोध और आत्मखोज के लक्ष्य को याद रखने की कोशिश करो। शायद हमारी सीमाएं ही हमारी असल बाधाएं हैं। हमें उन्हें जीतना होगा, और भगवान गणेश बुद्धि का वो सौम्य रूप हैं जो हमारा मार्गदर्शन कर सकती है।'

नचिकेत: 'उन्हें निश्चय ही कोई जल्दी नहीं है। वो चपलता से भागते मूषक—हमारे चपलता से भागते विचारों—पर विराजमान हैं। हमें लगता है कि वो हमारी यात्रा को सुगम बनाएंगे। उस स्थिति में वो अवरोधक को नीचे कर सकते हैं जिसे हम कूदकर पार जा सकते हैं। हम सोच सकते हैं कि वो हमें चुनौती देने के लिए हैं। अगर ऐसा है तो वो अवरोधक को उठा देंगे। जितनी आसानी से हम उसे पार कर लेंगे, उतना ही वो अपनी परीक्षाओं को ऊंचा करते जाएंगे।'

लोपामुद्रा: 'बहुत सही कहा, नचिकेत। चुनौतियां अवसर होती हैं। कुछ लोग जीवन की छोटी से छोटी समस्याओं से हार जाते हैं। दूसरे तब भी दृढ़ बने रहते हैं जब सब कुछ बिखर रहा होता है।'

डॉ. आदर्श: 'उनके हाथ में पाश की आपकी व्याख्या मुझे अच्छी लगी, आंटी।'

गार्गी: 'जिस फंदे से वो हमारे अहं को खींचकर उसे अपने प्रभाव में ले लेते हैं...'[56]

नचिकेत: 'फंदा अपने ऊपर डालें। और अपने अंदर की असली शक्ति का अनुभव करें। अपने आवेगों पर अपनी ताक़त आज़माएं। जीवन को डगमगाने वाले बलों से ख़ुद को बिखरने न दें... कम से कम अक्सर नहीं। नेतृत्व की बेहतरीन कला को सीखें। अपना नेतृत्व करें।'

गार्गी: 'वाह, नचिकेत। वाह। वाह। वाह।'

नचिकेत ने उसे देखा और मुस्कुरा दिया।

डॉ. आदर्श: 'और लड्डू शुभ होते हैं। भगवान गणेश हमसे कह रहे हैं कि अपनी यात्रा उनकी भेंट के साथ शुरू करें।'

नचिकेत: 'यह नहीं भूलना चाहिए कि यह यात्रा हमेशा अंदर की ओर होती है। फरसे से वो चाहते हैं कि हम अपने अहं के बाध्यकारी बल को काट डालें जो हममें अकड़ और तार्किकता पैदा करता हैं। और उनका चौथा हाथ हमें आश्वासन और अपना आशीर्वाद प्रदान करता है।'

गार्गी: 'उनकी याचना भरी आंखें—ऐसा लगता है मानो वो हमसे "चारित्रिक विकास" के साइनबोर्ड वाली राह पर चलने की प्रार्थना कर रहे हों, जिसके लिए सबसे पहला विघ्न हमारी अहंकारी आत्मछवि होती है।'

अनिर्बान: 'अद्‌भुत सुनाई दे रहा है, लेकिन भगवान प्रार्थना क्यों करेंगे?'

गार्गी: 'ओके। वो हमें मना रहे हैं। हमें आमंत्रित कर रहे हैं, प्रेरणा दे रहे हैं, उकसा रहे हैं... अनिर्बान, तुम भगवान को इब्राहीमी चश्मे से देख रहे हो—जिसमें भगवान पिता होता है और उपासक बालक। इब्राहीमी भगवान रक्षा करता है, पुरस्कृत करता है और दंड देता है। वो—केवल पुरुष भगवान, ध्यान रहे—हमें नियम देता है—क्या करें और क्या न करें—और अक्सर उपासक केवल इसलिए नेक बने रहते हैं क्योंकि वो प्रशंसा और पुरस्कार को देखते हैं। वो ऐसे पॉइंट जोड़ते हैं जो उन्हें स्वर्ग की ओर ले जाएंगे और नर्क से दूर रखेंगे। धार्मिक दृष्टिकोण भिन्न होता है। भगवान मित्र हो सकता है और दुश्मन भी। महाभारत के युद्ध में जब गांधारी के सारे पुत्र मारे गए तो उन्होंने प्रभु कृष्ण को भला-बुरा कहा। उन्होंने प्रभु कृष्ण को दोष दिया। और उन्हें *शाप* दिया। और ईश्वर ने उनके शाप को सर-माथे लिया। बाल गोपाल के रूप में प्रभु ने यशोदा मां को अपना विश्वरूप दिखाया था, मगर उसके बाद भी उन्होंने जैसे ठीक समझा उस तरह से अपने बालक को डांटना, झिड़कना और दंडित करना जारी रखा। वो उनसे भगवान जैसा व्यवहार नहीं करने लगी

थीं। ऋषि नारद ने एक बार भगवान विष्णु को शाप दिया था, और ऋषि दुर्वासा तो अपने क्रोध के लिए—देवताओं के प्रति भी—जगप्रसिद्ध थे।'

ऋषि नारद एक दिन बहुत कठिन तपस्या में बैठ जाते हैं। वो उसमें लीन हो जाते हैं और उनका ध्यान भंग ही नहीं होता। देवराज और विद्युत एवं वज्र के देवता इंद्र असुरक्षित महसूस करने लगते हैं और ऋषि नारद के मार्ग में बाधाएं खड़ी करने लगते हैं। *इनका ध्यान भंग करना ही होगा,* इंद्रदेव सोचते हैं। अपने इस प्रयास में वो अग्निदेव, वायुदेव, वर्षा एवं समुद्रों के स्वामी वरुण देव और कामदेव की सेवा लेते हैं।

वो दृढ़ हैं कि ऋषि नारद को अपनी तपस्या पूरी करने और शक्ति पाने नहीं देंगे। दुखद रूप से, वो सामूहिक रूप से असफल रहते हैं। अपना घोर तप पूरा करके प्रसन्नमना नारद सृष्टिपालक भगवान विष्णु के पास जाते हैं, और अपनी सफलता के बारे में बढ़ाचढ़ाकर डींगें हांकते हैं।

भगवान विष्णु मन ही मन तय करते हैं कि एक दिन ऋषि को विनम्रता का पाठ पढ़ाएंगे।

समय बीता। ऋषि नारद को राजा शिलानिधि की सुंदर कन्या श्रीमती से प्रेम हो जाता है। वो भगवान विष्णु से प्रार्थना करते हैं कि उन्हें हरि, भगवान के सुंदरतम रूप, के समान सुंदर बना दें। भगवान विष्णु सहायता करने का वचन देते हैं। मगर नियत दिन, वो ऋषि को हरि, वानर, जैसा बना देते हैं। श्रीमती उन्हें देखते ही हंस पड़ती है।

क्रुद्ध होकर ऋषि नारद भगवान विष्णु को शाप देते हैं कि एक दिन वो भी अपनी प्रिया से दूर हो जाएंगे। शाप तब यथार्थ होता है जब भगवान विष्णु और उनकी पत्नी

देवी लक्ष्मी भगवान राम और देवी सीता के अपने अवतारों में पृथ्वी पर अवतरित होते हैं।

कभी-कभी इच्छित पाठ भी उल्टे पड़ जाते हैं, देवताओं के लिए भी। वो इसका मोल चुकाते हैं।[57]

भगवान कृष्ण और उनकी पत्नी देवी रुक्मिणी ऋषि दुर्वासा को भोजन के लिए द्वारका के अपने भव्य महल में आमंत्रित करते हैं। ऋषि दुर्वासा आमंत्रण स्वीकार कर लेते हैं, मगर एक शर्त पर: दंपती को स्वयं रथ खींचते हुए उनके आश्रम आना और उन्हें अपने आवास पर ले जाना होगा। राजा-रानी प्रसन्नतापूर्वक तैयार हो गए। वो ऋषि के आश्रम पहुंचे और उन्हें अपने राजसी रथ पर सवार किया।

आधे रास्ते में देवी रुक्मिणी अपने पति की ओर मुड़ती हैं और कहती हैं कि उन्हें प्यास लगी है। रथ खींचने ने उन्हें थका दिया है। भगवान कृष्ण रथ को रोकते हैं और धरती में एक बाण मारते हैं। तुरंत ही कलकल करती एक धारा फूट पड़ती है। देवी रुक्मिणी ऋषि की अनुमति लिए बिना भागकर जाती हैं और अपनी प्यास शांत करती हैं। शीघ्र क्रुद्ध हो जाने वाले दुर्वासा ऋषि आपा खो बैठते हैं। अंतत: वो उनके पूज्य अतिथि हैं! भगवान कृष्ण अपने सारे लुभावनों से उन्हें मनाते हैं और ऐसा लगता है कि वो उन्हें शांत करने में सफल हो गए हैं। वो घर की अपनी यात्रा जारी रखते हैं। महल पर पहुंचने पर राजदंपती को यह स्पष्ट हो जाता है कि रूठे हुए ऋषि ने अपना क्रोध छोड़ा नहीं है।

> ऋषि दुर्वासा कुछ भी खाने-पीने को तैयार नहीं होते। वो घोषणा करते हैं कि उनकी अनुमति के बिना और उन्हें जल पिलाए बिना स्वयं जल पीकर देवी रुक्मिणी ने उनका अपमान किया है और भगवान कृष्ण ने उस अपमान को अनदेखा किया है। वो प्रभु और उनकी पत्नी को शाप दे देते हैं। अब से देवी रुक्मिणी महल से दूर रहेंगी। वो अपने प्रभु से अलग हो जाएंगी और हमेशा प्यासी रहेंगी। और भगवान कृष्ण का राज्य द्वारका पीने योग्य पानी से वंचित हो जाएगा।[58]
>
> द्वारका में भगवान कृष्ण का बहुत सुंदर द्वारकाधीश मंदिर है। उनकी प्रिय पत्नी देवी रुक्मिणी उनके साथ नहीं हैं। उनका मंदिर अपने जीवनसाथी से दो किलोमीटर दूर है। आज भी भक्त उदारतापूर्वक अपनी प्रिय प्यासी देवी को जल अर्पित करते हैं।

अनिर्बान: 'हम्म। ठीक है।'

डॉ. आदर्श: 'वापस अहं—अपनी अहंकारी आत्मछवि—के सबसे बड़ी बाधा होने पर आते हैं। यह इंट्रेस्टिंग आइडिया है कि हम जीवन में जिन बाधाओं का सामना करते हैं, वो कभी वहां, बाहरी जीवन में, होती ही नहीं हैं; वो तो हमारे भीतर होती हैं। वो वृत्तियां हैं।[59] मन की अस्थिरताएं। साथ ही, मुझे याद है एक बार मां ने मुझे बताया था कि *याज्ञवल्क्य स्मृति* में भगवान गणेश को विघ्नहर्ता और विघ्नकर्ता[60] दोनों कहा गया है। अब यह समझ में आता है, है ना?'

नचिकेत: 'भगवान गणेश को कर्म का देवता भी तो कहा जाता है ना?'

गार्गी: 'ओह, यानी बाधाएं कर्म हैं?'

धर्म राज: 'कर्म बहुत व्यापक शब्द है, ठीक है? इसे विचारों और भावनात्मक पैटर्नों के बाध्यकारी चक्रों के रूप में परिभाषित किया गया है जो हमें प्रभावित करते हैं। उस अर्थ में, हां, कर्म बाधाएं हैं। हम उन्हें "संचित कर्म" कहते हैं। उन्हें दूर करने की हमारी क्षमता भी कर्म होती है—इसके सक्रिय कर्म होने के चलते हम इसे "अगामी कर्म" कहते हैं। भगवान गणेश हमारी सहायता करते हैं, लेकिन दायित्व हमारा ही है।'

गार्गी: 'अवसर भी। "बाधा" को अवसर के मीठे लड्डू की तरह क्यों न देखें? इसके ज़रिए हम विकास कर सकते हैं, अपना बेहतर स्वरूप बन सकते हैं, जीवन को अधिक गहराई से जी सकते हैं... जीवन के असली मायने भी समझ सकते हैं।'

लोपामुद्रा: 'थ्योरी में अच्छा सुनाई देता है, लेकिन इस पर चलना मुश्किल है। बहुत मुश्किल। जीवन की चुनौतियां मज़बूत से मज़बूत लोगों को निचोड़ सकती हैं।'

गार्गी: 'मेरे लिए तो भावनाएं सबसे बड़ी चुनौती हैं, घटनाएं इतनी बड़ी नहीं।'

लोपामुद्रा: 'घटनाएं भावनाओं को उभारती हैं। लेकिन अगर कोशिश करें तो हम दोनों को अलग कर सकते हैं। दरअसल, तनावपूर्ण घटनाएं अंतर्निहित स्वभाव—प्रवृत्तियों और आवेगों—को उभारती हैं। या तो आपके अंदर का पशु या बालक हावी हो जाता है। सचेतन चरित्र को पीछे धकेल दिया जाता है। स्वभाव बालक की तरह होता है, और चरित्र वयस्कों की तरह। चरित्र अपनी भावनाओं का दास नहीं, स्वामी बनने में हमारी सहायता करता है। चरित्र अपनी भावनाओं का लाभकारी रूप से उपयोग करने और विकास करने में हमारी सहायता कर सकता है।'

नचिकेत: 'और हम सबके भीतर एक बच्चा होता है। तो भगवान गणेश उन्हें आकर्षित कर सकते हैं जो कर्म और चरित्र-निर्माण में लिप्त हैं। लेकिन उन लोगों का क्या जो भावनाओं के साथ गहराई से उलझे

हुए हैं और उन्हें नियंत्रित एवं निर्देशित करने में नाकाम रहते हैं, लेकिन उनके द्वारा नियंत्रित होते हैं?'

लोपामुद्रा: 'उनके लिए देवी दुर्गा हैं। ध्यान रहे, मैं कुढ़न और हताशा जैसी सतही, उथली भावनाओं की बात नहीं कर रही हूं। ये देवी मां उन लोगों के लिए हैं जिनकी भावनाएं गहरी डूबी हैं—जैसे असुरक्षा, भय, अपराधबोध, क्रोध, इच्छा, जलन आदि।'

गार्गी: 'क्रोध, भय, *असुरक्षा*? लेकिन वो तो बहुत सुंदर स्त्री हैं। शायद आपका मतलब देवी काली से है।' गार्गी असामान्य रूप से रक्षात्मक लग रही थी। उसे देवी दुर्गा बहुत पसंद थीं, और वो उन्हें निर्भीक और आत्मविश्वासी मानती थी।

लोपामुद्रा: 'देवी काली भिन्न हैं; वो अतिशयतापूर्ण हैं। क्रोध नहीं—प्रकोप। डर नहीं—आतंक। असुरक्षा नहीं—घोर एकाकीपन और हताशा। इच्छाएं नहीं—व्यसन, बाध्यकारी व्यसन। मगर देवी काली रूपांतरकारी भी हैं। उन पर बाद में बात करेंगे जब हम उनके संगी प्रभु शिव पर चर्चा करेंगे।'

अनिर्बान: 'आतंक, हताशा, व्यसन... ये सोचने के लिए बहुत ज्यादा हैं। लेकिन निस्संदेह देवी दुर्गा सुंदर हैं।'

धर्म राज: 'और उनके नाम उन भावनाओं पर उनके आधिपत्य के द्योतक हैं जिनकी हम बात कर रहे हैं। उन्हें चंडिका; घोररूपा; कराली; रौद्रा; उग्रा कहा जाता है। ये नाम क्रोध और भय के साथ उनके संबंध को इंगित करते हैं।

'वो भयदा भी हैं और अभयदा भी: जो भय उत्पन्न करती हैं और जो उत्पादकता और निर्भीकता पैदा करती हैं। वो उन भावनाओं की स्वामिनी हैं जिन्हें हासिल करना, मापना और नियंत्रित करना कठिन है। उन्हें धृति भी कहा जाता है, वो जो अचल-अटल हैं। अचलता और अटलता से असुरक्षा को जीता जा सकता है। और सबसे ऊपर, वो सुंदर हैं।'

महिषासुर[61] को अजेयता का वरदान प्राप्त है जिससे वो घमंड और अहंकार से भर जाता है। जल्दी ही वो पृथ्वी पर जीवन के लिए संकट बन जाता है। देवताओं/देवों की सारी सेना उसके विरुद्ध युद्ध छेड़ देती है लेकिन वो उसे हराने में असफल रहते हैं। हतप्रभ होकर वो एक अद्भुत योजना बनाते हैं। क्यों न अपनी वैयक्तिक शक्तियों को एकत्र करके एक अनूठी और शक्तिशाली देवी बनाई जाएं? सारे देवता अपने सर्वश्रेष्ठ अस्त्र देते हैं, सक्षमता, कौशल और शक्ति। और इस तरह देवी दुर्गा का जन्म होता है।

वो एक भयंकर सिंह की सवारी करती हैं और शक्तिशाली महिषासुर को परास्त कर देती हैं। वो पर्वत की प्रिय पुत्री अयिगिरि नंदिनी हैं। वो महिषासुर-मर्दिनी हैं!

देवी मां का एक रूप देवी दुर्गा को सामान्य रूप से दस बांहों के साथ, और सिंह पर सवार दर्शाता है। हरेक हाथ में एक वस्तु है। कुछ हाथों में धनुष, त्रिशूल, तलवार, फ़रसा और गदा जैसे अस्त्र हैं। एक हाथ में शंख है, एक अन्य में चक्र और एक और में कमल का फूल है।

भागवद् पुराण उनके नौ रूपों का वर्णन करता है, जिन्हें आमतौर पर नव दुर्गा के रूप में जाना जाता है—शैलपुत्री, ब्रह्मचारिणी, चंद्रघंटा, कूष्मांडा, स्कंदमाता, कात्यायनी, कालरात्रि, महागौरी एवं सिद्धिदात्री।

गार्गी: 'देवी दुर्गा सुंदर हैं ना? उनका चेहरा इतना शांत है। लेकिन वो भयंकर शेर की सवारी करती हैं और उनके अनेक हाथों में इतने सारे अस्त्र होते हैं।'

अनिर्बान: 'दूसरी चीज़ों के साथ, हां? शंख, चक्र, कमल का फूल...'

प्रेम, सद्भाव और आशा 151

डॉ. आदर्श: 'सही है। *तुम्हें* यह कैसे पता?'

अनिर्बान: 'पता नहीं। शायद बड़े होते-होते हम इन तस्वीरों को मन में बसा लेते हैं।'

डॉ. आदर्श: 'उनके अस्त्र दानवों को मारते हैं, बेशक। तो, ये दानव कौन हैं? वो हमारा बुरा चाहने वाले तो नहीं हो सकते?'

धर्म राज: 'ये सब आपस में जुड़ा है। *अपना* बुरा चाहने वालों के लिए *तुम* बुरा चाहने वाले हो सकते हो। देवी की तुममें कोई विशेष रुचि नहीं है। या शायद हो। लेकिन यह विशेष रुचि सबमें हैं। उनके लिए सब विशिष्ट हैं।'

अनिर्बान: 'हां! सच है। तो फिर? दानव कौन हैं?'

लोपामुद्रा: 'क्या ये दानव *तुम्हारा*, उनके भक्त का ही कोई पहलू हो सकते हैं? देवी आईने का काम करती हैं। क्या वो मुझे उन दानवों को मारते प्रतिबिंबित कर सकती हैं जो मेरे भीतर मौजूद हैं?'

अनिर्बान: 'मेरे किस पहलू को अस्त्र मारते हैं? हम अपने दानवों को कैसे पहचानें?'

धर्म राज: 'अच्छा सवाल है, अनिर्बान। जवाब देना मुश्किल है। हमें अपने लिए इन सवालों के जवाब देना सीखना होगा।'

लोपामुद्रा: 'वो हमें हमारे स्वभाव, संस्कारों, और वासनाओं से परिचित करवा सकती हैं। मानसिक रूप से नहीं, ध्यान रहे, बल्कि इन तीव्र इच्छाओं की बाढ़ जैसी अभिव्यक्ति और भावनाओं के स्पष्ट प्रवाह के माध्यम से। वो भावनाएं सतह पर आ जाती हैं।'

नचिकेत: 'अभिव्यक्त किए बिना आप इसे नहीं जान सकते। और जब आप इन "दमनकारी और बाध्यकारी बलों"—जैसा कि फ्रायड इन्हें कहता है—को जानना नहीं चाहते, तो आप दिखावा कर सकते हैं कि ये आपके अंदर हैं ही नहीं, और अगर कभी ये उभर आएं तो भी यह किसी और की ग़लती है। जब तक कि आपका गुस्सा या उदासी बचाव

के किसी तर्कसंगत रास्ते के बिना तब आप पर हमला नहीं कर देते जब आपको उनसे ऐसी उम्मीद नहीं होती।'

धर्म राज: 'आप ख़ुद को तब तक नहीं बदल सकते जब तक कि आप पहले ख़ुद को नहीं देखते—निर्भीकता से। अपनी आंखों में ख़ुद को निर्ममता से उघाड़ नहीं देते। इसी एक तरीक़े से सच्ची गरिमा और सम्मान अभिव्यक्ति पा सकता है। अपनी प्रवृत्तियों का दमन न करें। उन्हें दिशा दें, पहचानें और उनकी ओर से सजग हों और फिर उन्हें बदलें। इतना साहस रखें कि अपने स्वभाव को उसके अपने अनुसार चलने दें, लेकिन एक वयस्क के दायित्व के साथ, किसी बच्चे की अज्ञानता भरी आज़ादी के साथ नहीं। प्रवाह के साथ चलें। मगर उस प्रवाह को अपने इरादे की स्पष्टता से दिशा दें।'

लोपामुद्रा: 'अगर अंदरूनी, अचेतन, प्रवृत्तियों को व्यक्त नहीं होने दिया गया, तो वो विकृतियों के रास्ते बाहर निकल आती हैं। तो उन्हें प्रवाहित होने दें, मगर नियंत्रण रखें। इससे आपको ख़ुद को पहचानने में मदद मिलेगी। और हां, फिर ख़ुद को बदलें। साहस पाएं। सजगता से जिएं। बस।'

गार्गी ने अपने पति को देखा। वो उसे ही देख रहा था।

क्या तुम मुझसे कुछ कह रहे हो?

क्या तुम सुन रही हो? क्या तुम मुझे संपूर्ण रूप में प्यार कर सकती हो? या केवल मेरे बेहतरीन रूप को ही प्यार करोगी?

अनिर्बान ज़ोर से हंस पड़ा। 'बस यही है, हंह, आंटी?'

नचिकेत: 'मैं अक्सर ही अपना घात में बैठा रूप देखता हूं। अपने इस हिस्से को कैसे बदलूं? यह सारा कंट्रोल हाथ में ले लेता है।'

धर्म राज ने भेदती हुई, उत्सुक आंखों से नचिकेत को देखा। गार्गी को लगा कि उसे उन आंखों में गर्व की झलक दिखी है। हतप्रभ होने के बावजूद वो मुस्कुरा दी।

लोपामुद्रा: 'इसके लिए तुम्हें एक दूसरे देवता चाहिए होंगे। रूपांतरकारी देवता। लेकिन इसके लिए तुम्हें इंतज़ार करना होगा। अभी तो, हम प्रवृत्तियों के उभरने पर चर्चा कर रहे हैं। जब तक वो सतह पर नहीं आती हैं और हम उन्हें देखते, और उन पर मनन नहीं करते, तब तक रूपांतरण नामुमकिन है।'

डॉ. आदर्श: 'व्यवहार के हमारे व्यसनी पैटर्न...[62] आमतौर पर हम ख़ुद में इन पैटर्नों को जानते-बूझते भी नहीं हैं।'

नचिकेत: 'लेकिन हमारे आसपास के लोग पहचानते हैं।'

लोपामुद्रा: 'यह निरर्थक है। इससे उनका कोई वास्ता नहीं है। वो तो अपने ख़ुद के संस्कार संभाल लें, वही बेहतर है।'

नचिकेत: 'सही कहा, मां।'

लोपामुद्रा: 'अपनी निगाह दूसरों की ओर घुमाना और उन्हें जज करना बहुत आसान होता है। वास्तव में, यह हमारा सबसे बड़ा दुर्भाग्य है।'

डॉ. आदर्श: 'क्या हमें केवल ख़ुद को जज करना चाहिए?'

नचिकेत: 'नहीं। मैं कोशिश करूंगा कि ख़ुद को जज न करूं। मुझे ख़ुद को स्वीकार करना होगा। अपने बुरे से बुरे रूप को भी। जैसे एक मां अपने बच्चे को स्वीकार करती है, और फिर अपने बच्चे को दिशा देती है। मेरे सबसे बुरे रूप को मेरी सबसे ज़्यादा मदद और मार्गदर्शन की ज़रूरत होती है।'

अनिर्बान: 'यह तो बहुत सुविधाजनक है। यह जानने के लिए कि सही या ग़लत क्या है, क्या पहले मुझे निष्पक्ष ढंग से ख़ुद को जज नहीं करना चाहिए? केवल तभी मैं जान पाऊंगा कि किस चीज़ को किस दिशा में ले जाना है। और दिशा-निर्देशन करते समय ख़ुद को स्वीकार करूं। मुझे लगता है कि जज करना महत्वपूर्ण है। बिना जज किए मैं जान नहीं पाऊंगा कि कहां से शुरू करूं। जज न करना अहंकार भरी हठधर्मिता की ओर ले जाएगा। ख़ुद को स्वीकार करने की दिशा में

पहला क़दम ख़ुद को जज करना है। अगर मैं जज नहीं करता हूं, तो मैं अपने अच्छे-बुरे रूपों को नहीं जान पाऊंगा तो मैं यह कैसे जानूंगा कि कहां से काम शुरू करूं?'

नचिकेत: 'सचेत व्यवहार के लिए यह सच है, अनिर्बान। यह मेरे व्यक्तित्व के उस पहलू के लिए सच है जिसे मैं जानता हूं और जिससे परिचित हूं। जिसे मैं पहचान सकता हूं। लेकिन हमारे अंदर और भी बहुत कुछ है। मैं हमारे उस हिस्से के बारे में बात कर रहा हूं जो हम पर घात लगाता है, हमें चौंका देता है, हमसे लोगों को कहलवाता है, "मुझे अफ़सोस है, मुझे नहीं पता यह कहां से आया।" हम अपने भीतर के उस हिस्से को नहीं जानते। और हम असल में कभी इसे जान भी नहीं पाएंगे, जब तक कि हम इसका चेहरा नहीं देखेंगे।'

धर्म राज: 'अनिर्बान, अपने व्यक्तित्व के उस हिस्से को भी जिसे हम जानते हैं कि विवेक और करुणा से संभाला जा सकता है। इसे आवश्यक रूप से कड़े आकलन की जरूरत नहीं होती, हालांकि वो भी कारगर हो सकता है। आकलन करने से झिड़कियां भी मिलती हैं, और शाबाशी भी, इंकार, मत करो, और नहीं करना चाहिए वग़ैरह। हम अपने ऊपर नियम थोप सकते हैं, बेशक। अपने आचरण को सक्षमता से आंकने और निर्देशित करने से हमें दूसरों को और ख़ुद को ख़ुश करने, और दक्षता से जीवन जीने में मदद मिलती है। एक सावधान व्यक्ति जो वो कहता है और करता है उसमें असंगतता देख सकता है और अपने आचरण पर सोच-विचार कर सकता है और लगातार प्रगति कर सकता है। आत्मनिर्देश कठोर या हल्के हो सकते हैं।

'लेकिन मानव विकास और संभावनाओं की गाथा में अच्छे आचरण के अलावा भी बहुत कुछ है। हमारे अंदर ऐसे पहलू होते हैं, जिनके बारे में, अगर हम अपने साथ ईमानदार हों तो, हम भविष्यवाणी नहीं कर सकते न ही उन्हें समझ सकते हैं। ये हमारे अचेतन, बाध्यकारी पैटर्न हैं। ये हमारी वो मंशाएं और भावनाएं हैं जो हमारे विचारों के पीछे

छिपी रहती हैं। इसे हम मेरे भीतर का वो छोटा बच्चा कह सकते हैं। यह मुझे निराशा में धकेल सकता है, शर्मिंदा कर सकता है। मुझे अलग-थलग किए जाने का डर दिखाता है। मेरे भीतर का वो बच्चा भीतर ही छिपा रहता है क्योंकि उसे आंका जाना पसंद नहीं है। हो सकता है कि वो आंके जाने से डरता भी हो, इसलिए वो भाग जाता है और छिप जाता है। यह स्वयं को मेरी जानकारी में आने से ब्लॉक कर देता है। मैं इसे देखना नहीं चाहता; इसे स्वीकार नहीं करना चाहता। इसकी बजाय मैं अपने बुरे व्यवहार को तर्कसंगत बनाना पसंद करूंगा, दूसरों को दोष दूंगा... जब हम इस विघटनकारी, उपद्रवी, अनियंत्रित, कभी-कभी बदसूरत बच्चे के प्रति दया और समझदारी बरतते हैं, तो वो बाहर झांकता है और अपना चेहरा दिखाता है। हमें अपने भीतर के उस बच्चे को स्वीकार करना चाहिए। एक तरह से कह सकते हैं कि हम इसे अपनी बाहों में उठा लें। इसे गले लगाएं, दिलासा दें, फिर इसे औचित्य सिखाएं और सुधारें।'

नचिकेत: 'और तब आप सच्चा आत्म-प्रेम और आत्मस्वीकृति पाते हैं। जब आप उस डरे, चौकन्ने या क्रुद्ध बच्चे को उपेक्षित महसूस करवाने और उसकी भयंकरता को बढ़ाने की बजाय उसे प्यार करने का विकल्प चुनते हैं। ताकि यह शांत हो जाए। यह मुझसे फ़ैमिनिन शक्ति चाहता है। यह स्वीकारा हुआ और अपनाया गया महसूस करना चाहता है।'

गार्गी ने चुपके से नचिकेत को देखा, फिर झट से दूसरी ओर देखने लगी। नचिकेत ने ऐसे दिखाया जैसे उसने इस हरकत को न देखा हो।

धर्म राज: 'तब तक, यह हमारी आंखों के सामने छिपा रहता है। दूसरे इसे देख सकते हैं लेकिन आप नहीं। जो लोग आपसे प्यार करते हैं वो अक्सर इसे देखते हैं और इसकी चोट को बर्दाश्त तक करते हैं, जबकि आप दूसरों को इल्ज़ाम देने या अपने अनियमित आचरण को तर्कसंगत ठहराने में बिज़ी रहते हैं... कोशिश करें कि किसी को जज न करें। इसके बजाय, समझने की कोशिश करें, उदारता से। और शुरुआत

ख़ुद से करें। ख़ुद को तटस्थता से देखना सीखें, जैसे कि आप कोई और हों। सजग रहें। ख़ुद से बहुत ज्यादा आइडेंटिफ़ाई न करें। न ही बहुत कम। दोनों ही आपके नज़रिए को धुंधला देंगे और आपको बहानों से भर देंगे...'

लोपामुद्रा: 'आकलन करना हमें अपने अंदर के इस पशु के बारे में बेख़बर रखता है। और फिर बांध टूट जाता है और यह दुखी, कभी-कभी दुष्ट और ख़तरनाक पशु बाहर निकल आता है। देवी दुर्गा और देवी काली इस बालक के उभरकर आने में सहायता कर सकती हैं ताकि हम इसे देख सकें—देवी दुर्गा कष्ट पाते बालक के लिए, देवी काली कड़वाहट और द्वेष से भरे बालक के लिए। तुम्हें क्यों लगता है कि देवी दुर्गा इतने सारे अस्त्र लिए हुए हैं?'

गार्गी: 'आप बताइए, मां।'

लोपामुद्रा: 'क्योंकि स्वभाव ग्रीक जलीय दानव हाइड्रा की तरह अनेक सिर वाला होता है। यह हठी और अप्रत्याशित होता है। यह चालाक होता है और इसे जीत पाना मुश्किल होता है। हमें पूरे शस्त्रागार की ज़रूरत होती है। और हमें बहादुर होना होता है।'

> हाइड्रा नौ सिर वाला जलीय नाग है जो लर्ना के दलदलों में रहता है। यह अपनी मर्ज़ी से बाहर निकलता है और मवेशियों और मनुष्यों को परेशान करता है। लोग भयभीत हैं, क्योंकि यह अजेय है। अगर एक सिर काटा जाता है, तो दो और निकल आते हैं।
>
> महान नायक हरक्युलिस रक्षा करने के लिए आता है। वो हर सिर को काटता है और उसके ठूंठ को मशाल से दाग़ देता है। अंतिम अमर सिर शेष रहता है। हरक्युलिस उसे काटता है और उसके ज़ख़्म को दाग़ देता है। और फिर

> सिर को एक विशाल चट्टान के नीचे दबा देता, है, ताकि वो फिर कभी सिर न उठा सके।[63]

गार्गी: 'क्या स्वभाव हमेशा नकारात्मक होता है? उसमें कुछ तो सकारात्मक हो सकता है ना? मैं बस सोच रही हूं।'

धर्म राज: 'तुम्हारा सोचना जायज़ है। स्वभाव विभिन्न क़िस्म की अवचेतन यादों से बनता है—आनुवंशिक यादें, विकासपरक यादें, कोशकीय यादें, भ्रूणीय यादें। और बेशक, शुरुआती बचपन की यादें। ये यादें शब्दों के स्तर पर मौजूद नहीं होतीं, तो चाहें "सकारात्मक" हों या "नकारात्मक", वो अचेतन होती हैं। हम चैतन्य रूप से अपने इस हिस्से के प्रति सजग नहीं होते।'

लोपामुद्रा: 'दोनों ही तरह से, हमारा चारित्रिक विकास हमारे स्वभाव के उन हिस्सों को ओवरराइट कर देगा जिन्हें मिटाने या सुधारने की ज़रूरत है, और उन हिस्सों को निखार देगा जो सुंदर हैं। यह बहुत ही सचेत प्रयास है। अगर हम भाग्यशाली होंगे, तो देवी दुर्गा हमारे गहनतम भयों, इच्छाओं, महत्वाकांक्षाओं और छिपी हुई लालसाओं को पहचानने में हमारी मदद करेंगी। वो सभी भावनाओं और विचारों के ऑटोमेटिक और अभ्यस्त पैटर्न के नीचे दबी होती हैं। वो बहुत सम्मोहक होती हैं। ये ऐसी चीज़ें हैं जो हम बिना सोचे-समझे ख़ुद-ब-ख़ुद करते हैं। यह समझ लिया जाता है कि हम इसी तरह से व्यवहार करेंगे और हम आमतौर पर इन कार्यों का मूल्यांकन या समीक्षा नहीं करते। ये प्रवृत्तियां हमारे व्यक्तिगत आचरण की प्रमुख चालक हैं। हम तब कैसा व्यवहार करते हैं, जब कोई नहीं देख रहा होता है, या बस वो लोग देख रहे होते हैं जिन्हें हम किसी गिनती में नहीं लेते हैं। जैसे-जैसे हम बड़े होते हैं वो हमारे व्यक्तित्व में पैठते जाते हैं।'

अनिर्बान: 'मुझे यह पसंद है—व्यक्तिगत आचरण। वो शख़्स जो असल में मैं हूं—अपने घर में, अपने परिवार के साथ, जब मैं अकेला

होता हूं। साथ ही, अजनबियों या उन लोगों के साथ जो मेरे लिए कोई मायने नहीं रखते।'

धर्म राज: 'जब हम अजनबियों के साथ होते हैं तो तन्हा महसूस करते हैं।'

लोपामुद्रा: 'धीरे-धीरे हम समझ जाएंगे कि देवी दुर्गा हमारी लड़ाइयां नहीं लड़ती हैं, न ही हमारी हसरतों को संतुष्ट करती हैं। वास्तव में, बाहरी दुनिया में ये चुनौतियां होती ही नहीं हैं। जब हम तैयार होते हैं तो देवी अपनी शक्ति हममें प्रवाहित कर देती हैं। और हम अपने अदंर के दानवों को हराने और उन्हें चुप कराने में समर्थ होते हैं।'

गार्गी: 'और अगर हम तैयार न हों तो?'

नचिकेत: 'तो वो हमें अपनी ओर खींचना जारी रखती हैं। बार-बार।'

लोपामुद्रा: 'वो कलुषता को बाहर निकालती हैं। वो हमें रुलाती हैं। यह दुख, हताशा, क्रोध, डर या लाचारी हो सकती है। यह तिरस्कार, इच्छा या चिंता हो सकती है। वो हमें उन्मादियों की तरह हंसा सकती हैं या हताशा में बौखला सकती हैं। हम झिड़कते हैं, याचना करते हैं, कराहते हैं। हम अकेला और परित्यक्त महसूस करते हैं। हम भावनाओं की चढ़ती-उतरती लहरों में तैरते हैं।'

डॉ. आदर्श: 'हम अस्थायी रूप से शांत भी महसूस कर सकते हैं। मेरी मां ने सारी ज़िंदगी दुर्गा मां से की मन्नतों को पूरा किया है। उन्हें पूरा करके उन्हें बहुत संतुष्टि मिलती है।'

अनिर्बान: 'तो असल में ये मन्नतें या मानताएं क्या होती हैं? मेरी अम्मुम्मा (दादी) को उनमें बहुत विश्वास था। मुझे लगता है यह देवताओं को रिश्वत देने की दयनीय सी कोशिश है। बचकाना।'

धर्म राज मुस्कुराए। 'सत्यनारायण की कथा भी इसी तरह बेकार है। हम इसे अच्छे व्यवहार के लिए गाजर दिखाने वाली एप्रोच कह

सकते हैं या हम शांति और सुकून की इंसानी ज़रूरत को समझने की कोशिश कर सकते हैं, अनिर्बान।'

> एक सेठ-सेठानी संतानहीन हैं और संतान के लिए व्याकुल हैं। एक हितैषी उन्हें सत्यनारायण की कथा का अनुष्ठान करवाने की सलाह देता है कि इससे उनकी मनोकामना पूरी हो जाएगी। 'मगर ध्यान रहे,' वो मित्र सलाह देता है, 'यह अनुष्ठान बारह पूर्णमासियों पर करवाना होगा।'
>
> दंपती एक पूर्णमासी की रात को कथा करवाते हैं और, लीजिए, सेठानी लीलावती को शीघ्र ही गर्भ ठहर जाता है। नौ महीने बाद एक स्वस्थ कन्या जन्म लेकर खुशियां बिखेर देती है। वो उसका नाम कलावती रखते हैं। सेठ व्यापार के कामों में व्यस्त हो जाता है और सत्यनारायण की कथा करवाने के अपने संकल्प को भूल जाता है।
>
> समय तेज़ी से बीत जाता है, और कलावती सुंदर-सुघड़ युवती हो जाती है। सब ओर शांति है मगर सेठानी अपूर्ण वादे को लेकर त्रस्त है और अपने पति को याद दिलाती है कि उन्हें अनुष्ठान करवा लेना चाहिए कि कहीं उनकी बेटी को कोई आपदा न झेलनी पड़ जाए। वो वादा करता है कि जब कलावती का विवाह होगा तो एक आयोजन के रूप में वो कथा करवाएगा।
>
> स्नेहपूर्ण माता-पिता कलावती के लिए सुयोग्य वर ढूंढ़ते हैं और बहुत आनबान के साथ उसका विवाह करते हैं, मगर फिर भी सत्यनारायण की कथा नहीं करवाई जाती। धैर्यवान प्रभु नारायण अंततः उस व्यापारी को अपने संकल्प को पूरा करने और ध्यान की कमी के लिए सबक़ सिखाने

का निर्णय लेते हैं। अब समय है कि सेठ वचनबद्धता का मान रखना सीखे।

सेठ अपने युवा और उत्साही दामाद के साथ एक व्यापारिक यात्रा पर निकल पड़ता है। इस बीच, कुछ चोर राजा चंद्रकेतु के महल में चोरी कर लेते हैं और उनमें से कुछ भागकर चोरी के माल को उस विश्रामगृह में छिपा देते हैं जहां ये दोनों ठहरे हैं। राजा ग़लतफ़हमी में इन लाचार पुरुषों को बंदी बना लेता है। स्त्रियां उनकी रिहाई के लिए प्रार्थना करती हैं। प्रभु राजा को साक्षात दर्शन देते हैं और दोनों पुरुष रिहा हो जाते हैं।

सफल यात्रा पूरी करने के बाद दोनों पुरुष घर लौट पड़ते हैं, उनकी नाव उनके द्वारा अर्जित धन से भारी है। तब प्रभु नारायण उनकी परीक्षा लेते हैं। वो एक निर्धन बूढ़े व्यक्ति का भेष धरकर उनके पास जाते हैं और भिक्षा मांगते हैं। सेठ उनसे कहता है कि उनकी नाव में तो कुछ नहीं है। प्रभु नारायण कहते हैं, 'तथास्तु। (ऐसा ही हो।)' और, नाव कुछ नहीं के बोझ से हल्की हो जाती है!

सेठ प्रभु नारायण को पहचान लेता है और पश्चाताप से भर जाता है। वो क्षमा मांगता है और बारम्बार वचन देता है कि घर पहुंचने पर कथा का आयोजन करेगा।

इस बीच सेठानी लीलावती और उसकी बेटी कलावती पुरुषों की अनुपस्थिति में कथा आयोजित करने का निर्णय लेती हैं। जब कथा संपन्न होने को होती है तभी उन्हें समाचार मिलता है कि सेठ और उसका दामाद नदी किनारे आ पहुंचे हैं। उत्साहित स्त्रियां कथा के अपने आसन को छोड़कर पुरुषों का स्वागत करने दौड़ पड़ती

प्रेम, सद्भाव और आशा *161*

हैं। प्रभु नारायण निर्णय लेते हैं कि स्त्रियों को भी सबक़ सिखाना होगा।

जब वो नदी किनारे पहुंचती हैं, तो उन्हें कोई नाव नहीं मिलती। वहां खड़े लोग उन्हें बताते हैं कि नाव डूब गई। स्त्रियां धरती पर गिरकर ज़ोर-ज़ोर से विलाप करने लगती हैं। और फिर वो आकाशवाणी सुनती हैं:

ये दोनों स्त्रियां कथा को अधूरा छोड़ आई थीं। प्रभु का प्रसाद ग्रहण नहीं किया। ये अच्छा कर रही थीं। ये अपने संकल्प को पूरा कर रही थीं। अनुष्ठान के अंत की ओर इनका ध्यान क्यों भंग हो गया?

स्त्रियां वापस घर जाती हैं और श्रद्धापूर्वक प्रसाद खाती हैं। वो अनुष्ठान को संपन्न करती हैं और वापस नदी किनारे आती हैं। वो यह देखकर चमत्कृत रह जाती हैं कि उनके पति सही-सलामत हैं। सब घर आते हैं और प्रभु का धन्यवाद करते हैं।[4]

सत्य, ध्यान और स्वरूप की पुनर्स्थापना होती है।

डॉ. आदर्श: 'मानता या व्रत वो कार्य हैं जो हम करने का संकल्प लेते हैं या वो आत्मसंयम जो हम तब तक करते हैं जब तक कि देवता कोई इच्छा पूरी नहीं कर देते। ऐसे बहुत से व्रत देवी के लिए किए जाते हैं। मेरी मां लंबे-लंबे अरसे तक किसी विशेष तरह के खाने या पेय को त्याग देती हैं।'

लोपामुद्रा: 'तुम इसे शांति और सुकून कहते हो, राज। शांति और सुकून तो अस्थायी हैं। तुम्हारी मां सत्यनारायण कथा के लिए एक और शब्द प्रयोग करती थीं। सटीक। उन्हें यक़ीन था कि हम जिस दौर में जी रहे हैं, उसके लिए यह सबसे सटीक कथा है। सत्यनारायण की कथा

बुनियादी तौर पर संकल्प और परिणामों की कहानी है। चेतन मस्तिष्क से संकल्प करना और यह जानना कि अपूर्ण संकल्प के परिणाम भोगने होंगे। उन्हें स्वीकार करें। मगर, बेशक, जब तक हम अपनी सोच और भावनाओं के पैटर्न के आधार और मूल को पहचानना नहीं सीखेंगे, हम बार-बार उन्हें दोहराएंगे।'

धर्म राज: 'भले ही यह कुछ पलों के लिए हो, मगर शांति और सुकून महत्वपूर्ण हैं। उस पल में एक व्यक्ति को केवल इन्हीं की चाह या जरूरत हो सकती है। हम अपने पैटर्नों के आधार और मूल को केवल तभी पहचान सकते हैं जब हमारे अंदर का वो डरा हुआ बालक सुरक्षित महसूस करेगा। और देवी हठी हैं। वो भावनात्मक टूटे हुए टुकड़ों को खोद निकालती हैं और उन्हें बार-बार सतह पर ले आती हैं। हम उन्हें एक-एक करके ढेर से हटाते रह सकते हैं, जब तक कि हम उस आघात तक नहीं पहुंच जाते जो सबसे पहले लगा था। और देवी प्रतीक्षा करती हैं...'

गार्गी: 'टूटे हुए टुकड़े।'

धर्म राज: 'हां। थोड़ा कठोर लगता है, मगर जो है सो है।'

नचिकेत: 'आप कहते हैं कि देवी प्रतीक्षा करती हैं। किस बात की?'

धर्म राज: 'कि आप अपने अंदर की शक्ति को पाएं। और समचित्तता की ओर अपनी यात्रा शुरू करें। अखंड शांति और आनंद की ओर।'

लोपामुद्रा: '"व्रत" शब्द का मूल "वृ" है, अर्थात चुनना। क्या आप अपनी कामनाओं और आवेगों का दास होना चुन रहे हैं? अपने डरों और वहमों को सशक्त करना? या आप रूपांतरण का चुनाव कर रहे हैं?'

धर्म राज: 'आप रूपांतरण चुन रहे हैं...'

गार्गी: 'अगर आप रूपांतरण न चुन रहे हों तो? अगर आप जैसे हैं वैसे ही ख़ुश हों तो?'

धर्म राज: 'कोई दिक्क़त नहीं। तुम रूपांतरण को बाद के लिए छोड़ सकती हो। लेकिन तुम अंतत: उस चरण तक पहुंचोगी। अगर गार्गी के रूप में नहीं, तो किसी और के रूप में—अगले जन्म में। यह आत्मा की यात्रा है। फ़िलहाल, यही काफ़ी है कि तुम शंख फूंको और कहो, "जै माता दी!"'

11

आदि योगी, प्रथम योगी

'चलो थोड़ा म्युज़िक लगाते हैं,' इससे पहले कि कोई कुछ जवाब दे पाता गार्गी उठी और घर के अंदर चली गई। कुछ मिनट बाद वो एक पोर्टेबल स्पीकर लेकर बाहर आई और उसने अपने फ़ोन को उसके साथ सिंक कर दिया।

गार्गी: 'आप लोग क्या सुनना चाहेंगे?'

नचिकेत: 'अब तुमने हमें विकल्प दिया ही है तो...' गार्गी ने आंखें सिकोड़कर अपने पति की ओर देखा, और फिर अपनी नाक सिकोड़ी और मुस्कुरा दी। नचिकेत ने प्रेमपूर्वक उसकी ओर देखा।

लोपामुद्रा: 'क्या हम "आत्म शतकम्" सुनें?'

अनिर्बान: 'वो क्या है?'

लोपामुद्रा: 'तुम शायद इरो "शिवोहम् शिवोहम्" के नाम से जानते होंगे। कहा जाता है कि इसकी रचना आदि शंकराचार्य[65] ने की थी।'

गार्गी: 'या रुकें, मैं कोई ख़ुशी भरी और मस्त चीज़ लगाती हूं। राग यमन,[66] पापा? उम्मीद है कि जब पृष्ठभूमि में यमन बज रहा हो, तो बातें करना बहुत अनुचित नहीं होगा।'

लोपामुद्रा: 'जब तक कि तुम श्री या मारवा ही नहीं लगा रही हो। वो ध्यान की मांग करते हैं। वो गंभीर राग हैं। राग श्री का संबंध भक्ति और समर्पण से है, और राग मारवा चिंतनशील है, यहां तक कि विषादपूर्ण भी।[67]'

धर्म राज: '...*निषादांचि हुरहुर दखवणरा, ऋषभचे आक्रांदन कर्णरा आणि षड्जच आसरा शोधनारा तोए मारवा!* पु. ल. देशपांडे...'

नचिकेत: '*वो मारवा! निशाद की आशंकित चिंता और विलाप करते ऋषभ को व्यक्त करने के बाद यह षड्ज की शरण लेता है...*'

गार्गी: 'तो, ठीक है! पेश है नीलाद्रि कुमार द्वारा प्रस्तुत राग यमन।'

पंद्रह मिनट तक ऐसा लगता रहा जैसे सितार के साथ एक सौम्य सी छेड़छाड़ ख़ामोशी की गूंज को सजा रही हो। इसने हवा में ख़ुशी सी भर दी। शाम का मूड बड़ी नज़ाकत से बदल गया।

अनिर्बान: 'अंकल, आप परिवर्तन के बारे में बात कर रहे थे—वो देवता जो परिवर्तन करते हैं।'

धर्मराज ने आंखें नहीं खोलीं।

लोपामुद्रा: 'अगर ये समय परिवर्तन का है, तो ये समय देवों के देव-महादेव-भगवान शिव का है। आप पाएंगे कि जब आप परिवर्तन के लिए तैयार होंगे तो आपके इष्ट देवता भी बदल सकते हैं, और आप महादेव के प्रति खिंचाव महसूस करने लगेंगे। जैसे-जैसे आप जीवन में बदलते हैं, वैसे-वैसे आपके इष्ट देवता भी सूक्ष्म रूप से बदलते हैं।'

ऋषि भृंगी भगवान शिव के उत्साही भक्त हैं जिनकी सुबह का आरंभ भगवान की सात परिक्रमाओं के साथ होता है। हमेशा। एक सुबह वो अपने भगवान के पास पहुंचते हैं लेकिन वो उनकी पत्नी देवी पार्वती को उनके बग़ल में बैठा पाते हैं। वो दंपती के बीच ख़ुद को दबाते हुए सावधानीपूर्वक अपने गुरु की परिक्रमा करते हैं ताकि उन्हें प्रभु की पत्नी को शामिल न करना पड़े। देवी पार्वती रुष्ट हो जाती हैं। प्रसन्नमना प्रभु उन्हें सुझाव देते हैं कि वो और निकट आ जाएं और स्वयं को इस सम्मान में शामिल कर लें।

वो ऐसा ही करती हैं। तो ऋषि भृंगी चूहे का रूप धर लेते हैं और दोनों के बीच में भागते हैं। वो फिर से अलग कर दी जाती हैं। अब भगवान अपनी पत्नी को उठाकर अपनी गोद में बिठा लेते हैं लेकिन ऋषि भृंगी भी हार मानने वाले नहीं है। वो ख़ुद को एक छोटे से पक्षी के रूप में बदल लेते हैं और देवी को छोड़कर अपने भगवान के चारों ओर उड़ने लगते हैं। वो क्रुद्ध होती हैं, और प्रभु उन्हें समेटकर अपना भाग बना लेते हैं। वो आधे-आधे, एक-दूसरे में मिल जाते हैं। अब वो अर्धनारीश्वर हैं—आधे नर, आधी नारी।

ऋषि भृंगी नहीं मानेंगे। वो ख़ुद को मधुमक्खी में बदल लेते हैं और दाहिनी ओर भिनभिनाते हैं। भगवान शिव जानते हैं कि उनके महान भक्त के लिए अस्तित्व की वास्तविक प्रकृति को समझने का समय आ गया है। योग के देवता शिव सिद्धासन में बैठ जाते हैं। यह दोनों टांगों के बीच कोई जगह नहीं छोड़ता है। भृंगी समझ जाते हैं कि उन्हें बिना किसी अलगाव के स्त्री और पुरुष के आवेग का सम्मान करना चाहिए। वो ऐसा ही करते हैं।[68]

आधुनिक समय में भगवान शिव को अक्सर हिंदू त्रिदेवों में 'विनाशक' कहा जाता है। यह शायद अपर्याप्त ज्ञान है। अधिक उपयुक्त रूप से कहें तो वो परिवर्तक हैं, क्योंकि ब्रह्मांड में कुछ भी नष्ट नहीं होता है, बस रूप बदलता है। एक बहुमुखी प्राणी होने के साथ-साथ वो एक तपस्वी हैं जो एक कुशल नर्तक और संगीतकार भी हैं, एक गृहस्थ हैं जो योग के संरक्षक देवता हैं। वो विघ्नहर्ता हैं लेकिन उन्होंने प्रारंभिक संस्कृत व्याकरण की भी रचना की है।

उनकी पूजा शिवलिंग के प्रतिष्ठित रूप और एक गृहस्थ के रूप में की जाती है। वो अपनी पत्नी, देवी पार्वती के पास बैठते हैं, जबकि उनकी संतान, भगवान गणेश और भगवान कार्तिकेय, उनकी गोद में बैठे होते हैं। जैसा कि पहले बताया गया है, उत्तर भारत में भगवान गणेश छोटे पुत्र हैं, जबकि दक्षिण भारत में भगवान गणेश बड़े हैं। उत्तर भारतीयों के लिए भगवान कार्तिकेय ब्रह्मचारी हैं, जबकि दक्षिण भारतीय मानते हैं कि उनकी दो पत्नियां हैं, वल्ली और सेना।

चिंतनशील योगी के रूप में भगवान शिव ने सांपों के राजा वासुकि को अपने गले में लपेटा हुआ है। उनके सिर पर अर्धचंद्र विराजमान है, जिससे उनका नाम चंद्रमौली पड़ा। एक योगी के शांत, अनुशासित मन के साथ वो भावनाओं को शांत करने का प्रतीक हैं। समझने वाली दोनों आंखें बंद हैं, क्योंकि वो चिंतन में भीतर उतर गए हैं। भगवान शिव अंतर्ज्ञानी हैं। छठी इंद्रिय। वो उससे वो सब कुछ देख लेते हैं जो दो आंखें नहीं देखतीं।

उनके बग़ल में एक त्रिशूल है। ये तीन गुणों—सत्व, रजस और तमस—का प्रतीक है। ये गुण हमारी अनूठी प्रकृति का प्रतिनिधित्व करते हैं। त्रिशूल के साथ एक डमरू बंधा हुआ है; शिव लय और व्यवस्था हैं। हममें से प्रत्येक को लयबद्ध जीवन खोजना चाहिए जो हमारी प्रकृति के अनुकूल हो और हमारे गुणों को संतुलन में लाए। क़दम दर क़दम।

शिव ओम् हैं। माना जाता है कि ओम् ब्रह्मांड की पहली ध्वनि थी। ध्वनि ऊर्जा गति से उत्पन्न होती है और भौतिकी हमें सिखाती है कि ब्रह्मांड में कुछ भी स्थिर नहीं

है, सब कुछ कंपन करता है। और जब गति लय प्राप्त कर लेती है, तो व्यवस्था बन जाती है।

भगवान शिव गृहस्थ हैं और बैरागी भी हैं। वो भांग पीते हैं, और योग के प्रवर्तक आदि योगी भी हैं, जो कि शारीरिक, मानसिक, भावनात्मक और आध्यात्मिक संतुलन का मार्ग है। वो अपरिष्कृत, यहां तक कि भयानक साथियों को पसंद करते हैं और इसी के साथ वो जिस तरह से अपनी पत्नी के साथ व्यवहार करते हैं वो शालीनता का पाठ है। वो त्याग का प्रतीक हैं, लेकिन वो अपनी पत्नी के साथ जैसा आसक्तिपूर्ण प्रेम करते हैं, वो कथाओं का विषय है। वो एक अभिजात्य-विरोधी भगवान हैं, जो हमेशा दीन-हीन, बेसहारा और हाशिए पर रहने वाले लोगों के पक्ष में रहते हैं। और, साथ ही, वो कई कलाओं के प्रवर्तक, और अभिजात वर्ग के प्रिय हैं; भले ही वो ऐसे कपड़े पहनते हैं जो सभ्य समाज में अस्वीकार्य होंगे: बाघचर्म और नग्न धड़ पर लिपटी राख। वो नटराज (नृत्य के भगवान) हैं, और अपने भयानक दोस्तों के साथ श्मशान घाटों में नृत्य करते हैं। वो विरोधाभासों का भंडार हैं।

भगवान शिव परिवर्तन के माध्यम से हमारे भीतर संतुलन, सौंदर्य, लय, व्यवस्था और आत्म-निपुणता प्राप्त करने की क्षमता का प्रतिनिधित्व करते हैं।

धर्म राज: 'परिवर्तन आंतरिक होता है, और इसके लिए आवश्यक पहला क़दम भ्रम है। भगवान शिव विरोधाभासों के देवता हैं। वो भ्रमित करते हैं और उलझन में डालते हैं। वो सतर्क ध्यान हैं। लेकिन वो भड़काते भी हैं। वो उत्साहित करते हैं। कभी-कभी भगवान शिव आपको पूरी तरह भटका सकते हैं। पर उसमें भी प्रयोजन होता है।'

लोपामुद्रा: 'भटकने से आपको स्वयं को देखने का अवसर मिल सकता है। भगवान शिव आपके वास्तविक स्वरूप को उस अंधेरे और छाया से बाहर निकाल सकते हैं जहां वो छिपा हुआ है। वो आपको प्रेरित करते हैं कि स्वयं को मूर्ख बनाना बंद करें। और आपके अंदर ख़ुद को बदलने की चाह पैदा करते हैं।'

गार्गी: 'क्या यह वैसा ही नहीं लगता जैसा पहले देवी दुर्गा के बारे में कहा गया था?'

लोपामुद्रा मुस्कुराईं। 'आध्यात्मिक मार्ग एक ही लक्ष्य तक ले जाते हैं। आत्मबोध, आत्म-नैपुण्य और फिर अपनी क्षमता को पूरा करने की दिशा में विकास। आंतरिक एकीकरण और फिर जीवन के साथ बाह्य एकीकरण। अपने भीतर आंतरिक सद्भाव और समस्त जीवन के साथ बाहरी सामंजस्य पाना ही लक्ष्य है। अलग-अलग लोगों के लिए अलग-अलग स्ट्रोक काम करते हैं। हर व्यक्ति में एक अलग प्रतिध्वनित होती है, जो उन्हें अलग-अलग चुने हुए देवी-देवताओं से जोड़ती है। याद रहे हमने कहा था कि इस खिंचाव को परिभाषित नहीं किया जा सकता। प्रेम करने की तरह, और अंतर बड़े बारीक हैं। देवी दुर्गा दर्द, क्रोध, पीड़ा, लालसा और भय को सतह पर ला सकती हैं।[69] देवी काली रोष, निराशा, आतंक, घावों, आक्रोश और विद्वेष को सतह पर ला सकती हैं।[70] आप वास्तव में इन दोनों के साथ फंस सकते हैं, इसलिए सावधान रहें!'

धर्म राज: 'लोपा, जो मुख्य बात तुमने कही वो यह थी कि जब आप देखते हैं कि तर्कों, विश्लेषणों और दोषारोपणों के मुखौटों के नीचे क्या छिपा है, तो भगवान शिव आपको ख़ुद को मूर्ख बनाने से रोक सकते हैं। वो हमारे अंतर्विरोधों और विडंबनाओं को सतह पर लाते हैं। और जब उन्हें नजरअंदाज करना असंभव हो जाता है, तो आप बदल जाते हैं।'

आदि योगी, प्रथम योगी 173

नचिकेत: 'तो, जब हम देवी दुर्गा और काली के साथ रास्ते के अंत पर पहुंच जाते हैं तो भगवान शिव हमें खींचने लगते हैं। *अगर* और जब हम उस रास्ते के अंत पर पहुंचते हैं।'

लोपामुद्रा: 'या, वो उस रास्ते से जुड़ सकते हैं। विशेषकर देवी काली के साथ। याद रखो, वो परिवर्तन की देवी हैं। वो अकेले क्रोधित होती हैं और उग्र होती हैं। भगवान शिव उन्हें शांत करते हैं और साथ मिलकर वो रूपांतरण कर सकते हैं।'

> देवी दुर्गा ने महिषासुर को पराजित कर दिया है। अब वो भयंकर असुर रक्तबीज से युद्ध करती हैं, लेकिन राक्षस शक्तिशाली देवी के लिए अजेय सिद्ध होता है। भगवान ब्रह्मा के वरदानस्वरूप रक्तबीज के हर घाव के साथ धरती पर गिरने वाले रक्त की हर बूंद असंख्य रक्तबीजों को जन्म देती है। यह एक भयंकर गतिरोध है।
>
> स्थिति को नियंत्रित करने के लिए देवी काली को बुलाया जाता है। मोर्चा संभालते हुए वो रक्त की एक भी बूंद धरती पर गिराए बिना, राक्षस और उसके सभी हमशक्लों को निगल जाती हैं। लेकिन अब वो क्रोधित हो गई हैं। वो रक्तपिपासु हो गई हैं। देवी काली उत्पात मचा देती हैं और कई अन्य राक्षसों को मार देती हैं। चामुंडा के रूप में वो चंड और मुंड राक्षसों का वध कर देती हैं। उग्र देवी को रोकना असंभव हो जाता है और वो जिस तरह की तबाही मचा रही हैं उससे ब्रह्मांड की स्थिरता ख़तरे में पड़ गई है। देवता एक-एक करके उनके पास आते हैं, लेकिन उन्हें शांत करने में असमर्थ रहते हैं। भगवान विष्णु आते हैं, लेकिन वो भी रक्तपिपासु देवी को शांत करने में विफल रहते हैं। वो उनके पति मौन भगवान शिव के पास जाते हैं। भगवान शिव धरती पर लेट जाते हैं और उग्र देवी भूले में

अपने पति पर पांव रख देती हैं। भयातुर होकर वो तुरंत शांत हो जाती हैं और ग्लानि और चिंता से अपनी जीभ बाहर निकालती हैं। भय थम जाता है।

वो रूप परिवर्तन कर लेती हैं और स्थिर और सुंदर देवी गौरी बन जाती हैं।

देवी काली, देवी पार्वती का सबसे विकराल रूप हैं। वो भयंकर देवी मां हैं, विनाश की और भयंकर करुणा का भी प्रतीक हैं। वो केवल नवीनीकरण और परिवर्तन के लिए नष्ट करती हैं। वो भय और विस्मय जगा सकती हैं। वो उग्र काली, और दीप्त काली दोनों हैं। वो भय को पकड़ती हैं और उसे करुणा और समझ में बदल देती हैं। यदि हम अंधकार को अपने भीतर समाहित कर लें, तो हम जागरूक हो जाते हैं।

वो चारुनेत्र हैं, और कामेश्वरी हैं। अगर हम डरते हैं तो वो डर पैदा करती हैं, और अगर हम उनकी परिवर्तनकारी संभावनाओं को अपनाते हैं तो अंतर्दृष्टि और करुणा पैदा करती हैं। पीड़ा से समझ की रौशनी उत्पन्न होती है।

देवी काली देवी मां का सबसे उग्र रूप हैं। तांत्रिक शैव धर्म के कौलाचार में उन्हें अंतिम वास्तविकता के रूप में पूजा जाता है। महाकाली उनका दस हाथों वाला रूप हैं, जबकि भद्रकाली सौम्य रूप हैं। दक्षिणकाली और वामकाली देवी के तांत्रिक रूप हैं।

जैसा कि देवी मां के गौरवान्वित उपासक बंगाली अक्सर कहते हैं, 'शोबी माएर इच्छे! (सब मां की इच्छा है!)[71]'

गार्गी: 'मेरे लिए तो यही ठीक है। आप लोग मुझे मजबूर कर रहे थे कि देवी दुर्गा और काली के प्रति अपने रुझान के लिए ख़ुद से सवाल पूछूं। मैं ख़ुश रहने वाली इंसान हूं, धन्यवाद!'

धर्म राज: 'देवी काली को नज़रअंदाज़ करना असंभव है। वो विनाश और तबाही की प्रतीक हैं। वो अपने शत्रुओं का ख़ून पीती हैं। शांभवी चोपड़ा उनकी छवि को भयंकर कहती हैं लेकिन साथ ही, उन्हें "सहानुभूति या करुणा के रूप में अपने आशीर्वाद द्वारा आश्वस्त करने वाली" भी कहती हैं।[72] सद्गुरु भगवान शिव को "कालेश्वर, महाकाल" कहते हैं, जबकि महाकाली उनकी "नारी समरूप" हैं... समय के साथ "विनाश एक नई सृष्टि की बुनियाद बन जाता है।"[73]

गार्गी: 'प्रचंड करुणा। प्रकाश अंधकार से पैदा होता है...'

लोपामुद्रा: 'भगवान शिव समाज के हाशियों और चरम सिरों पर रहने वाले लोगों के साथ बहुत अच्छे रहते हैं। वो लोग जो घिसे-पिटे रास्तों पर नहीं चलते या समाज के स्वीकृत नियमों के अनुसार नहीं जीते। दोनों सिरों पर—जीनियस और नवप्रवर्तक, और साथ ही वो लोग होते हैं जो नियमबद्ध जीवन को छोड़ देते हैं।'

अनिर्बान: 'यानी, यदि अमेरिकी मूर्ति-पूजक होते, तो भगवान शिव अमेरिकी बाइकर गैंगों और रॉक समूहों के भगवान हो सकते थे! उन्हें विरोधाभासों का भगवान क्यों कहा जाता है?'

गार्गी: 'यह तो स्पष्ट है, अनिर्बान। वो भस्म मले रहते हैं और अच्छे वस्त्र नहीं पहनते हैं। लेकिन वो कला और सौंदर्य के स्वामी भी हैं। वो नशा करते हैं लेकिन स्वास्थ्य, कल्याण और समता के मार्ग के संस्थापक आदि योगी हैं।'

धर्म राज: 'वो एक तपस्वी और एक सुखी गृहस्थ दोनों हैं। एक ऐसे योगी हैं जो एक कामुक प्रेमी भी है। तुम्हें संस्कृत बस इसलिए सीखनी चाहिए ताकि तुम कालिदास का *कुमारसंभव* पढ़ सको। यह हमारे दौर के सबसे उत्कट उदारवादी को भी चकित कर देगी।'

गार्गी: 'मां उन्हें "भोलेनाथ" कहती थीं। लेकिन उनका क्रोध लोगों के दिल दहला देता है। भोलापन भयावह कैसे हो सकता है?'

अनिर्बान: 'अब होगा हमला, गार्गी। तुमने मुझे मौक़ा दे दिया है। तुमने दो असंबद्ध गुण लिए, उन्हें एक साथ रखा और एक प्रश्न बना लिया। यह बौद्धिक लग सकता है लेकिन इसका कोई मतलब नहीं है। मैं समझाता हूं... आंटी उन्हें भोलेनाथ कहती थीं। उदाहरण के लिए, मैं पूरे सम्मान के साथ कहता हूं कि भोलेपन की तीन आंखें नहीं हो सकतीं। या कि भोलापन नाच नहीं सकता। ये असंबद्ध गुण हैं। तुम्हारे कथन का कोई मतलब नहीं बनता।'

गार्गी: 'ठीक है, दोस्त। मैं इसे फिर से कहूंगी: भोलापन भयावह कैसे हो सकता है? और मैं इसे इस जवाब के साथ तुम्हारी बात से अलग करती हूं। भोलापन भयभीत नहीं कर सकता लेकिन भोलेपन की तीन आंखें हो भी सकती हैं और नहीं भी। न्यूज़ीलैंड का छिपकली परिवार का टूअटारा याद है? उनमें से निश्चित रूप से कुछ भोले-भाले होंगे, कुछ नहीं होंगे! तीन आंखों वाले चीनी एरलांग शेन के बारे में क्या कहोगे, जिसका एक बार मलीवलया ने ज़िक्र किया था? कुछ इमेज भयंकर होती हैं जबकि कुछ ताओवादी इमेज बेहद सौम्य होती हैं। भोलापन नाचने या न नाचने का विकल्प चुन सकता है। लेकिन मैं डंके की चोट पर कहती हूं, भोलापन भयंकर नहीं हो सकता। क्या तुम्हें किसी शिशु से डर लगता है?'

नचिकेत की अ-भोली आंखें शरारत में नाच रही थीं। उसने अपने ससुर की ओर देखा, जिन्होंने वापस उसे देखा। धर्मराज की आंखों से प्रेम में पगा मनोरंजन टपक रहा था। लोपामुद्रा सवालिया नज़रों से अनिर्बान को देख रही थीं।

नचिकेत: 'कोई बात नहीं, मां। ये दोनों ऐसे ही हैं। इन्हें अपनी नोक-झोंक में मज़ा आता है। कभी-कभी ये नोक-झोंक एकदम फ़ालतू होती है।'

आदि योगी, प्रथम योगी 177

अनिर्बान: 'नहीं, गार्गी, मुझे किसी शिशु से डर नहीं लगता। तुमसे लगता है!'

गार्गी इतना ज़ोर से हंसी जितना ज़ोर से बस वही हंस सकती थी। उसकी आवाज़ लगभग पड़ोस के भिड़े परिवार तक जा पहुंची होगी।

अनिर्बान: 'नचिकेत, क्या ये भोली है?'

नचिकेत: 'आमतौर पर।'

चीनी देवी याओजी स्वर्ग में इच्छा के राज्य पर शासन करती हैं और स्त्री-पुरुषों पर लालच, महत्वाकांक्षा और स्नेह के प्रभावों को नियंत्रित करती हैं।

एक दिन एक दुष्ट लाल ड्रैगन स्वर्ग के अपने कारागार से भाग निकलता है और नश्वर दुनिया में उतर जाता है। देवी याओजी उसका पीछा करती हैं लेकिन ड्रैगन के साथ भयंकर लड़ाई में घायल हो जाती हैं। पृथ्वी का एक विद्वान व्यक्ति यांग तियान्यू सुंदर देवी को बचाता है और उनकी देखभाल करके उन्हें फिर से स्वस्थ कर देता है। दोनों को एक दूसरे से बेइंतेहा प्यार हो जाता है। उनकी तीन संतान होती हैं, जिनमें से दूसरी संतान एरलांग शेन देवता है।

एर का अर्थ है दो, *लांग* भेड़िया, और *शेन* देवता है। तो, वो दो भेड़ियों वाला देवता है।

देवता एरलांग शेन के माथे के बीच में तीसरी आंख है। यह उसकी सत्यान्वेषी आंख है।

वो ऋषि योद्धा है जो पृथ्वी पर मनुष्यों की और स्वर्ग में देवताओं की रक्षा करता है। वह राक्षसों और ड्रैगनों को मारता है। वो विचारक और इंजीनियर भी है जो बाढ़ को

> रोकता है और मनुष्यों तक पानी पहुंचाने के लिए सिंचाई प्रणाली का निर्माण करता है।
>
> देवता एरलांग शेन के साथ उसका वफ़ादार कुत्ता शाओशियन क्वान भी है जो उसके कामों में उसकी मदद करता है। वानरराज सुन वुकोंग के साथ लड़ाई में, शाओशियन क्वान उसके पैर पर काट लेता है और इस तरह जीतने में अपने मालिक की मदद करता है।
>
> एरलांग शेन तीन आंखों वाला—सत्यान्वेषी देवता है जिसके साथ निष्ठावान दिल का कुत्ता है।[74]

अनिर्बान: 'मैं बस कह रहा हूं, गार्गी... भोलेपन और आतंक का प्रदर्शन अलग-अलग समय पर किया जा सकता है।'

गार्गी: 'ठीक है, बाबा। तुम जीत गए। ख़ुश?'

धर्म राज: 'अनिर्बान, दिव्य प्रतिमा विज्ञान विभिन्न क्षणों के बारे में इतना नहीं है जितना आत्म-चेतना के विभिन्न स्तरों के बारे में है। विभिन्न स्तरों पर भगवान शिव भोले और विकराल हैं। वो विभिन्न स्तरों पर तपस्वी और कामुक हैं। वो विभिन्न स्तरों पर ध्यान का और भटकाव का प्रतीक भी हैं। आप ख़ुद को एक गुण तक पहुंचते पाते हैं, जबकि कोई दूसरा व्यक्ति किसी दूसरे गुण तक पहुंच बना रहा है... या आप अपने जीवन में विभिन्न क्षणों में विभिन्न स्तरों तक पहुंच बना रहे होते हैं। यह देखना चाहिए कि हम किस तक पहुंच बना रहे हैं... और जब वो भगवान शिव हों, तो हमें अपने भीतर के विरोधाभासों पर ध्यान देना होगा।'

लोपामुद्रा ने बात जारी रखी। 'वो एक झटके में हमें अपने कम्फर्ट ज़ोन से बाहर निकाल देते हैं और हमारा सामना हमारे विरोधाभासों से कराते हैं। यदि हम उन्हें स्वीकार करने और उनका समाधान करने में सक्षम हो जाते हैं, तो हम संतुलन और लय की ओर बढ़ते हैं।'

डॉ. आदर्श: 'जैसा कि गार्गी ने कहा, चीज़ें दूसरी दिशा में भी जा सकती हैं।'

धर्म राज: 'बेशक। भगवान शिव आपको पूरी तरह से डगमगा सकते हैं। आप या तो ख़ुद को नीचे गिरा लें या ऊपर उठाएं।'

अनिर्बान: 'कैसे? आप हमारे मन पर एक भगवान के प्रभाव की बात कर रहे हैं। यह कैसे होगा? पूजा से? भक्ति से? इसकी प्रक्रिया क्या है? या आप मुझसे इसे फ़ेस-वैल्यू पर लेने को कह रहे हैं? तब यह विश्वास है। आस्था है।'

धर्म राज: 'संदर्भ प्रतीकात्मक हैं, और प्रतीकों तक पहुंचने का सबसे अच्छा तरीक़ा चिंतन और अंतर्ज्ञान है। "कैसे" के बारे में लोपा की और मेरी बातें तुम पर लागू नहीं होंगी क्योंकि तुम बिल्कुल अलग इंसान हो। लोपा और मेरी एप्रोच भी बहुत अलग होगी। लेकिन यह कहा जा सकता है कि प्रतीक और माइथोलॉजी संदर्भ देते हैं। कहते हैं कि असंतुलित और संतुलित दोनों का झुकाव भगवान शिव की ओर होता है। शिवजी की बारात की तरह जिसमें वो सभी थे: देवता, पिशाच, हंसते, रोते और दुखी लोग। जैरा लोपा ने कहा ख़ुद को ऊपर उठाओ। मेरा मानना है कि हम ख़ुद को अपनी क्षमता की ओर उठाने की कोशिश करें। *चिदानंद रूप: शिवोऽहम् शिवोऽहम्।* इन दोनों अवधारणाओं पर चिंतन करें। और चिंतन करते समय अपने संशय को एक ओर रखने का प्रयास करें। इसमें अपना दिल लगाएं।'

गार्गी: 'तो हम या तो "शिवजी की बारात" के, उनके "उन्मादियों" के प्रमाणित सदस्य बन सकते हैं, या हम अपना शैव केंद्र, शांति और संयम पा सकते हैं। *चिदानंद रूप:*—यह सच है कि दूसरे कोई देवी-देवता अपने भक्तों में उस तरह की भक्ति, प्रेम और जुनून पैदा नहीं करते जैसा भगवान शिव करते हैं।'

> स्थितप्रज्ञ भगवान विष्णु 1,000 नीलकमलों से भगवान शिव की आराधना करने का निर्णय लेते हैं। वो 1,000 वर्ष तक हर दिन प्रार्थना करते हैं। सुबह को वो फूल इकट्ठा करते हैं और फिर अपने आसन पर बैठ जाते हैं। वो एक-एक फूल को श्रद्धापूर्वक उठाते हैं और महादेव को अर्पित करते हैं।
>
> एक दिन महादेव भगवान विष्णु की राह में एक परीक्षा—एक अड़चन—खड़ी करते हैं। वो एक फूल चुरा लेते हैं। अनजान भगवान विष्णु अपनी प्रार्थना शुरू करते हैं। वो भगवान के प्रति अपनी भक्ति प्रकट करते हुए, सावधानी से एक बार में एक फूल अर्पित करते हैं। वो अंतिम फूल उठाते हैं। गिनती 999 रह जाती है। उन्हें पता चलता है कि एक फूल कम रह गया है। दुखी होकर वो अपना कमलाकार बायां नेत्र निकालते हैं और महादेव को अर्पित कर देते हैं। गिनती पूरी हो जाती है—1,000।
>
> द्रवित होकर भगवान शिव तुरंत प्रकट हो जाते हैं। वो कमलाकार सुंदर नेत्र को वापस लगा देते हैं और अपने महाभक्त को सुदर्शन चक्र प्रदान करते हैं। यह विनाश का परिक्रामी चक्र है। तब से यह भगवान विष्णु के पास है।[75]

लोपामुद्रा: 'भगवान शिव के कुछ उन्मादी, भावुक और यहां तक कि तामसिक अनुयायी भी हैं। याद रखो, रावण भी भगवान शिव का भक्त था। भगवान हर तरह के अनुयायियों को स्वीकार करते हैं, उनसे प्रेम करते हैं और उन्हें स्थान देते हैं। कुछ उनके शिष्य बन जाते हैं। कुछ पूरी तरह से बदल जाते हैं।'

अनिर्बान: 'आंटी, मुझे लय और संतुलन के बारे में आपकी बात पसंद आई। सौर मंडल में लय है; हमारे दिल की धड़कन में लय है। लय में किसी भी तरह की गड़बड़ी मुसीबत को दावत देती है।'

धर्म राज: 'लय के बिना, न कोई अनुशासन है न सुंदरता। साथ ही, जब लय नहीं होती, तो हमारे विचार और भावनाएं अनियंत्रित हो जाते हैं।'

गार्गी: 'काम भी। यह सब जुड़ा हुआ है। यहां तक कि हमारी सांस भी लयबद्ध होनी चाहिए। जब हम लय खो देते हैं, तो हम ऊर्जा खो देते हैं। मूलत:, एक अलयबद्ध जीवन असंतुलित हो जाता है।'

अनिर्बान: 'नटराज के बारे में क्या?'

गार्गी: 'उनके बारे में क्या?'

अनिर्बान: 'ये हमसे क्या कहते हैं?'

लोपामुद्रा: 'बहुत कुछ। हम कहां से शुरू करें और कहां अंत करें? हम आज की बाक़ी शाम में नटराज पर बात कर सकते हैं।'

धर्म राज: 'देखो, नटराज *नाट्य शास्त्र* से हैं। नटराज भगवान शिव हैं, नृत्यराज। नटराज तांडव जैसे कई भव्य नृत्य करते हैं। वास्तव में, तांडव नृत्य अनेक हैं। उनमें से एक है त्रिपुर तांडव नृत्य। लास्य नृत्य इसका प्रतिरूप है।'

> तारकासुर के तीन बेटे हैं: तारकाक्ष, विद्युन्माली और कमलाक्ष। तीनों को एक साथ त्रिपुरासुर (जो भाईचारे के अटूट बंधन में जुड़े हैं) कहा जाता है। एक सुबह वो सृष्टि-रचयिता भगवान ब्रह्मा की आनुष्ठानिक उपासना में बैठते हैं। वो रुकते नहीं हैं। घोर तपस्या हज़ारों वर्ष चलती रहती है। भगवान ब्रह्मा उनके तप से प्रसन्न हो जाते हैं और उनकी इच्छा—त्रिपुर, तीन ब्रह्मांड—प्रदान करते हैं। अब उनके पास सोने, चांदी और लोहे से बने तीन अभेद्य गढ़ हैं।

पहले तो तीनों भाई शांति से रहते हैं। फिर एक के बाद एक ऐसी परिस्थितियां बनती हैं जो उनके भाईचारे को तोड़ देती हैं। अव्यवस्था फैलने लगती है और वो अपना संयम खो बैठते हैं। अपने सुरक्षित नगरों से तीनों भाई अराजकता और अव्यवस्था उत्पन्न कर देते हैं। देवता मूक होकर देखते रहते हैं, क्योंकि उनके क़िले अभेद्य हैं। मजबूर होकर वो भगवान शिव से सहायता मांगते हैं, जो भाइयों से युद्ध करते हैं और यह भयंकर और अनवरत युद्ध तीन दिन चलता है। युद्ध के दौरान, भगवान महादेव का क्रोध स्थिर गति में—मानो एक लय में—बढ़ता जाता है। आख़िरकार उनका क्रोध प्रचंड और निर्मम हो जाता है। तीनों पुरों को एक ही अस्त्र—पशुपतिअस्त्र—से जलाकर राख कर दिया जाता है। तीनों भाई जलकर राख हो जाते हैं।

टकराव का असर बना रहता है। अतिशय ऊर्जा को भौतिक संसार और भावनाओं की अस्थिर दुनिया दोनों में व्यवस्थित रूप से ख़त्म करना होता है; विशेष रूप से क्रोध की तीव्र ऊर्जा को। उत्थान के बाद पतन निश्चित है। तो, अब भयावहता है, क्योंकि भगवान शिव अभी भी क्रुद्ध हैं। उनके क्रोध को समान लयबद्धता और अनुशासन के साथ कम होना होगा और एक बार फिर से शांति को स्थान देना होगा। और इसलिए वो त्रिपुर तांडव नृत्य करने लगते हैं।[76]

उनकी मुद्राएं दृढ़, तीखी और बलपूर्ण हैं। उनके ओज से ब्रह्मांड का संतुलन ख़तरे में पड़ जाता है। यह उल्लास और विजय का नृत्य है। यह क्रोध और शक्ति का नृत्य है। यह विनाश का परम नृत्य है। उनकी पत्नी देवी पार्वती स्पष्ट रूप से देखती हैं कि उनके पति को शांत किए जाने की ज़रूरत है। वो उठती हैं और उनके सामने आ

> जाती हैं। स्त्रीत्व सौम्यता से पुरुषत्व की निगाह को बांध लेता है और देवी लास्य[77] नृत्य शुरू कर देती हैं। उनकी मुद्राओं में प्रवाहपूर्ण लचीलापन और कोमल अनुग्रह है। उनके अंग सम्मोहक गोलाई में धुंधला जाते हैं, और सीधा प्रकाश उनके शरीर की लचक में घुल जाता है। शिव का क्रोध पार्वती के आनंद और सुरुचिपूर्ण सौंदर्य के एकदम विपरीत है। शिव देखते हैं कि उनका क्रोध पार्वती की करुणा और लावण्य में एक कर्कश अस्तित्व है।
>
> लय ने माधुर्य को जन्म दे दिया था और उनका संयुक्त अनुनाद सामंजस्य को जन्म देता है। उनके पुरुषोचित और स्त्रियोचित स्पंदन संतुलन पा लेते हैं। *शक्ति* की प्रतीक होने के कारण देवी नेतृत्व करती हैं। शिव अनुसरण करते हैं और तटस्थता की ओर बढ़ते हैं।
>
> पुरुषत्वपूर्ण और स्त्रैण ऊर्जाएं *अर्धनारीश्वर* के भौतिक रूप में विलीन हो जाती हैं—जो पौरुष और स्त्रैण ऊर्जा की अविभाज्यता का प्रतीक है।[78]

धर्म राज: 'भगवान शिव के नृत्य हमारी रूपांतरणकारी यात्रा के प्रतीक हैं। प्राचीन कला ने तांडव की सभी मुद्राओं को प्रतिबिंबित किया है। इसमें रुद्र तांडव का बलपूर्ण रोष है और आनंद तांडव की एकीकृत चेतना है। लेकिन लोपा की बात सही है। हम नटराज की बात कहां से शुरू करें और कहां ख़त्म करें?'

लोपामुद्रा: 'मेरी राय है कि हम ख़ुद को अपस्मार तक ही सीमित रखें।'

धर्म राज: 'हमेशा की तरह बहुत बढ़िया सुझाव, दार्शनिक महोदया!'

गार्गी: 'अपस्मार कौन है?'[79]

लोपामुद्रा: 'तुमने नटराज को कितने ध्यान से देखा है? तुमने भगवान शिव के दाहिने पैर के नीचे कुछ देखा है?'

नचिकेत: 'वो एक दानव को अपने पैरों के नीचे कुचल रहे हैं, है ना? वो ज़रूर कोई राक्षस होगा।'

लोपामुद्रा: 'वो एक राक्षस ही है, लेकिन उस तरह का नहीं जैसा तुम सोचोगे, नचिकेत। संस्कृत में "अपस्मार" का अर्थ है "याददाश्त की कमी," और यह मिर्गी[80] के संदर्भ में भी प्रयोग किया जाता है। भगवान शिव के पैर के नीचे जो राक्षस है वो सचेतन स्मृति की संभावना का प्रतीक है। नासमझी से याददाश्त में घुसने से लेकर सचेतन स्मृति तक।'

अनिर्बान: 'याद तो याद है। यह जब चाहे सामने आ जाती है।'

धर्म राज: 'ज़्यादा दुख की बात है... संयोग से, संस्कृत में "स्मर" का मतलब "स्मृति" होता है। और "अपस्मार" "स्मृति का निषेध" शब्द मिर्गी के लिए भी है। दौरे। आदर्श, मेरा ख़्याल है कि तुमने मिर्गी के दौरे वाले मरीज़ देखे होंगे?'[81]

डॉ. आदर्श: 'देखे हैं, अंकल। कई बार। जब पहली बार देखा था, तो मैं सीएमसी (क्रिश्चियन मैडिकल कॉलेज, वेल्लोर) में रात की ड्यूटी पर था। मैं कॉमन रूम में सो रहा था कि एक नर्स ने आकर मुझे जगा दिया। वो एक आठ साल का बच्चा था—' डॉ. आदर्श को अपना गला रुंधता सा महसूस होने लगा। यह अजीब सा था। ऐसा लगता था जैसे वो उस कमरे में वापस पहुंच गए हों और उसी दहशत को महसूस कर रहे हों।

डर। मोह। इतने वर्ष बाद भी।

धर्म राज: 'मिर्गी का दौरा इंसान को दुनिया से काट देता है। जब यह ख़त्म होता है तो रोगी को कुछ याद नहीं रहता। कुछ भी नहीं। इसे अनुपस्थिति के दौरे कहा जाता है। व्यक्ति अनुपस्थित हो जाता है। मानो उस व्यक्ति के लिए उन क्षणों में समय का अस्तित्व ही नहीं रहता। मुझे

याद है मेरे लॉक-अप में एक नाइजीरियाई ड्रग पैडलर था जिससे मैं पूछताछ कर रहा था। अचानक, वो गिर गया। उसकी आंखें उसके माथे की ओर को घूम गईं और मुँह से झाग निकलने लगे। अपने ब्लैडर और आंतों पर उसका नियंत्रण नहीं रहा... लेकिन जिस चीज़ ने मुझे शॉक कर दिया था वो थे उसके चेहरे के भाव। हे भगवान! इंसानी मुखौटा उतर गया था।'

सब चुप हो गए।

डॉ. आदर्श: 'हां, हम इंसान एक दिखावा बनाए रखते हैं। एक सुंदर तस्वीर। न केवल सार्वजनिक रूप से, बल्कि अकेले में भी। हमारा मुखौटा बहुत कम ही पूरी तरह से गिरता है। आप जो कह रहे हैं उसका मतलब यह है कि दौरा पड़ने पर दिखावा पूरी तरह टूट जाता है। पर्दा उठ जाता है। मुखौटा चाक-चाक हो जाता है।'

गार्गी: 'दिखावा शब्द का प्रयोग करना ठीक नहीं है। दिखावा इरादे का संकेत देता है। यह बस इंसान होना है, नहीं क्या? दौरा चेतना को छीन लेता है, लेकिन जब तुम कहते हो कि मुखौटा चाक-चाक हो जाता है, तो ऐसा लगता है जैसे यह एक अच्छी बात है। जैसे कि यह वांछनीय है... मेरा मानना है कि कुछ मुखौटों को न हटाया जाना ही बेहतर है।'

धर्म राज: 'चेतना का अभाव कभी भी पूरी तरह से अच्छी चीज़ नहीं हो सकता। आध्यात्मिक उन्नति के रास्ते में, हमारी अपनी दृष्टि से आख़िरकार हर मुखौटा हट जाना चाहिए। यह परम इच्छा है—अपने अज्ञान से मुक्त होने और आत्मबोध तक पहुंचने की लालसा।'

डॉ. आदर्श: 'मिर्गी के दौरे में मस्तिष्क की अद्भुत शक्ति प्रदर्शित होती है। आदिम मस्तिष्क पूरी तरह उजागर हो जाता है। आपके पास इसे क़ाबू करने या इसे कोई और दिशा देने की कोई क्षमता नहीं है। आप अपने ही नाटक में कुछ भी करने योग्य नहीं रहते।'

गार्गी: 'आदिम मस्तिष्क से तुम्हारा क्या मतलब है? मस्तिष्क की शक्ति किस तरह प्रदर्शित होती है? मैं नहीं जानती... तुमने जो कहा वो विश्वास करने लायक़ लगता है, लेकिन क्या यह जांच पर खरा उतर सकेगा?'

डॉ. आदर्श: 'तुम्हारे अंदाज़े से कहीं ज़्यादा शक्तिशाली ढंग से, गार्गी। मैंने अभी जो कहा वो विज्ञान की पूर्ण जांच पर खरा उतरेगा। मैं मस्तिष्क की फ़िज़ियोलॉजी की बात कर रहा हूं। आदिम मस्तिष्क को रैप्टिलियन मस्तिष्क—मस्तिष्क स्टेम, सेरिबैलम इत्यादि—के रूप में भी जाना जाता है। इसके अलावा लिंबिक सिस्टम है जिसमें भावनाएं, दीर्घकालिक स्मृति आदि होती हैं। और फिर सेरेब्रल कॉर्टेक्स है, जो आदिम संरचनाओं के टॉप पर बना है, जिसमें फ्रंटल, परायटल, टेंपोरल और ऑक्सिपिटल लोब[82] होते हैं... मस्तिष्क के इन सभी भागों में एक जटिल इंटरकनेक्शन होता है। उदाहरण के लिए, टेंपोरल लोब में स्मृति भी होती है।

'हमारी सजगता की पूरी पहुंच तो सेरेब्रल कॉर्टेक्स तक भी नहीं होती है। आदिम भागों तक तो बिल्कुल भी नहीं। लेकिन वो हमारे व्यक्तित्व और हमारे व्यवहार को आधारभूत रूप से प्रभावित करते हैं। जिस हद तक हम नियंत्रित कर सकते हैं, मुखौटे, या उनके आवेगों, तक का भी हम "दिखावा" करते हैं। लेकिन वो आवेग नीचे छिपे रहते हैं।'

नचिकेत: 'इसका मतलब, जब वो आवेग जो मस्तिष्क के भीतर कहीं, हमारी चेतना के नीचे मौजूद होते हैं, अपना पूरा प्रदर्शन कर रहे होते हैं, उस समय मस्तिष्क की शक्ति प्रदर्शित होती है।'

डॉ. आदर्श: 'सीएमसी में उस रात... मुझे याद है मैं डरा हुआ था, लेकिन मैं नज़र नहीं हटा पा रहा था। मुझे मन ही मन बुरा लग रहा था कि मैं रोमांचित हो रहा हूं, लेकिन मैं कुछ नहीं कर पा रहा था।'

अनिर्बान: 'इससे मुझे एज़्टेक की अंधकार और अंधेरी धरती की उर्वरता देवी लेज़ोल्टियोटल[83] की याद आ गई। वो एक पेचीदा देवी

है—एक स्याह देवी जो वासना, बुराई और गंदगी की नियंत्रक है। सच कहूं, तो मुझे तो यह ग़लत और आदिम लगा था। बुराई की देवी?!'

धर्म राज: 'बहुत सुंदर... हमें उसके बारे में थोड़ा और बताओ।'

अनिर्बान: 'वो जन्म और मृत्यु का निरीक्षण करती है और मरणासन्नों को अपनी अगली दुनिया की यात्रा शुरू करने से पहले शुद्ध करती है। जुआरी और व्यभिचारी उसकी ओर खिंचते हैं। उसमें मानवीय पापों को दूर करने और हमें नीच कर्मों की जकड़ से मुक्त करने की शक्ति है; ऐसी शुद्धिकर्ता जो बुराइयों को ऊपर लाती है और फिर माफ़ कर देती है...'

धर्म राज: 'जब तुम उसे शुद्धिकर्ता भी कहते हो, तो वो क़तई आदिम नहीं लगती। जब तक तुम्हें गंदगी दिखेगी नहीं, तुम कमरे की सफ़ाई कैसे करोगे? जब तक हम यह नहीं देख लेते कि सफ़ाई की ज़रूरत कहां है, हम ख़ुद को कैसे साफ़ करेंगे?'

अनिर्बान: 'मिर्गी पर वापस आएं, तो क्या आपको पता है कि प्राचीन यूनानी इसे एक पवित्र बीमारी मानते थे? मुझे इसका कारण तो नहीं पता। क्या यह अपनी अक्षमता को छिपाने के लिए था क्योंकि उन्हें इसका इलाज पता नहीं था? तो, क्या वो अपनी विफलता के लिए ईश्वर को—या कहें देवताओं को—ज़िम्मेदार ठहराते थे?'

लोपामुद्रा: 'कई रैखिक प्रगतिशील लोग यही मानना चाहेंगे। हम उनकी मंशा को नहीं जान सकते। आधुनिक मनुष्य के अहंकार को इस सोच से संतुष्टि मिलती है कि प्राचीन लोग कम जानते थे। तो क्या वो उन सभी बीमारियों को पवित्र नहीं कह सकते थे जिनका वो इलाज नहीं कर सकते थे? केवल इसी को क्यों?'

धर्म राज: 'मेरा विचार इसके उलट है। मिर्गी का संबंध स्मृति से है और स्मृति महज़ स्मरण नहीं होती। स्मृति के साथ हमारे रिश्ते की प्रकृति हमारी चेतना का विस्तार करने का एक आध्यात्मिक अवसर हो सकती है। बिना सोचे-समझे स्मृति तक पहुंचने से सोच-समझकर स्मृति

तक पहुंचने तक। प्लेटो ने कहा था, "स्वयं को जानो।" स्मृति वो साधन हो सकती है जिसके माध्यम से हम अपनी चेतना को बढ़ा सकते हैं और जान सकते हैं कि हम वास्तव में कौन हैं। स्मृति हमें हमारे पशुत्व में डुबो सकती है या यह हमें पूरी तरह से उठाकर परमात्मा को छू सकती है। अगर स्मृति महज़ स्मरण है, तो हम सब अतीत की घटनाओं के लाचार पीड़ित होंगे—दानव अपस्मार के पीड़ित। पिछले अनुभव से या अगले अनुभव से कोई सीख नहीं मिलेगी।'

डॉ. आदर्श: 'आपका यह कहना दिलचस्प है। मिर्गी आमतौर पर मस्तिष्क के टेंपोरल लोब में उत्पन्न होती है, और टेंपोरल कॉर्टेक्स स्मृति का स्थान है। हर टेंपोरल लोब में अश्वमीन जितना छोटा हिपोकैंपस होता है, जो एक तरह से हमारा आंतरिक डीवीडी प्लेयर होता है। बच्चे के जन्म के समय से ही देखने, सुनने, सूंघने, और स्पर्श से जुड़ी यादें लगातार इसमें दर्ज होती जाती हैं।

'कुछ सबसे सशक्त रिकॉर्डिंग हमारे छुटपन और बचपन की होती हैं। न्यूरोसर्जन डॉ. पेनफ़ील्ड ने 1950 के दशक में इस पर अद्भुत रिसर्च की थी। उन्होंने निष्कर्ष निकाला था कि हमारी इंद्रियों से प्राप्त हुआ कोई भी इनपुट हमारे टेंपोरल लोब में बहुत बारीकी के साथ दर्ज हो जाता है। वर्तमान क्षण में यह तब "प्ले" हो जाती है जब कुछ ट्रिगर हमारी स्मृति को जगा देते हैं और वर्तमान घटना पर हमारी असंगत सी प्रतिक्रिया होती है, यह न समझ पाते हुए कि हमने ऐसा बर्ताव क्यों किया। ये ट्रिगर हमें उन पिछली घटनाओं में वापस ले जाते हैं। असल में न केवल वो घटनाएं, बल्कि उन घटनाओं से जुड़ी भावनाएं भी बहुत विस्तार से दर्ज होती हैं। घटना और भावनाएं एक साथ जुड़ जाती हैं और दोनों एक साथ सक्रिय हो जाती हैं। आप अचानक समय में पीछे चले जाते हैं। आप उस क्षण में होते हैं, और वही भावना महसूस करने लगते हैं—क्रोध, डर, उदासी, रोष, निराशा या कुछ भी। यह पहले जो हुआ उसकी ही प्रतिकृति है। डॉ. पेनफ़ील्ड ने इसे "री-लिविंग" कहा

है। आप सिर्फ़ स्मरण या याद नहीं कर रहे होते हैं। आप वहीं होते हैं। आप एक भिन्न व्यक्ति बन जाते हैं।'[84]

धर्म राज: 'यानी हम ट्रिगर हुई उसी भावना को फिर से जीकर अतीत के गहन अनुभव को फिर से जीते हैं...'

गार्गी की आंखें फैल गईं। उसने चुपके से अपने पति की ओर देखा। उसका नचिकेत सारी मानवीय भावनाओं को तीव्रता से महसूस करता था: ग़ुस्सा, अपराधबोध, इच्छा, प्रेम, करुणा, हमदर्दी, आहत होना। आहत होना। वो उन्हें दबाता नहीं था, ख़ासकर ग़ुस्से को जो उसके भीतर खौल रहा होता था, जो केवल अत्यधिक तनाव से उभर आता था।

गार्गी को इस ग़ुस्से से कभी डर नहीं लगता था, क्योंकि वो सहज भाव से समझ जाती थी कि इसका उससे कोई लेना-देना नहीं है। वो भावनात्मक रूप से पीछे हट जाती थी और सामने तभी आती थी जब ग़ुस्सा शांत हो जाता था, जैसा कि हमेशा होता था। और उसका पति अपने आत्म-निंदनीय हास्य, शांतभाव, समता और चिंताशील प्रेम के साथ वापस आ जाता था।

अभी वो लपक पड़ने के लिए तैयार घात लगाए तेंदुए की तरह बैठा था। उसकी आंखें छुरी से लगाए चीरे जैसी थीं। लेकिन फिर भी वो स्थिर था। शांत। उसने महसूस किया कि गार्गी की नज़रें उस पर थीं, और वो थोड़ा शांत हो गया। उसका चेहरा नर्म पड़ गया।

डॉ. आदर्श ने आगे कहा: 'यह ऐसा ही है जैसे आप समय में वापस चले गए हों। उसने मस्तिष्क को एक हाइ-फ़िडेलिटी रिकॉर्डर कहा था जो हर अनुभव को रिकॉर्ड करता है, शायद जन्म के पहले से ही। प्लेबैक हाइ-फ़िडेलिटी है और ये रिकॉर्डिंग निरंतर और क्रम में होती हैं।'

धर्म राज: 'बेशक रिकॉर्ड केवल वही चीज़ें होती हैं जिन पर हम ध्यान देते हैं, हालांकि इस पर हमारा हमेशा नियंत्रण नहीं होता है,

ख़ासकर बचपन में। यदि आप अपने कमरे में बिस्तर पर लेटे हैं और बग़ल के कमरे में आपके पिता आपकी मां के साथ ज़ोर-ज़ोर से बहस कर रहे हैं या इससे भी बुरा यह कि उन्हें पीट रहे हैं, तो आपका ध्यान अपने आप ही उधर चला जाता है। अगर आपकी मां किसी पर चिल्ला रही हैं या बिलख-बिलखकर रो रही हैं, तो डर और दुख आपके दिमाग़ में छप से जाते हैं।'

डॉ. आदर्श: 'डॉ. पेनफ़ील्ड ने टेंपोरल लोब को कई खंडों वाली लाइब्रेरी कहा है। ट्रिगर होने पर यह स्पष्ट रूप से रीप्ले होता है। आप वर्तमान क्षण में भी वही भावनाएं महसूस करते हैं।'

धर्म राज: 'अतीत वर्तमान को प्रभावित करता है और उस पर अपना साया डालता है। और यहीं नटराज और अपस्मार आते हैं। यहां प्रतीकात्मक संदेश है सचेत रूप से याद रखना। भगवान शिव जागृत चेतना का प्रतीक हैं। वो बेपरवाह स्मृति को अपने पैरों तले कुचल देते हैं। कश्मीरी शैव धर्म अभिज्ञान की बात करता है।'

लोपामुद्रा: 'प्रत्यभिज्ञा।'

धर्म राज: 'हां। पुन: बुद्धिमत्ता के साथ मत जियो, याद रहे। संज्ञान के साथ। ज़िम्मेदारी सभांलो।'

लोपामुद्रा मुस्कुराईं। 'चिदंबरम के नटराज को *सबील आडुम ईसन*, या संक्षेप में "सबेसन" कहा जाता है—वो देवता जो चेतना के कक्ष में नृत्य करता है। नटराज आप हैं, आप हो सकते हैं, अपस्मार पर विजय प्राप्त करने के बाद चेतना के कक्ष में नृत्य करते हुए। "अप" का अर्थ है "खोना" या "छोड़ना;" "स्मार" का अर्थ है "स्मृति।" संक्षेप में, उस स्मृति को खोना जो आपको नीचे खींचती है।'

धर्म राज: 'हम बदलाव के लिए अनिच्छुक हो सकते हैं।'

लोपामुद्रा: 'सही कहा। लेकिन अगर हम अपने अंदर कुछ तत्वों में मामूली बदलाव के लिए ही नहीं, बल्कि रूपांतरण के भी इच्छुक हों, तो अपस्मार इस प्रक्रिया का सार है। यह हमें यादों की लाइब्रेरी से उभरी

भावनाओं से प्रेरित होने के मनोवैज्ञानिक बालपन से एक सजग इंसान बनने की ओर ले जाता है। अपस्मार पर विजय प्राप्त करना इरादों को कर्म में बदल देता है।'

धर्म राज: 'भगवान शिव का परम संदेश है कि ख़ुद को आंको मत। यदि आप आंकेंगे, तो अपना पूरा सच नहीं जान पाएंगे। अपने अंदर के बुरे लड़के और बुरी लड़की को देखें। नियंत्रण अपने हाथ में लें। लेकिन माता-पिता की तरह आप यह काम "बच्चे" के प्रति प्रसन्नता, सहजता और दयालुता के साथ करें।'

लोपामुद्रा: 'और, तांडव नृत्य में अंतिम मुद्रा मोक्ष तांडव है। यह आनंदपूर्ण स्वतंत्रता को व्यक्त करता है।'

गार्गी: 'क्या आनंदपूर्ण स्वतंत्रता के पीछे भागना हमें अहंकार की ओर वापस नहीं ले जाएगा?'

लोपामुद्रा: 'अहंकार नहीं जानता कि सच्चा आनंद क्या है। यह अन्य चीज़ों को आनंद समझने की भूल करता है।'

गार्गी: 'जैसे?'

लोपामुद्रा: 'जैसे उत्साह। जुनून। उपलब्धि। मूल्यांकन। प्रशंसा। इसके अलावा सुपीरियर, शक्तिशाली, विजयी, प्रसन्न महसूस करना। बेसिकली, अहंकार को लगता है कि आत्म-अतिशयोक्ति ही आनंद है।'

नचिकेत: 'साथ ही मुझे लगता है कि अगर इसमें पीछे भागना जुड़ा है, तो लक्ष्य आनंद नहीं हो सकता।'

धर्म राज: 'आनंद ज़िम्मेदारी, प्रयास, जागरूकता, और "विस्मृति" में पलटाव में होता है। अपस्मार मोक्ष तांडव मुद्रा में पलटता है। तांडव नृत्य की अन्य सभी मुद्राओं में, अपस्मार अपने पेट के बल लेटा होता है और अपना चेहरा भगवान शिव की ओर से घुमाए होता है, जिनका पांव अपस्मार की पीठ पर मज़बूती से रखा होता है। मोक्ष तांडव में, भगवान शिव पलटे हुए होते हैं और उनके पैर ऊपर की ओर होते हैं, जबकि उन्होंने अपना बायां हाथ अपस्मार के धड़ पर रखा होता है। अपस्मार

अपनी पीठ के बल लेटा हुआ होता है। दोनों एक दूसरे की आंखों में देख रहे होते हैं।'[85]

गार्गी: 'हर हर महादेव!'

नचिकेत: 'क्या इस चरण पर हमारे इष्ट देवता हमारी जागृत चेतना के साथ बदल सकते हैं? क्या हम किसी दूसरे देवता या देवी की ओर आकर्षित होना शुरू कर सकते हैं?'

धर्म राज: 'हां। लेकिन बहुत संभव है कि जब तक भगवान शिव अपनी पकड़ ढीली नहीं करेंगे तब तक देवताओं का विस्तार होता रहेगा। हम अन्यों के प्रति भी आकर्षित होना शुरू कर सकते हैं। परिवर्तन और जागृत चेतना हमारे दिलों को प्रचुरता और स्थिरता के लिए खोल सकती है।'

लोपामुद्रा: 'प्रचुरता और स्थिरता। देवी लक्ष्मी और सरस्वती की तरह?'

धर्मराज मुस्कुराने लगे।

12
देवी की शक्ति

पीत्ज़ा डिलीवरी बॉय ने ठीक उस समय गेट खोला जब गार्गी ने बची हुई वाइन अनिर्बान के गिलास में पलटी। उन्हें वाइन इतनी पसंद आई थी कि उन्होंने एक और बोतल खोल ली थी। नचिकेत ने जाकर उससे बॉक्स ले लिए। गार्गी ने अब म्युज़िक बदलकर राग यमन पर आधारित बॉलीवुड के गाने लगा दिए थे।

गार्गी: 'मैं आपके लिए पेश करती हूं—मधुरा भट्टाचार्य का यमन संग्रह! *हाय मर जाएंगे... हाय लुट जाएंगे... ऐसी बातें किया न करो...* '

नचिकेत: '*आज जाने की ज़िद ना करो...* आई लव यू, मिसेज़ सावंत।'

गार्गी: 'कड़ी शर्तों के साथ, मि. सावंत।'

नचिकेत हंसने लगा।

लोपामुद्रा मंडल देशपांडे उठीं और चेहरे पर एक हल्की सी मुस्कान लिए अंदर चली गईं। डॉ. आदर्श का फ़ोन बजने लगा। उन्होंने फ़ोन उठाया और दूसरों से ज़रा दूर हट गए।

नचिकेत ने पीत्ज़ा डाइनिंग टेबल पर रखे और बाहर लौट आया।

अगला गाना शुरू हुआ...

'*जब दीप जले आना... जब शाम ढले आना...* '

पूरा ग्रुप साथ-साथ गाने लगा।

और अगला...

'*अहसान तेरा होगा मुझ पर...* '

लोपामुद्रा एक ट्रे में गुलाब जामुनों का बोल लिए बाहर आईं। वो अपने पति के पास वाली कुर्सी पर बैठ गईं।

'*इस मोड़ से जाते हैं...*'

'*चंदन सा बदन, चंचल चितवन...*' धर्म राज ने अपनी पत्नी का हाथ थाम लिया।

अगला...

'*बीती ना बिताए रैना...*'

'*पान खाए सैयां हमारो...*'

गार्गी अपनी सीट से उठी, लहराती हुई कुर्सियों के दायरे से बाहर निकली, और पूरी बांहें फैलाए और चेहरा पीछे करके थिरकने लगी। वो अपने कूल्हे मटका रही थी और ज़ोर-ज़ोर से हंस रही थी। नचिकेत भी ख़ुश होकर हंसने लगा और उसके साथ डांस करने लगा।

लोपामुद्रा: 'गार्गी यमन लड़की है।'

अनिर्बान: 'मुझे अभी-अभी पता चला है कि मैं एक यमन लड़का हूं। ये मेरे मनपसंद गाने हैं।'

डॉ. आदर्श वापस आकर एक कुर्सी पर बैठ गए।

लोपामुद्रा: '*शॉब किचु ठीक आचे?* सब ठीक तो है?'

डॉ. आदर्श: 'हां। शिरीष था। मेरी उससे लगभग एक महीने बाद बात हुई है। वो एंडीज़ में हाइकिंग कर रहा है।'

अनिर्बान: 'वो माचू पीचू गया था?'

डॉ. आदर्श: 'हां, वो इंका ट्रेल पर गया था।'

लोपामुद्रा: 'पता है मैं क्या करना चाहूंगी? श्रीलंका में रामायण ट्रेल। मेरा मानना है कि यह ख़ास होगी।'

धर्म राज ने पीत्ज़ा का एक चीज़ से भरा स्लाइस उठा लिया।

धर्म राज: 'हम यह साथ में कर सकते हैं। रामेश्वरम और फिर श्रीलंका।'

अनिर्बान: मुझे बहुत अच्छा लगेगा। मैं इसका इंतज़ाम कर दूंगा। मेरा ख़्याल है कि इसके लिए मलीवलया भी हमारे साथ चल सकती है। दिसंबर में कभी?'

नचिकेत: 'देखते हैं। गार्गी, अब हम मुहम्मद रफ़ी को सुन सकते हैं? बस खाना पूरा होने तक।'

गार्गी: 'ठीक है। पापा भी यह पसंद करेंगे।'

'लिक्खे जो ख़त तुझे... वो तेरी याद में...'

देवी इंतज़ार कर सकती हैं—अभी तो उनका रचा संगीत बहुत लुभावना था।

'प्रचुरता। पूर्णता। ये देवी लक्ष्मी हैं,' धर्म राज इतने धीमे से बड़बड़ाए कि उनकी आवाज़ बमुश्किल ही सुनाई दी।

अनिर्बान: 'प्रचुरता धन की, है ना?'

धर्म राज: 'नहीं। देवी लक्ष्मी को धन से जोड़ना उस रिडक्शनिस्ट— अवव्याख्यावादी—काल का द्योतक है जिसमें हम जी रहे हैं।'[86]

लोपामुद्रा: अवव्याख्यावादी और भौतिकतावादी।'

नचिकेत: 'मैं समझ नहीं पा रहा हूं कि यह बात किस दिशा में जा रही है, लेकिन यह सच है कि आज ख़ुशी को उपलब्धियों और संपत्ति द्वारा परिभाषित किया जाता है। आत्म-प्रेम आत्म-विश्लेषण पर भारी पड़ने लगा है।'

अनिर्बान: 'और आत्मविश्वास के प्रदर्शन ने आत्म-संयम को मात दे दी है।'

डॉ. आदर्श: 'अंकल, आपने तो हमारी आम जानकारी को उलटकर ही रख दिया है। हमें देवी लक्ष्मी के बारे में बताइए। आपने उन्हें श्री लक्ष्मी कहा था।'

> ऋषि दुर्वासा को बहुत शीघ्र क्रोध आता है। वो इंद्र देव को शाप देते हैं और नतीजतन, देवाधिदेव अपने प्रिय इंद्रलोक

को महान असुर राजा बाली के हाथों गंवा बैठते हैं। हताश इंद्र मदद के लिए भगवान विष्णु के पास पहुंचते हैं। विष्णु सलाह देते हैं कि देवता और असुर अनंत चतुर्दशी के दिन समुद्र मंथन[87] करें और मामले को सुलझाएं। मंदार पर्वत को मथनी बनाया जाता है और नागराज वासुकी पर्वत के चारों ओर लिपटकर नेती बन जाते हैं। भगवान विष्णु कूर्म, कछुए, रूप धर लेते हैं, और महान पर्वत के नीचे बैठकर उसका आधार बन जाते हैं।

पहले मंथन में अराजकता और विनाश का भयंकर नीला विष *हलाहल* निकलता है। दयालु और विरक्त भगवान शिव विष को निगल लेते हैं और उसे अपने कंठ में रख लेते हैं, जो नीला और चमकीला हो जाता है।

मंथन फिर से शुरू होता है। अनमोल नवरत्न निकलते हैं। चंद्रमा निकलता है। कोमल, सुगंधित सफ़ेद पत्तियों और नारंगी डंठल वाले फूलों वाला पारिजात वृक्ष निकलता है। फिर आती हैं पवित्र, प्रचुरता की गौमाता, कामधेनु। इसके बाद शानदार सफ़ेद हाथी ऐरावत आता है।

सुरा की देवी मदिरा ऊपर आती हैं। वो समुद्रों के स्वामी भगवान वरुण से विवाह करती हैं, और फिर वारुणी नाम से भी जानी जाती हैं। मनोकामनाएं पूरी करने वाला कल्पवृक्ष निकलता है। इसके बाद अप्सराएं आती हैं जो दिव्य नर्तकियां भी हैं। सात सिरों वाला दिव्य अश्व उच्चैश्रवा निकलता है। भगवान विष्णु का शंख पाञ्चन्य अवतरित होता है। फिर भगवान विष्णु का चमत्कारिक धनुष शारंग। साथी ही भगवान विष्णु की गदा कौमोदकी। कौस्तुभ मणि निकलती है। देवताओं के वैद्य धन्वंतरि अमृत लेकर अवतरित होते हैं।

और फिर आती हैं प्रचुरता और समृद्धि की देवी, दैदीप्यमान श्री लक्ष्मी। वो पालनकर्ता भगवान विष्णु का वरण करती हैं, जो उन्हें पत्नी के रूप में स्वीकार कर लेते हैं।

प्रकाशोत्सव दीपावली पर देवी लक्ष्मी की पूजा की जाती है। दिलचस्प बात है कि इस अवसर पर पूजा के अनुष्ठान में उनके साथ भगवान गणेश होते हैं, उनके पति भगवान विष्णु नहीं। न ही भगवान गणेश के माता-पिता भगवान शिव या देवी पार्वती होते हैं। या उनके भाई भगवान कार्तिकेय।

भगवान गणेश बुद्धि के प्रतीक हैं। वो जीवन की "बाधाओं" को "अवसरों" में बदल सकते हैं। फिर यह परिवर्तन देवी लक्ष्मी के वास्तविक अर्थ की ओर ले जाता है: प्रचुर पूर्णता और अंधकार का विनाश।

लोकप्रिय छवि-चित्रण में उन्हें अत्यंत सुंदर साज-सज्जा के साथ कमल पर बैठे हुए दर्शाया जाता है। उनके दोनों ऊपरी हाथों में कमल-पुष्प होता है और एक अन्य हाथ में ज्योति कलश होता है। कभी-कभार। अन्य अवसरों पर, वो हाथ प्रचुरता प्रदान करने वाली वरदमुद्रा में होता है। उनके चौथे हाथ से सोने के सिक्कों के रूप में धन बरसता है।

देवी लक्ष्मी के अन्य नाम हैं: पद्मा, पद्मजा, कमला, शुभा, रमा, सुजाता, नारायणी, विष्णुप्रिया और हरिप्रिया। वो आठ रूपों वाली अष्ट लक्ष्मी भी हैं: आदि लक्ष्मी, धान्य लक्ष्मी, धैर्य लक्ष्मी, गज लक्ष्मी, संतान लक्ष्मी, विजय लक्ष्मी, विद्या लक्ष्मी और धन लक्ष्मी।

> श्वेत क्षीर सागर के मंथन से देवी लक्ष्मी के निकलने के बाद क्या होता है? मंथन के फेनों से देवताओं के वैद्य धन्वंतरि प्रकट होते हैं। वो एक हाथ में एक कलश और दूसरे हाथ में आयुर्वेद लिए होते हैं। कलश में अमृत है।
>
> अब तक मंथन में जो कुछ भी निकला है, उसे देवताओं और असुरों ने बांट लिया है। लेकिन अमृत समस्या पैदा कर देता है। देवता और असुर इस पर झगड़ने लगते हैं। अब भगवान विष्णु मायावी मोहिनी का रूप धर लेते हैं, और सुनिश्चित करते हैं कि अमरत्व देवताओं को मिले।

धर्म राज: 'देवी लक्ष्मी की शिक्षाओं को बड़े पैमाने पर आज के भौतिकवाद ने उचक लिया है, आदर्श। "श्री" का अर्थ होता है "तेज।" श्री लक्ष्मी तेज और प्रचुरता की देवी हैं। लेकिन आपके ख़्याल से प्रचुरता क्या है?'

डॉ. आदर्श: 'इसका अर्थ सिर्फ़ ब्रांड और गैजेट वग़ैरा तो नहीं हो सकता!'

गार्गी: 'यही तो निराशा की बात है! पापा, आपने कहा पूर्णता, और पूर्णता रिक्तता का विलोम है। यानी एक प्रसन्न हृदय देवी लक्ष्मी हैं। निर्भीक हृदय देवी लक्ष्मी हैं।'

नचिकेत: 'यह सच है कि डर आपके दिल को ख़ाली कर देता है।'

अनिर्बान: 'अगर मुझे लगता हो कि मैं पहले ही निडर हूं तो? और फिर हमें डर है किस बात का?'

गार्गी: 'अगर तुम्हें लगता है कि तुम निडर हो तो तुम्हें थोड़ा और सोचने की ज़रूरत है!'

अनिर्बान ने नज़रें उठाकर देखा।

लोपामुद्रा: 'हम अनेक चीज़ों से डरते हैं: विश्वासघात। ठेस। परित्याग। शर्मिंदगी। अपमानित किया जाना। नज़रअंदाज़ किया जाना। नुकसान, बस नुकसान। कभी-कभी इन डरों के सही कारण होते हैं। कभी-कभी नहीं होते। अक्सर, इनकी जड़ें किसी पुरानी घटना में धंसी होती हैं जो कब की बीत चुकी होती है। लेकिन वो भावना और उसकी स्मृति बनी रहती है।'

डॉ. आदर्श: 'आप कह रही हैं कि डर प्रचुरता को सीमित कर देगा। कैसे?'

गार्गी: 'मसलन, डर आपको प्यार जताने में कंजूस बना देता है। आप इंकार से डरते हैं। या यह आपसे बहुत ज़्यादा प्यार का इज़हार करवा सकता है। आप इसे नक़ली बना लेते हैं या ज़रूरत से ज़्यादा कर बैठते हैं। डर आपको जजमैंटल और चौकस बना देता है। या शक्की। आपके अंदर विश्वास की भारी कमी हो जाती है। आप अपने प्रति लोगों के प्यार को परखते रहते हैं। आप रिश्तों में देने से डरते हैं, या बहुत अधिक दे देते हैं और चुक जाते हैं।'

अनिर्बान: 'किस चीज़ से चुक जाते हैं?'

गार्गी: 'ऊर्जा से। सतत ऊर्जा से। डरा हुआ दिल आपकी प्यार पाने की क्षमता को भी सीमित कर देता है। आप इसे खोने से डरते हैं, इसलिए आप इसे कसकर पकड़े रहते हैं।'

नचिकेत: 'लेकिन सच्चा प्यार तो नि:स्वार्थ होना चाहिए। वर्ना तो वो प्यार ही नहीं है।'

डॉ आदर्श: 'वास्तव में, यह हो सकता है। यह आत्म-प्रेम है।'

लोपामुद्रा: 'जो कि अक्सर प्यार ही नहीं होता। प्रेम को हमारे दिलों को खोलना चाहिए। प्यार, प्रचुर प्यार हर *चीज़ और हर किसी के लिए* सम्मान से भरा होता है। कोई अनन्यता नहीं। एक प्रचुर प्यार से भरा दिल जीवन का भरपूर अनुभव करता है।'

गार्गी: 'लेकिन क्या प्यार पारस्परिक नहीं होता? क्या यह एक ऐसी चीज़ नहीं है जो दो लोगों के बीच होती है?'

धर्म राज: 'हम अभी उस प्यार की बात नहीं कर रहे हैं। वो कृष्ण के जैसा प्यार होता है। वो अपनी सुंदरता और पीड़ा के साथ महत्वपूर्ण है, लेकिन यह अलग है। देवी लक्ष्मी का प्यार रिश्तों में नहीं मिलता। उनका प्रेम प्रचुरता और परिपूर्णता है। यह सकारात्मक ऊर्जा की दीप्तिमान शक्ति है। यह शून्य का अभाव है। शून्यता का उलट, जैसा कि तुमने कहा, गार्गी।'

लोपामुद्रा: 'जब दिल परिपूर्ण होता है तो सकारात्मक ऊर्जा फैलती है।'

गार्गी: 'यानी, लक्ष्मी उन लोगों को आकर्षित करती हैं जिन्हें प्रचुरता की आवश्यकता होती है। शायद इसलिए कि वो रीते हैं। इसीलिए वो ज्योति कलश धारण किए होती हैं।'

लोपामुद्रा: 'और दूसरे हाथ से धन बरसता है। वो बरसता जा रहा है। यदि आप प्रचुरता का अनुभव करना चाहते हैं, तो उदार बनें। धन हड़पने के लिए नहीं बल्कि देने के लिए होता है।'

डॉ. आदर्श: 'पता नहीं क्यों, लेकिन मुझे अभी शिरीष की कैलिफ़ोर्निया के अपने अमीर दोस्तों के बारे में बताई बात याद आ गई। उन सबका एक पर्सनल लाइफ़ एक्सपर्ट है।'

गार्गी: 'वो क्या होता है?'

डॉ आदर्श: 'एक ऐसा इंसान जो जीवन से जूझने में आपकी मदद करता है। जो यह समझने में आपकी मदद करता है कि सब कुछ होने, सब कुछ करने, सब कुछ देखने के बावजूद आपका जीवन इतना ख़ाली क्यों लगता है।'

गार्गी: 'हृदय में प्रचुरता नहीं है लेकिन आप प्रचुरता से घिरे हुए हैं। हर समय बस उत्तेजना की तलाश में हैं। एक नशेड़ी की तरह जो अगली

ख़ुराक की तलाश में होता है। आपको बस क्षणिक ख़ुशी मिलेगी, उसके बाद और भी ज़्यादा ख़ालीपन और उदासी भर जाएगी।'

नचिकेत: 'बिल्कुल। उत्तेजना के साथ समस्या यही है कि इसका चरम और फिर पतन होता है। फिर आप अगली ऊंचाई की तलाश शुरू करते हैं।'

लोपामुद्रा: 'प्रचुरता का रोमांच इत्यादि से कोई लेना-देना नहीं है। जब आप लक्ष्मी को जमा करते हैं या बर्बाद करते हैं तो उन्हें घुटन होने लगती हैं। वो निकल भागती हैं और अपने पीछे ख़ालीपन छोड़ जाती हैं।'

नचिकेत: 'कृतज्ञता प्रचुर हृदय का निर्माण करती है।'

गार्गी: 'वास्तव में, असली परिपूर्णता तो प्यार भरे दिल में होती है। और ख़ुशी से भरे दिल में। हालात चाहे जैसे भी हों। कृतज्ञता बहुत अच्छी चीज़ है। लेकिन देवी लक्ष्मी बस एक प्रेम भरा दिल हैं।'

अनिर्बान: 'और निर्भीक दिल भी?'

लोपामुद्रा: 'दोनों चीज़ें एक साथ जुड़ी हैं। प्रचुरता भय के लिए कोई स्थान नहीं छोड़ती। और प्रेम और आनंद को कोई भय नहीं होता।'

डॉ. आदर्श: 'और प्यार के दुख के बारे में क्या? पीड़ा और परमानंद, जैसे गाने और कविताएं हमें बताती हैं।'

गार्गी: 'वो इंसानी नाटक है, आदर्श। असंयमी रंगमंच। आत्ममोह। अगर प्यार आपको दुखी करता है तो वो सच्चा प्यार नहीं है, क्योंकि तब वो आत्मलीन और असुरक्षित होता है। जो भी हो, यह लक्ष्मी-प्रेम तो नहीं है। मां, उनके कमलों का यही संदेश है ना?'

लोपामुद्रा: 'तुमने सही कहा, *मुलगी माझी*। गंदे तालाब में सुंदर कमल उगता है। परिस्थिति चाहे जो भी हो, तुम निखर सकती हो। अपने चारों ओर ध्यान से देखो। आनंद कोई बाहरी चीज़ नहीं है।'

अनिर्बान: 'अभी एक दिन मालीवलया ने मुझे एक ज़ेन कहावत सुनाई थी, "ज्ञान प्राप्त करने से पहले व्यक्ति लकड़ी काटता है और पानी ढोता है। ज्ञान प्राप्त करने के बाद व्यक्ति लकड़ी काटता है और पानी ढोता है।"[88] तब मुझे इसका मतलब समझ नहीं आया था।'

धर्म राज: 'इसमें सब कुछ आ गया। हो सकता है कि बाहरी जीवन वैसा ही रहे, या बदल जाए। इससे कोई फ़र्क़ नहीं पड़ता। तेज जीवन को भीतर से बदल देता है। आप जो भी करते हैं, वो सुंदरता के साथ करते हैं। आप अनुग्रह में जीते हैं।'

गार्गी: 'शक्कूबाई की तरह। सदा सुखी।'

डॉ. आदर्श: 'शक्कूबाई कौन हैं?'

लोपामुद्रा: 'मेरी घरेलू सेविका। उसका पति शराबी है। पांच बच्चे हैं। एक नालायक़ भाई और बूढ़ी मां हैं जिनकी वो देखरेख करती है... हाल ही में पुणे नगर निगम ने उसका घर ढहा दिया था। राज ने उसे फिर से बनाने में उसकी मदद की थी।'

नचिकेत: 'लेकिन मैंने उनसे ज़्यादा ख़ुशमिज़ाज इंसान नहीं देखा। बेशक, अपनी गार्गी के अलावा!'

अनिर्बान: 'तो शक्कूबाई देवी लक्ष्मी की सच्ची भक्त हैं?!'

गार्गी: 'बिल्कुल!'

नचिकेत: 'समस्याएं हर किसी के साथ लगी होती हैं। महत्वपूर्ण यह होता है कि हम उन्हें क्या बनाते हैं और ख़ुद को क्या बनाते हैं।'

अनिर्बान: 'अगर आप मुझे यहां विषय को थोड़ा सा बदलने की अनुमति दें, तो मेरा एक सवाल है। बेचारे राजा बाली का क्या? इंद्रदेव ने अपना इंद्रलोक उनके हाथों गंवा दिया था। तो क्या हुआ? क्या बाली एक महान राजा नहीं था? उसे उत्तर भारत में राक्षस क्यों माना जाता है?'

लोपामुद्रा: 'तुमसे किसने कहा कि उत्तर भारत में उन्हें राक्षस बना दिया गया है? यह कहानी पश्चिमी मिशनरी प्रोपेगैंडा ने अपने एजेंडा

देवी की शक्ति 205

से प्रेरित पिटारे से निकाली है और बाली को एक महान "द्रविड़" नेता बना दिया है जिसे उत्तर भारत के एक कुटिल देवता ने हराया था। मैं तुम्हें बता दूं कि हिंदू और तथाकथित उत्तर के "आर्य" इस महान "द्रविड़" नेता का सम्मान और गुणगान करते हैं। यह बस हिंदू धर्म पर कुछ मार्क्सवादी किताबों में दी गई इस नई-नवेली मान्यता की तरह है कि रावण एक "द्रविड़" लीडर था जिसे "उत्तर भारत" के ऊंची जाति के एक भगवान ने हराया था। जबकि वास्तव में रावण दिल्ली के निकट बिसरख नामक स्थान पर जन्मा एक ब्राह्मण था। वैसे, रावण का सबसे पुराना मंदिर भी बिसरख में है...'

धर्म राज: 'लोपा, लोपा, लोपा... राजनीति को बाहर रखते हैं, मैडम जी।'

अनिर्बान: 'अंकल! अंकल! अंकल! बस एक बार, प्लीज़। मुझे यह बात बहुत दिलचस्प लग रही है। प्लीज़ देखिए, मैं एक दक्षिण भारतीय हूं जो उत्तर के लोगों के बीच बैठा हूं। और मेरी शादी एक आधी-सिखनी से हुई है!'

लोपामुद्रा: 'यह महाराष्ट्र है, अनिर्बान। यह न तो उत्तर है और न ही दक्षिण; यह पश्चिम है!'

सभी धीरे से हंस पड़े।

'जो भी हो,' लोपामुद्रा ने आगे कहा, 'अनिर्बान, राखी के पर्व पर बहन को अपने भाई की कलाई पर राखी बांधते समय एक मंत्र पढ़ना होता है। राज, वो मंत्र पढ़िए तो।'

धर्म राज: 'ठीक है...

येन बद्धो बाली राजा,

दानवेन्द्रो महाबल:

तेन त्वाम् अभिबद्धनामि

रक्षे माचल माचल:

मैं यह रक्षा का धागा बांधती हूं,
वही जिसने पराक्रमी, दानशील राजा बाली को बांध दिया था,
हे रक्षा के धागे, स्थिर रहना, दृढ़ रहना।'[89]

लोपामुद्रा: 'यह मंत्र साल में एक बार बस राखी पर ही नहीं बोला जाता, बल्कि जब भी कोई पूजा समाप्त होती है और पंडित कलाई पर कलावा बांधते हैं, इसे कहा जाता है।'

> असुरों के स्वामी महान राजा बाली पालनहार भगवान विष्णु के लिए आनुष्ठानिक यज्ञ का आयोजन करते हैं। भगवान विष्णु इस महान भक्त की परीक्षा लेने का निर्णय लेते हैं। इसलिए, वो अनुष्ठान के बीच बौने बाल-पुजारी वामन के रूप में प्रकट होते हैं और राजा से धरती माता की केवल तीन पग भूमि मांगते हैं। महान राजा तुरंत सहमति में सिर हिला देते हैं। आश्चर्यजनक रूप से, बाल-पुजारी बढ़कर विशालाकार हो जाता है और शीघ्र ही पूरी सृष्टि पर छा जाता है। वो अपना पहला पग उठाता है; इसमें भूमिदेवी नप जाती हैं। अपने दूसरे पग से वो आकाश को माप लेता है। वो अपने भक्त को बनावटी घबराहट से देखता है। अब क्या?
>
> महान राजा बाली अपने प्रभु के इरादों को भांप जाते हैं। वो अब-बौने-नहीं-रहे बाल-पुजारी में अपने वास्तविक भगवान को पहचान लेते हैं। वो उनके चरणों के पास आते हैं और अत्यंत विनम्रता के साथ अपना सिर झुका देते हैं। तीसरे पग के लिए महान राजा अपना सिर भूमि के रूप में प्रस्तुत करते हैं। प्रसन्न होकर भगवान विष्णु कहते हैं कि वो पाताल लोक के तीसरे राज्य सुतल लोक के स्वामी बन जाएं।

देवी की शक्ति 207

तभी से भगवान विष्णु त्रिविक्रम, तीन पगों के स्वामी हो गए, जो पाताल लोक के स्वामी राजा बाली में विनम्रता देखते हैं।

अपना सर्वस्व प्रभु को प्रदान करने के बाद राजा बाली भगवान विष्णु से अपने साथ उस पाताल लोक में चलने को कहते हैं हैं जिसमें उन्हें धकेल दिया गया है। भगवान विष्णु इस अनुकरणीय भक्त की बात मानने के लिए मजबूर हैं जिसने अपनी चारित्रिक परीक्षा पूरी सफलता के साथ उत्तीर्ण की है। वो अपने निवास स्थान वैकुंठ को त्याग देते हैं और बाली के साथ सुतल लोक चले जाते हैं।

उधर, देवी लक्ष्मी वैकुंठ में ख़ुद को अकेला पाती हैं। प्राचुर्य की देवी परित्याग की पीड़ा का अनुभव करती हैं। वो चाहती हैं कि उनके पति घर वापस आ जाएं। वो रूप बदलती हैं और एक दीन-हीन स्त्री के रूप में राजा बाली के पास जाती हैं। बाली कृपापूर्वक उन्हें अपने घर में, और अपनी बहन के रूप में अपने दिल में आश्रय प्रदान करते हैं।

श्रावण माह की पूर्णिमा को देवी लक्ष्मी, जो अभी भी दीन-हीन स्त्री के रूप में हैं, अपने भाई बाली के पास जाती हैं और उनके दाहिने हाथ की कलाई पर रक्षा-सूत्र बांधती हैं। कृपालु राजा आजीवन रक्षा के साथ ही अपनी बहन की मनोकामना पूरी करने का वचन भी देते हैं। अब देवी लक्ष्मी अपने देदीप्यमान स्वरूप में परिवर्तित होती हैं और अपने पति भगवान विष्णु को लौटाने की विनती करती हैं। अपने वचन के अनुसार महान राजा भगवान विष्णु को मुक्त कर देते हैं।

> पाताल लोक छोड़ने से पहले भगवान विष्णु अपने निष्ठावान भक्त को एक वचन देते हैं—अब से वो साल में चार महीने राजा बाली के साथ पाताल में बिताएंगे। यह चातुर्मास की अवधि है, जो देवशयनी एकादशी—आषाढ़ माह में शुक्ल पक्ष के ग्यारहवें दिन—से शुरू होती है। इसका अंत देवोत्थान एकादशी—कार्तिक माह के शुक्ल पक्ष के ग्यारहवें दिन—पर होता है। यह वो दिन है जब विष्णु चातुर्मास अर्थात अपनी चार महीने की तपस्या से जागते हैं।
>
> प्रभु वादा करते हैं कलियुग की समाप्ति पर, राजा महाबली अगले इंद्र बनेंगे और इंद्र लोक में निवास करेंगे।
>
> राजा बाली, जिन्हें मवेली और इंद्रसेनन के नाम से भी जाना जाता है, भक्तों में महाभक्त प्रह्लाद के पौत्र हैं। वो चिरंजीवी हैं।[90]

लोपामुद्रा: 'वापस देवी लक्ष्मी की बात करें तो भगवान गणेश के अलावा उनकी एक और सतत संगी हैं—देवी सरस्वती। राज कहते हैं कि उनके बिना देवी लक्ष्मी की संपूर्णता चंचल रहती है।'

अनिर्बान: 'एक भरा हुआ और प्रचुर हृदय देवी सरस्वती के बिना ख़ाली क्यों महसूस करेगा? वो तो कला हैं ना?'

धर्म राज: 'यह कहना कि देवी सरस्वती कला हैं, भगवद् गीता को किताब कहने जैसा है। यह उससे बहुत अधिक है।'

गार्गी: 'बहुत, बहुत, और बहुत अधिक!'

लोपामुद्रा: 'कम से कम इस एक बार तुम्हारी अतिशयोक्ति अतिशयोक्ति भरी नहीं लग रही है, गार्गी!'

देवी की शक्ति 209

भगवान ब्रह्मा गहन निद्रा से जागते हैं और ब्रह्मांड की रचना करते हैं। दुख की बात यह है कि यह चिपचिपा है और इसमें कोई व्यवस्था या रूप नहीं है। उन्हें मूर्त ज्ञान की सहायता चाहिए। सृष्टा को सबसे पहले सृष्टि बनानी होगी।

भगवान ब्रह्मा अपने मस्तिष्क से ज्ञान के इस अवतार की कल्पना करते हैं। वो निर्मल और शुद्ध रूप में उभरती है। वो उसका नाम सरस्वती रखते हैं और वो रूपाकार गढ़ने में उनकी मदद करती हैं: सूर्य, चंद्रमा, तारे, ग्रह, महासागर...

वो जो कुछ भी बनाते हैं उस पर भगवान ब्रह्मा मुग्ध हो जाते हैं। वो समस्त सिद्धियों की साकार मूर्ति—सरस्वती—से सम्मोहित हैं। वो उन पर अपनी दृष्टि केंद्रित करते हैं। वो श्रद्धापूर्वक परिक्रमा करती हैं। वो प्रत्येक दिशा में एक सिर उभार लेते हैं, ताकि वो देवी को घूमते देख सकें। उन्हें देखने के लिए पांच सिर, जिनमें से एक उनके केंद्रीय सिर के ऊपर है।

देवी एक मृगी का रूप धारण करती हैं और आकाश में उड़ जाती हैं। भगवान ब्रह्मा तुरंत मृग का रूप धारण करते हैं और सम्मोहित से उनके पीछे जाते हैं। धनुर्धर रुद्र[91] ब्रह्मा के अतिरिक्त सिरों को काटकर इस उन्मत्त खोज का त्वरित अंत कर देते हैं।[92] सृष्टि रचयिता, जिनका मन-मस्तिष्क अब साफ़ हो चुका है, कामना की पकड़ से छूटना चाहते हैं। निर्मल देवी सरस्वती उन्हें बंधनमुक्ति और मुक्ति का रहस्य बताती हैं।

अब सृष्टि को एक रूप मिल गया है और वो स्थिर है, तो भगवान ब्रह्मा एक महान यज्ञ आयोजित करने

का निर्णय लेते हैं। इस यज्ञ के लिए उन्हें एक पत्नी की आवश्यकता है और देवी सरस्वती चुपचाप आकर उनके बाईं ओर बैठ जाती हैं।[93] यह सृष्टा और ज्ञान की देवी, और ज्ञान की शाखाओं: वाणी, संगीत, कला और भाषा का मिलन है।

देवी सरस्वती के नाम उनकी प्रतीकात्मकता को दर्शाते हैं: वाग्देवी, वाणी, भारती, वागीश्वरी... उन्हें शारदा, शतरूपा और वीणाकरा के नाम से भी जाना जाता है।

वो आमतौर पर शुभ्र श्वेत वस्त्र पहने बहती नदी के किनारे एक सफ़ेद कमल पर बैठी होती हैं। पानी बड़े सूक्ष्म ढंग से सरस्वती नदी के साथ उनके संबंध का संकेत देता है। वो अपने बाएं निचले हाथ में वेद और दाहिने ऊपरी हाथ में जपमाला लिए होती हैं। अन्य दो हाथ वीणा बजाते हैं। कभी-कभी वो अपने एक हाथ में पानी का पात्र लिए होती हैं।

वेद ज्ञान का प्रतिनिधित्व करते हैं, और जपमाला चिंतन-मनन का। वीणा सुरीला संगीत है। सामंजस्य है। किसी सुदूर भविष्य में, जब हमारी वाणी, विचार, भावना और व्यवहार तालमेल में होंगे, तब हमारा जीवन देवी सरस्वती की वीणा की मधुर ध्वनि की तरह प्रवाहित होगा।

कभी-कभी वो श्वेत हंस पर सवार होती हैं। अन्य समय पर हंस उनके चरणों में डोलता है। श्वेत रंग ज्ञान के सात्विक प्रकाश का प्रतीक है, और हंस समझबूझ की क्षमता का प्रतिनिधित्व करता है। हंस पौराणिक रूप से दूध को पानी से अलग करता है।

कभी-कभी उनके आसपास एक मोर चोंच से अपने पंखों को संवार रहा होता है; सौंदर्य का परम प्रतीक।

> उनका जन्म माघ माह के शुक्ल पक्ष या वर्धमान चंद्रमा के पखवाड़े के पांचवें दिन हुआ था। हिंदू इस दिन को वसंत पंचमी के रूप में मनाते हैं। यह वसंत ऋतु के आगमन का द्योतक है और इस दिन घरों, स्कूलों, कलाओं और सभी शिक्षण संस्थानों में उनकी पूजा की जाती है।

धर्मराज: 'जब आपका दिल परिपूर्ण होता है, तो आप एक सुरक्षित व्यक्ति होते हैं। लेकिन असुरक्षा एक भयंकर चीज़ हो सकती है। यह कभी हार नहीं मानती है और अनजाने में ही आप पर हावी हो जाती है। यह सबसे दयालु और मज़बूत लोगों को भी परेशान कर देती है। सकारात्मकता को बनाए रखना आसान नहीं होता और आप जब-तब लड़खड़ाते रहते हैं। देवी लक्ष्मी की मित्र, देवी सरस्वती, आपको स्थिर बनाती हैं। वो लड़खड़ाना रोकती हैं।'

डॉ. आदर्श: 'चलम ने देवी सरस्वती को देवी लक्ष्मी की समकक्ष कहा था। दिलचस्प है।'[94]

अनिर्बान: 'मुझे अभी भी यह संबंध ठीक से समझ नहीं आया, लेकिन प्लीज़ आप बात जारी रखें। दख़लअंदाज़ी के लिए माफ़ी चाहता हूं।'

गार्गी: 'आदत से मजबूर!'

अनिर्बान: 'देखें तो कौन बोल रहा है!'

धर्म राज ने अपनी बात जारी रखी, 'देवी सरस्वती वास्तव में हमारा आसवित सार हैं। वो हमारा सर्वश्रेष्ठ रूप हैं, बुद्धिमत्ता, सहजबोध, सौंदर्य, संतुलन, स्थिरता और बुद्धिमानी का परम स्वरूप हैं।'

लोपामुद्रा: 'और बुद्धिमानी ज्ञान से परे है। आज लोग सोचते हैं कि ज्ञान और विवेक ही सर्वोपरि हैं।'

अनिर्बान: 'विवेक और तर्क महत्वपूर्ण हैं। अनमोल हैं।'

लोपामुद्रा: 'हां, बेशक हैं। इसमें कोई संदेह नहीं। मैं उन्हें कम नहीं आंक रही हूं। विवेक और तर्क उपयोगी हैं। लेकिन, बुद्धिमानी में विवेक, और कुछ और भी होता है। सहजबोध। विवेक और सहजबोध में बराबरी का मेल होना चाहिए... देवी सरस्वती दृढ़ता और चिंतन चाहती हैं। कड़ी मेहनत।'

नचिकेत: 'आमतौर पर माना जाता है कि वो ज्ञान, संगीत, नृत्य, कविता, साहित्य...'

धर्म राज: 'ये वो साधन हैं जिनके माध्यम से हम उनसे मिलते हैं। *शायद।* लेकिन वो इन सबसे कहीं बढ़कर हैं। जब आप भीतरी यात्रा के लिए तैयार होते हैं तो वो आपका अंदर की ओर बढ़ा हुआ हाथ थाम लेती हैं।'

लोपामुद्रा: 'अकेलेपन की स्थिति में?'

धर्म राज: 'अकेलेपन की स्थिति में। एकाकीपन में नहीं, ध्यान रखना।'

डॉ. आदर्श: 'इस बात पर मुझे मनोज चलम का कहा एक सुंदर वाक्यांश याद आ गया: "एक की जुगलबंदी।" हालांकि उन्होंने यह भगवान शिव के बारे में बात करते हुए कहा था।'[95]

गार्गी: 'वाह। यह देवी के लिए भी बहुत ठीक है। और चूंकि आज की शाम बातों में इतना सारा संगीत रहा है, तो क्या आपको लगता है कि हम मुरलीवाले की बात भी कर सकते हैं?'

नचिकेत: 'भगवान कृष्ण!'

13

श्यामवर्ण प्रभु

'कथा' होती है 'कहानी,' और 'कथक' 'कहानी कहना' होता है। कथक एक भारतीय शास्त्रीय नृत्य शैली भी है और लोपामुद्रा ने गार्गी का इससे परिचय तब करवाया था जब वो पांच साल की थी। और कथक ने गार्गी का परिचय उसके इष्ट देवता गौपालक भगवान कृष्ण से करवाया था। जब वो दस वर्ष की थी, तब उसकी नानी, *दीदीमां,* ने उसे बाल गोपाल की पीतल की मूर्ति उपहार में दी थी। तब से गार्गी हर सुबह बाल गोपाल की एक निजी आराधना करती थी; यह उसकी पूजा थी।

गार्गी को भगवान कृष्ण से प्रेम था। और गार्गी एकदम खरे दिल की थी। चंचल, चिड़चिड़ी, मनमौजी, और ज़िद्दी, हां, लेकिन एकदम खरी। कोई द्वेष नहीं। कोई छिपे एजेंडा नहीं।

धर्म राज: 'भगवान कृष्ण प्रेम हैं। आनंद। पीड़ा। आनंद। जुगलबंदी... अनेक जुगलबंदियां... आनंद!'

नचिकेत: 'मतलब?'

श्रावण के बारिश भरे महीने में कृष्ण पक्ष की अष्टमी की अंधेरी, तूफ़ानी रात में देवकी और वासुदेव के यहां एक बालक का जन्म होता है। वो ख़ुशी से किलकिलाता है। वो रोता नहीं है। उसके माता-पिता कारागार में बंद हैं। उसके मामा कंस ने उनके सभी बच्चों को मारने की शपथ ली है क्योंकि एक भविष्यवाणी हुई थी कि उनकी आठवीं संतान उसे मार डालेगी। नन्हे कृष्ण आठवीं संतान हैं।

उनके पिता मूक शिशु को संभालकर सींकों की एक टोकरी में रखते हैं और छिपते-छिपाते उन्हें आधी रात में मथुरा से बाहर ले जाते हैं।

वासुदेव उफनती हुई यमुना नदी में उतर जाते हैं और दूसरी ओर गोकुल की ओर बढ़ने लगते हैं। नदी प्रचंडता से ऊपर चढ़ती है और सिर पर सींकों की टोकरी संभाले कमज़ोर से, कपकपाते आदमी को लगभग लड़खड़ा देती है। नन्हे कृष्ण जानते हैं कि नदी तो बस बालक के पैर छूने के लिए व्याकुल है, इसलिए वो अपना पैर बाहर निकाल देते हैं। यमुना तुरंत शांत हो जाती हैं। नागराज वासुकी गहरे तल से उठते हैं और अपना फन टोकरी के ऊपर फैलाकर इस बारिश से भीगी रात में भगवान की रक्षा करते हैं।

ग्वालों का गांव गोकुल गहरी नींद में सोया हुआ है। वासुदेव गांव के मुखिया नंद के घर में प्रवेश करते हैं और उनकी पत्नी यशोदा को एक कन्या को जन्म देने के बाद सोता हुआ पाते हैं। वो नंद की मदद से शिशुओं की अदला-बदली करते हैं और उन्मत्त से वापस लौट जाते हैं। कन्या—देवी योगमाया—बाद में कंस के हमले से बच जाती है।

यशोदा उनका नाम श्याम रखती हैं, श्याम वर्ण वाला। वो उन्हें बेहद प्यार करती हैं। पूरा गांव उनसे प्यार करता है। वो ग्वालों और गोपियों के प्रिय हैं। लेकिन शिशु ख़तरे में हैं। कंस को पता चल जाता है कि देवकी की आठवीं संतान बच गई है और वो श्याम को मारने के लिए राक्षसी पूतना को भेजता है, जो अपने स्तनों में विषैला दूध भर लेती है। वो उसके प्राण चूस लेते हैं। कंस शकट नाम के राक्षस को भेजता है, जो एक गाड़ी के पहिए के भीतर

छिप जाता है और तेजी से बालक की ओर बढ़ता है। श्याम उसे लात मारकर टुकड़े-टुकड़े कर देते हैं। नंद और यशोदा को अपने प्यारे बच्चे के जीवन का डर सताने लगता है और वो वृंदावन की ओर चले जाते हैं, जो कि यमुना नदी के तट पर गोवर्धन पर्वत की तलहटी में स्थित एक रमणीय क्षेत्र है। यहां जगह-जगह पवित्र तुलसी के पौधे हैं। उनके साथ पूरा गांव पलायन कर जाता है। अपने प्रिय शिशु के बिना कोई भी क्यों रहेगा?

वृंदावन में भी संकट लगातार बना रहता है। जब श्याम यमुना में स्नान कर रहे थे तो कालिया नामक कई फन वाला नाग उन पर हमला कर देता है। वो आसानी से सांप को वश में कर लेते हैं और उसके फन पर नृत्य करते हैं, जबकि हवा, नदी, पेड़ और पक्षी संगीत बजाते हैं। श्याम की लयबद्ध धड़कनें ताल देती हैं।

यशोदा उन्हें लड़कियों जैसे कपड़े पहनाती हैं।[96] शायद इससे वो सुरक्षित रहेंगे? बाल कृष्ण स्त्रैण भावनाओं को आत्मसात कर लेते हैं... वो जान लेते हैं कि वो प्रसन्न कर सकते हैं। वो जान लेते हैं कि वो दुखी कर सकते हैं। वो देखते हैं कि उनकी भावनात्मक स्थिति उनके आसपास के अन्य लोगों में प्रतिबिंबित होती है। अगर वो परेशान हैं, तो वो भी दुखी हो जाते हैं। अगर वो प्रसन्न होते हैं, तो वो भी प्रसन्न हो जाते हैं। अगर वो स्वयं को असुरक्षित कर लेते हैं, तो इससे सुरक्षात्मक भावनाएं सामने आ जाती हैं। वो नियंत्रण अपने हाथ में ले लेते हैं और भावनाओं को निर्देशित करने लगते हैं। मानवीय भावनाओं के गुणी दिग्दर्शक अपनी लीला शुरू कर देते हैं।

भोर में वो ग्वालों के साथ गोवर्धन की पहाड़ी पर जाते हैं और बांसुरी बजाते हैं। गायें बेहतर चरती हैं। वो अधिक दूध देती हैं। बाद में वो गोपियों को सताते हैं और उनका मक्खन, यहां तक कि उनके कपड़े भी चुरा लेते हैं। वो उन्हें अपनी बांसुरी से लुभाते हैं और फिर अपनी ठिठोलियों से उन्हें प्रसन्न करते हैं। वो उनके पीछे जाते हैं और उनकी गगरियों को तोड़ देते हैं। वो सबके प्रिय नटखट हैं। वो प्रियतम हैं। कंकड़ फेंकते हुए वो एक गोपी की ओर देखते हैं। उस गोपी पर ध्यान दिया जाता है; उसे पूरी तरह से, ध्यान से देखा जाता है। उस पल में वो ख़ास होती है। उन्होंने उस अकेलेपन को दूर कर दिया है जो व्यक्ति ध्यान विचलित होने पर महसूस करता है। यदि वो मटकी फोड़कर उन्हें भिगोने के लिए नहीं आते हैं, तो वो अकेली हो जाती हैं। क्योंकि कृष्ण दूसरों पर पूरा ध्यान देने की कला जानते हैं।

एक दिन भगवान इंद्र सघन मधुवन पर तूफ़ानी बादलों का प्रकोप कर देते हैं। ऐसा लगता है मानो वृंदावन डूब जाएगा। भगवान कृष्ण सबको गोवर्धन ले जाते हैं और पर्वत को अपनी कनिष्ठ उंगली पर उठा लेते हैं। पूर्ण संतुलन के साथ। सबको आश्रय मिल जाता है। सब सुरक्षित हैं।

वो सुंदर, श्याम वर्ण के भगवान हैं जो पीले वस्त्र पहनते हैं और अपने सिर पर मोर पंख लगाते हैं। उनके बाल घुंघराले हैं और अंग सुंदर हैं, और उनके चेहरे पर एक शरारती मुस्कान खेल रही होती है।

कृष्ण। श्याम। गोपाल। गिरिधर। नंदलाल। यशोदानंदन। देवकीनंदन। सखा। सारथी। मनमोहन।

> वो रक्षा करते हैं। वो प्रेम करते हैं। वो पोषण देते हैं।
> वो पुरुषोचित हैं। वो स्त्रैण हैं। वो संपूर्ण हैं।

लोपामुद्रा: 'भगवान कृष्ण रिश्तों में प्यार के हर रस और रूप का आदर्श हैं। वो माखन चोर और चित चोर दोनों हैं। बांसुरी बजाते समय तीन स्थानों पर टेढ़ी भंगिमा के साथ वो त्रिभंग हैं। कोई उसे दिल से कैसे निकाल सकता है जो टेढ़ा है—जो सीधा नहीं है?! वो सबसे प्यार करते हैं। सब उनसे प्यार करने लगते हैं, क्योंकि वो उनसे प्यार करते हैं।'

धर्म राज: 'वो चांदनी रातों में नदी किनारे मधुवन के जंगलों में बांसुरी बजाते हैं। उनके चारों ओर गोपियां एकत्रित हो जाती हैं और सारी रात घेरे में नृत्य करती हैं। यह रास मंडल, प्रेम का लौकिक नृत्य है। बीच में खड़े कृष्ण बांसुरी बजाते हैं और साथ ही प्रत्येक के साथ नृत्य भी करते हैं। सबके साथ जुगलबंदी में।'

लोपामुद्रा: 'कुछ गोपियां ख़ुद से कहती हैं, "श्याम मेरे हैं। और केवल मेरे हैं।" वो टूटी हुई हैं और जीवन से आहत हैं। वो विशिष्टता के लिए, और बार-बार इस संदेश को सुनने के लिए तरसती हैं कि वो महत्व रखती हैं। वो...

'और फिर एक गोपी दूसरी गोपियों से कहती है, "श्याम मेरे हैं। और तुम्हारे भी हैं।" ये राधा हैं। अखंडित। वो समावेशिता को जानती हैं। वो देती हैं। वो प्राप्त करती हैं...'

नचिकेत: 'कुछ लोग चाहते हैं और असंतुष्ट रहते हैं। अन्य पा लेते हैं और संतुष्ट हो जाते हैं... भगवान कृष्ण भावनाओं को सतह पर लाते हैं और उन्हें पहचानने योग्य बनाते हैं। यह महत्वपूर्ण है क्योंकि बस तभी भावनाओं में परिवर्तन लाया जा सकता है। यह एक आंदोलन है चाहने से पा लेने तक का, कामना से होने तक का, स्वामित्व से मुक्त होने तक का...'

गार्गी: 'ख़ुश करना चाहने से संतुष्ट होने तक का?'

लोपामुद्रा: 'हां। लेकिन इसके लिए हमारे भीतर भगवान कृष्ण होने चाहिएं। वो धैर्यवान हैं, प्रेम धैर्यवान है। प्यार करना देखना है। और अधिक देखना है। दिखाना है। और अधिक दिखाना है। ध्यान देना है। सुनना है। महसूस करना है। और अधिक महसूस करना है... रक्षा करना है। सांत्वना देना है। बहकाना है। बहकावे को दूर करना है। मार्गदर्शन करना है। उलझन में डालना है। परीक्षा लेना है। चुनौती देना है। बांधना है। मुक्त करना है। देना है। ग्रहण करना है। आहत करना है। आनंदित करना है। आसक्त होना है। अनासक्त होना है। आनंद पाना है।'

धर्मराज धीरे से हंसते हैं। वो अपनी पत्नी की ओर देखते हैं, एक ऐसी नज़र से जिस पर किसी का ध्यान नहीं जाता। अलावा एक के। नचिकेत।

धर्म राज: 'लेकिन निश्चित घटक सम्मान है। यदि आपके मन में किसी व्यक्ति के प्रति सम्मान नहीं है, तो आप वास्तव में उस व्यक्ति से प्यार नहीं करते।'

गार्गी: 'प्यार के कुछ प्रकार बताइए।'

धर्म राज: 'नंबर एक है मां का प्यार, बिना शर्त और पोषक। जैसे मां यशोदा का श्याम के प्रति प्रेम।'

लोपामुद्रा: 'गार्गी, तुमने कहा था कि नचिकेत के प्यार के कुछ नियम और शर्तें हैं; यह बिना शर्त नहीं है।'

गार्गी: 'बिल्कुल नहीं है।'

लोपामुद्रा: 'और, तुम चाहोगी कि तुम्हें बिना शर्त प्यार किया जाए।'

'क्या हम सभी ऐसा नहीं चाहते?' गार्गी बहुत भावुकता के साथ बोली।

लोपामुद्रा: 'क्या तुम इससे बिना शर्त प्यार करती हो?'

गार्गी की आवाज़ घुट गई। 'मैं कोशिश करती हूं।'

अब धर्मराज ने धीरे से अपनी पत्नी से बात ले ली। 'प्यार करना अस्तित्व की एक सतत अवस्था है। जब आप किसी से प्यार करते हैं, तो वो अलग-अलग समय और अलग-अलग परिस्थितियों में घटता या बढ़ता नहीं है। आप प्यार करते हैं। बस। प्यार की अभिव्यक्ति भिन्न बात है। यह प्रियतम के प्रति हमारे आचरण में नर्मी होती है। और वो सशर्त होना चाहिए, हमेशा और सभी के लिए। और इसकी शुरुआत ख़ुद से होती है। पहला व्यक्ति जिसे प्यार की सशर्त अभिव्यक्ति मिलनी चाहिए, वो हम स्वयं हैं। इसे अर्जित करो। अपने आसपास के लोगों से आचरण में नर्मी को अर्जित करो।'

लोपामुद्रा: 'लेकिन शिशु अपवाद हैं। उन्हें अपनी मां से बिना शर्त, कोमल प्रेम मिलना चाहिए। बाल गोपाल और मां यशोदा की तरह।'

धर्म राज: 'हां। यह महत्वपूर्ण है। मां का कृष्ण-प्रेम, जो चौकस होता है, शिशु के हृदय में देवी लक्ष्मी जैसी पूर्णता और आत्मविश्वास पैदा करता है; एक प्रचुर हृदय का निर्माण करता है। यह भविष्य की सुरक्षा और आनंद को सुनिश्चित करता है। कोई ख़ालीपन नहीं। अन्य सभी मामलों में, हमें प्रेम की अभिव्यक्ति अर्जित करनी चाहिए। इसकी शुरुआत "मुझसे," "मेरे" आचरण से होनी चाहिए। खुले दिल से दो। प्राप्ति को अर्जित करो।'

गार्गी: 'मैं इस बारे में सोचूंगी।'

अनिर्बान: 'मेरा सुझाव है कि तुम इस बारे में कल सोचना। *गॉन विद द विंड* की स्कारलेट ओहैरा की तरह।'

गार्गी ने उसे घूरकर देखा। और फिर मुस्कुराने लगी।

लोपामुद्रा ने अपनी बेटी का हाथ दबाया और बातचीत आगे बढ़ाई। 'कृष्ण-प्रेम के अन्य रूप भी हैं। यह भावुक, चंचल और संगीतात्मक सैंसुअलिटी से भरपूर हो सकता है, जैसे राधा के साथ।'

नचिकेत ने अपनी पत्नी की ओर नज़र डाली। किसी ने ध्यान नहीं दिया। बस उसकी पत्नी ने ध्यान दिया और मुस्कुरा दी।

धर्म राज: 'कभी-कभी यह एक परिपक्व और सम्मानपूर्ण संसर्ग होता है, जैसे रुक्मिणी के साथ उनका अटल रिश्ता। अकेले। एक साथ।'

नचिकेत: 'आपके रिश्ते की तरह, मां और पापा।'

धर्म राज: 'इसमें अभी भी अपने कुछ चंचल पल हैं!'

'सिर्फ इनकी कल्पना में,' लोपामुद्रा ने चिढ़ाया।

नचिकेत: 'देवी रुक्मिणी द्वारका ही नहीं, पंढरपुर में भी अकेली हैं। वहां उनका मंदिर है और फिर विट्ठल मंदिर है। गार्गी, देवी रुक्मिणी के लिए एक कविता हो जाए? मुझे याद है, तुमने एक बार मुझे कुछ मराठी कविताएं सुनाई थीं।'

गार्गी: 'ठीक है... मैं इस भाव को व्यक्त करने के लिए कुछ पंक्तियां चुनूंगी... यह एक बहुत ही संवेदनशील कवयित्री स्नेहा दातार[97] की कविता है:

वाम भाग तू असलीस ज़ारी ती

पूर्ण आहे तो फ़क्त तुझ्यात

...गरजच नाहिं मज भासे त्या

भेटिची मग विट्टूस आज...

अनुवाद करो, मेरे भले आदमी?'

नचिकेत ने अपनी आंखें बंद कर लीं,

'यदि आप होतीं, तो उनके बाईं ओर बैठी होतीं,

वो फिर भी पूर्ण होते, आपके भीतर।

...फिर कहां होगी, कोई और चाह?

उन्हें आख़िर खोजें ही क्यों?'

भगवान कृष्ण अपनी बौद्धिक संगिनी देवी रुक्मिणी के साथ बैठे हुए हैं, तभी शरारती प्रवृत्ति के ऋषि नारद उन्हें

पारिजात का एक फूल भेंट करते हैं। भगवान कृष्ण उसे अपने दाहिने हाथ में लेते हैं और अपनी सुंदर पत्नी को भेंट कर देते हैं। वो श्रद्धा और प्रेम के साथ फूल को स्वीकार करती हैं। वो प्रसन्नता के साथ देखती हैं कि उसकी कोमल सफ़ेद पंखुड़ियां एक चमकीले नारंगी डंठल में एक साथ बंधी हुई हैं। वो आनंदित हैं।

अब ऋषि नारद इस दंपती को छोड़कर और अगले भवन में भगवान कृष्ण की योद्धा पत्नी सत्यभामा के पास जाते हैं, और उनके सामने उस कोमल फूल का विस्तार से वर्णन करते हैं। वो मंत्रमुग्ध हो जाती हैं। उन्हें वो फूल चाहिए। फिर वो चतुराई से एक छोटी सी बात और बता देते हैं—कृष्ण ने अभी-अभी देवी रुक्मिणी को वो फूल भेंट किया है। सत्यभामा सांप के विष बुझे दांतों सरीखे क्रोध और ईर्ष्या से त्रस्त हो जाती हैं। वो क्रोध में अपने भवन से निकलती हैं और धड़धड़ाती हुई पहले आंगन में, और फिर देवी रुक्मिणी के भवन में घुस जाती हैं। वो सीधे देवी रुक्मिणी के उपवन में बैठे दंपती के पास पहुंचती हैं और मांग करती हैं कि उनके पति उन्हें केवल एक फूल नहीं, बल्कि पारिजात का पूरा पेड़ दें।

अब भगवान कृष्ण को अपनी योद्धा पत्नी को संतुष्ट करना होगा, लेकिन दिव्य पारिजात वृक्ष तो देवताओं के राजा इंद्र के अमरावती राज्य में लगा हुआ है। भगवान कृष्ण अपनी योद्धा पत्नी सत्यभामा के साथ अमरावती के लिए प्रस्थान करते हैं। इंद्र के निवास पर पहुंचकर भगवान कृष्ण पेड़ को उखाड़ते हैं, और उस क्षेत्र में भारी कठिनाइयों का सामना करने के बाद वो वापस घर की ओर चल देते हैं।

सत्यभामा को उनका पारिजात वृक्ष मिल जाता है। लेकिन परिणामों के जाल से कौन बच सकता है? सत्यभामा की ईर्ष्या और क्रोध के, और देवी रुक्मिणी की कृपा और उदार मन के भी कुछ परिणाम होते हैं। भगवान कृष्ण सत्यभामा के उपवन में पारिजात का पेड़ लगा देते हैं, लेकिन यह उनकी दोनों पत्नियों के महलों के बीच की सीमा से सटा हुआ है। सत्यभामा को इसकी विडंबना तब समझ आती है जब पेड़ पर फूल आते हैं, क्योंकि नारंगी डंठल वाले दिव्य फूल देवी रुक्मिणी के उपवन में झड़ते हैं।[98]

रोचक जानकारी: पारिजात फूल को शेफाली भी कहा जाता है, जो लड़कियों के लिए एक लोकप्रिय भारतीय नाम है।

लोपामुद्रा: 'मीरा का प्रेम अपूर्व भक्ति का है। देवी राधा का प्रेम समावेशी है। देवी रुक्मिणी का प्रेम पूर्णता का है। मैं पूर्ण हूं। तुम पूर्ण हो। साथ मिलकर हम एक विशाल पूर्णता बनाते हैं। एक विशाल संपूर्णता।'

नचिकेत: *'पूर्णमदः पूर्णमिदम्*

पूर्णात्पूर्णमुदच्यते

पूर्णस्य पूर्णमादाय

पूर्णमेवावशिष्यते'

धर्मराज: *'वो पूर्ण है। यह पूर्ण है।*

पूर्ण से पूर्ण प्रकट होता है।

पूर्ण से पूर्ण निकाल दें

तो क्या बचता है?

पूर्ण।[99]

डॉ आदर्श: 'भगवान कृष्ण कई तरह के प्रेम प्रदर्शित करते हैं। उदाहरण के लिए, मित्र के प्रति प्रेम। उद्धव और सुदामा की तरह।'

लोपामुद्रा: 'हम्म... वो उद्धव को यह बताने के लिए विरह में डूबे वृंदावन भेजते हैं कि श्याम कभी वापस नहीं आएंगे। जो करना है वो तो करना ही है। लेकिन दुखी दिल की कभी उपेक्षा मत करना। यह भगवान कृष्ण की एक महत्वपूर्ण सीख है—दुखी दिल की कभी उपेक्षा मत करना।'

श्याम को कभी वापस न आने के लिए वृंदावन छोड़ना होगा। जीवन का यह भाग पूरा हो चुका है। यशोदा। राधा। ग्वाले। गोपियां। बांसुरी। चंचलता, रास लीला... नए रिश्तों के साथ जीवन की नई शुरुआत होती है। वो मथुरा पहुंचते हैं और अपने क्रूर मामा कंस को मारकर अपनी नियति पूरी करते हैं। ग्वाला अब योद्धा बन चुका है। भक्ति योग समाप्त हो चुका है। अब कर्म योग का समय है। और कर्म योग के लिए प्रशिक्षण की आवश्यकता है।

भगवान कृष्ण शिक्षा प्राप्त करने के लिए संदीपनी ऋषि के आश्रम में जाते हैं। गौपालक सुशिष्टता, शासन कौशल, योद्धा कौशल, दर्शन, सौंदर्यशास्त्र, तर्क सीखते हैं। वो मथुरा वापस आते हैं जहां राजनीतिक जगत उनका इंतज़ार कर रहा है। लेकिन दुख में डूबे वृंदावन को अंतिम भावनात्मक आघात की ज़रूरत है।

वो गुरुकुल के अपने मित्र उद्धव को लोगों को यह बताने के लिए वृंदावन भेजते हैं कि वो वापस नहीं लौटेंगे। उद्धव प्रेम पीड़ित वृंदावन पहुंचते हैं। वो उनके मानस का आह्वान करते हैं। वो उन्हें बताते हैं कि पीड़ा बस एक भ्रम है। अलगाव भ्रम है। वो उनसे भोग को त्यागने और भाव

को उन्नत करने के लिए कहते हैं। वो उन्हें केंद्र में वापस जाने के लिए प्रोत्साहित करते हैं। लालसा से समभाव तक।

वृंदावन उत्तर देता है। राधा उत्तर देती हैं। वो उन्हें सिखाते हैं कि भावनाएं अर्थपूर्ण होती हैं। यह रास लीला है। माया का भी एक उद्देश्य है। उद्धव की समझ गहरी हो गई है।

वर्षों बाद पूर्ण सूर्य ग्रहण के दौरान, राजे-महाराजे और सामान्यजन आनुष्ठानिक स्नान के लिए सामंतपंचक में एकत्र होते हैं। भगवान कृष्ण की पत्नियां एक सुबह ब्रज के गौपालक समुदाय से मिलने की योजना बनाती हैं, जिन्होंने पांच झीलों के दूसरी ओर डेरा डाला हुआ है। वो राधा को देखना चाहती हैं। क्या वो सुंदर थीं? क्या वो तेजस्वी थीं? उनके प्रभु कृष्ण की यह प्रियतमा कैसी थीं?

द्वारका की रानियां पानी में चलती हुई दूसरी ओर जाती हैं और ग्वालों और गोपियों, कमनीय लड़कियों और हुड़दंगी लड़कों, मेहनती वृद्ध स्त्रियों और गपशप करते वृद्धों के समूह से होकर गुजरती हैं! उन्हें वो मिल जाती हैं, एक साधारण सी गोपी। राधा। वो एकदम साधारण सी हैं। उनकी त्वचा उम्र और धूप के कारण मुरझा गई है। उनकी आंखों और होंठों के किनारों पर बारीक सी रेखाएं फैल रही हैं। वो गाय के गोबर के उपले बना रही हैं। और गा रही हैं। जब रूपवती महिलाओं का यह समूह अपने सुंदर चेहरों पर जिज्ञासा लिए उनकी ओर आता है, तो वो चौंककर सिर उठाकर देखती हैं। वो उनसे उत्साहपूर्वक मिलती हैं और उन्हें मक्खन पेश करती हैं; उनके श्याम का मनभावन।[100]

राधा जान गई थीं कि उनके कृष्ण उन सभी से प्रेम करते हैं। इस सबसे प्रेम करते हैं। न मक्खन, न दूध, न

> गोपी, न ग्वाले, न रानी, न मित्र, वास्तव में कोई भी उनका *एकमात्र* प्रिय नहीं था।
>
> गोकुल। वृंदावन। मथुरा। द्वारका... भगवान कृष्ण वापस नहीं आते हैं। वो बस आगे बढ़ते जाते हैं। अतीत के साथ दोबारा कोई जुड़ाव नहीं है। प्रेम मर्मभेदी दुख की तहों में ख़ुद को लपेट लेता है। यह एक विशाल, समावेशी हृदय में भी बस जाता है।
>
> ज्ञान मन में रहता है। यह अपूर्ण है। प्यार दिल में बसता है। यह पूर्ण हो जाता है।

धर्म राज: 'उद्धव भक्तिपूर्ण प्रेम के नशे में चूर कृष्ण-दीवानों को समदर्शी होने के लिए कहते हैं। जीवन एक भ्रम है। आगे बढ़ो।'

लोपामुद्रा: 'लेकिन फिर ख़ुद उद्धव को दिल के मामले सिखा दिए जाते हैं। प्यार से सराबोर राधा जवाब देती हैं, "आगे क्यों बढ़ जाएं? मिठास को छोड़कर आगे क्यों बढ़ जाएं? जब दुख ही आनंददायक हो तो आगे क्यों बढ़ जाएं? हमने शर्तहीन प्यार और सुंदरता को जान लिया है। हम खिल उठे हैं। उन यादों को क्यों पीछे छोड़ें जो भावनाओं को सबसे मधुर भाव तक ले जाती हैं? उस प्रेम को हाथ से क्यों जाने दें जो स्थिर करता है? जो बिखरता नहीं है? जो इच्छा को ही विकास के साधन के रूप में उन्नत कर देता है? हम तरसते हैं। हम निरंतर तरसते हैं। हम कष्ट सहते हैं, लेकिन हमारा कष्ट मधुर है..." यही भक्ति है।'

नचिकेत: 'और फिर, एक और बहुत ही दिलचस्प मित्र हैं—सुदामा।'

> संदीपनी ऋषि के आश्रम में भगवान कृष्ण की सुदामा से भेंट होती है और दोनों के बीच गहरी मित्रता हो जाती है। अपनी शिक्षा पूरी होने पर उनके रास्ते अलग हो जाते हैं।

साल बीतते जाते हैं और एक दिन सुदामा बिना बताए द्वारका में भगवान कृष्ण से मिलने पहुंच जाते हैं। भगवान कृष्ण अपने बचपन के मित्र से इस तरह मिलते हैं मानो उस सुबह वो उनका ही इंतज़ार कर रहे हों। वो अपने लंबे समय से खोए हुए दोस्त पर अपना प्यार, स्नेह और ध्यान लुटाते हैं। भगवान कृष्ण उपहार मांगते हैं! सुदामा हिचकिचाते नहीं हैं और उन्हें सत्तू देते हैं। भगवान कृष्ण उस मामूली से दलिये को इस तरह खाते हैं मानो उन्हें यही खाना पसंद हो।

दोनों दोस्त एक-दूसरे के संसर्ग का आनंद लेते हैं और उस अच्छे समय को बड़े प्यार से याद करते हैं जब वो युवा और बेपरवाह थे। सुदामा मदद मांगने आए हैं। वो बहुत निर्धन हैं और उनके और उनके परिवार के लिए भरण-पोषण भी मुश्किल हो रहा है। लेकिन उन्हें मदद मांगते हुए शर्म आती है, इसलिए वो बिना कुछ कहे लौट जाते हैं। वो केवल देते हैं... और लौटने पर भौतिक परिवर्तन पाते हैं। एक धनाढ्य घर। उनके मित्र भगवान कृष्ण द्वारा बदले में दिए गए उपहार![101]

एक सच्चा मित्र बिना कहे ही जान लेता है। वो ज़रूरत को देख लेता है। वो आवश्यकता और लालच के बीच अंतर को जानता है।

डॉ आदर्श: 'बहुत सुंदर... सुदामा कृष्ण के लिए सत्तू लाते हैं। मेरा मनपसंद।'

गार्गी: 'दरअसल वो पोहे थे।'

डॉ आदर्श: 'मेरे ख़्याल से वो सत्तू थे।'

लोपामुद्रा हंसने लगीं। 'यह वही है जो सुदामा ने दिया है। तुम समझे नहीं? जो तुम देते हो, कृष्ण बस वही चाहते हैं! वो सुदामा के मन में विचार पैदा करते हैं: *केवल मैं। केवल मैं जानता हूं कि प्रभु कृष्ण को क्या चाहिए! इन्हें किसी ने सत्तू/ पोहे/ मखाने/ आदि नहीं खिलाया है। कोई नहीं जान सकता! अलावा मेरे! भगवान कृष्ण के अगुओं की सेना! आप खास हैं! आपको देखा गया है! मैं आपको देखता हूं!*'

गार्गी: 'हम्म... जैसे तब जब भगवान कृष्ण हस्तिनापुर में विदुर के घर गए थे। विदुर की पत्नी सुलभा प्रसन्नता से विह्वल हैं। वो उन्हें केले का छिलका देती हैं और फल फेंक देती हैं। भगवान श्रीकृष्ण छिलका लेकर बड़े चाव से खाते हैं। उन्हें खाने को यही तो चाहिए था! उस पल केले का छिलका ही उनका सबसे पसंदीदा भोजन है!'

नचिकेत: 'मित्रता एक शरणस्थली है... यह उनकी मित्र द्रौपदी के लिए सुरक्षा है। और अर्जुन के लिए मार्गदर्शन है।'

> भगवान कृष्ण की एक और सखी हैं—द्रौपदी। उन्हें कृष्णा या श्यामा के नाम से भी जाना जाता है, और वो श्याग रंग की सुंदरी हैं जो पांडवों की पत्नी हैं। द्रौपदी के संकट की घड़ी में वो उनका साथ देते हैं। कुरु दरबार उस समय मूक बैठा रहता है जब दुशासन उन्हें उनके बीच में खींच लाता है और उनके चीरहरण का प्रयास करता है। लेकिन यह निरर्थक प्रयास है। क्योंकि कृष्ण अपनी मित्र को वस्त्रहीन नहीं होने देते। उनकी साड़ी अंतहीन हो जाती है।
>
> और फिर अर्जुन हैं, उनके परम मित्र। वो जो अंतत: स्वयं को वो सुनने के लिए तैयार करते हैं जो उन्हें सुनना चाहिए, न कि वो जो वो सुनना चाहते हैं। क्योंकि जब तक हम तैयार नहीं हो जाते, मार्गदर्शन को प्रतीक्षा करनी होगी। प्रेम धैर्यवान है।

> अर्जुन ही वो हैं जिन्हें भगवान कृष्ण उपदेश देते हैं। जिन्हें वो जीवन, मृत्यु, क्रिया और निष्क्रियता के रहस्यों को प्रकट करने के लिए चुनते हैं। भगवान कृष्ण अर्जुन से कहते हैं कि वो किसी से प्रेम नहीं करते। और किसी से घृणा नहीं करते। किंतु फिर भी, जीवन के फलने-फूलने के लिए प्रेम को आसक्ति पर विजय पानी चाहिए। उनमें शासन करने की नहीं, एकजुट करने की चाहत होनी चाहिए। अर्जुन जल्द ही इसे सीख जाते हैं।

लोपामुद्रा: 'अगर हम सोच रहे हैं कि भगवान कृष्ण दुलारना—पुचकारना; परीक्षा लेना; भ्रमित करना—कब बंद करते हैं... कब हम सुनने और सीखने के लिए तैयार होते हैं? तो, यह हम पर निर्भर करता है।'

नचिकेत: 'कभी-कभी प्यार अनुशासित करने, चेतावनी देने या दंडित तक करने की भी ताक़त होता है। जैसे शिशुपाल के साथ भगवान कृष्ण का व्यवहार। कठोर प्यार।'

अनिर्बान: 'मैं यह ज़रा ठीक से समझना चाहूंगा। तो, मुझे किसी व्यक्ति को ग़लती करने के निन्यानवे अवसर देने चाहिएं। और फिर सुदर्शन चक्र के प्रकोप के साथ उस पर टूट पड़ूं!'

'*तुम कृष्ण नहीं हो, अनिर्बान,*' लोपामुद्रा हंस पड़ीं। 'इतने अहंकारी मत बनो! भगवान कृष्ण जीवन हैं।'

अनिर्बान सीधा होकर बैठ गया। 'वाह! भगवान कृष्ण जीवन हैं। तो मैं शिशुपाल हूं! जिसे निन्यानवे मौक़े मिलते हैं और फिर पटाक!'

> पांडव युधिष्ठिर को इंद्रप्रस्थ का राजा बनाया जाता है। भव्य समारोह में दूर-पास के गणमान्य व्यक्ति आए हैं। सारे

मित्र एकत्र होते हैं, और सारे शत्रु भी। सबसे आगे द्वेषपूर्ण चचेरे भाई कौरव हैं।

पुरोहित एक विशिष्ट अतिथि को चुनने का अनुरोध करते हैं। पांडव बंधु अपने मित्र और विश्वासपात्र द्वारकाधीश कृष्ण को चुनते हैं। जब सबसे महत्वपूर्ण अतिथि आनुष्ठानिक आसन ग्रहण करते हैं, तो कक्ष के एक छोर पर असंतोष फैल जाता है।

चेदी का कायर राजा शिशुपाल आवेश में आगे बढ़ता है। वो इस चयन से आहत है। क्योंकि उसे विश्वास है कि सभा में अनेक लोग ऐसे हैं जो इस सम्मान के कहीं अधिक योग्य हैं। वो अब कारण गिनाने लगता है कि प्रभु कृष्ण क्यों इस सम्मान के योग्य नहीं हैं।

यह अपशब्दों और अपमानों की झड़ी है जो ईर्ष्या और आक्रोश से उपजी है। क्रुद्ध पांडव अपने विशिष्ट अतिथि के सम्मान की रक्षा करने के लिए उठ खड़े होते हैं। भगवान कृष्ण उन्हें रोक देते हैं। क्योंकि उन्हें एक योजना को पूरा करना है। और उसका समय आ गया है।

शिशुपाल उनकी बुआ का पुत्र है, और उसके जन्म के समय ही भविष्यवाणी कर दी गई थी कि उसका अंत उसके ममेरे भाई कृष्ण के हाथों होगा। बुआ अपने भतीजे से गुहार लगाती हैं कि उनके पुत्र के दुर्व्यवहार को क्षमा कर दे। दैवी भतीजा वादा करता है: मैं सौ बार क्षमा करूंगा। न अधिक। न कम।

शिशुपाल के अपशब्दों की कोई सीमा नहीं रहती है। अपनी ही रौ में वो मर्यादा और शिष्टाचार की सीमाएं

> लांघकर बोलता रहता है। हर अपमान क्षमा कर दिया जाता है। हर अपमान दर्ज कर लिया जाता है।
>
> सौंवा अपशब्द बोला जाता है। भगवान कृष्ण अपना हाथ उठाते हैं और खड़े हो जाते हैं। वो मुस्कुराते हैं। वो चेतावनी देते हैं। 'बंधु, अब तुम्हें रुक जाना होगा। मेरा वचन पूरा हो गया है। अगली अशिष्टता का परिणाम भुगतना होगा। सावधान रहना।'
>
> शिशुपाल अपना नियंत्रण पूरी तरह खो चुका है। क्रोध में अंधा होकर वो अपना अगला अपशब्द बोलता है। पलक झपकते ही भगवान कृष्ण अपना सुदर्शन चक्र छोड़ देते हैं। शिशुपाल अपना क्रोध भरा सिर गंवा देता है।

गार्गी: 'तुम इसके बजाय मीरा बन सकते हो। प्यार एक ललक हो सकता है।'

लोपामुद्रा: 'मीरा का प्रेम एकांत का मार्ग भी है। अपने भीतर एकीकरण की चाह; अपने सबसे बुरे और सबसे अच्छे रूप के बीच संबंध बनाना। भगवान कृष्ण की लीला हमारे भीतर के जीवन के बारे में भी है।'

गार्गी: 'मीरा के प्रेम और राधा के प्रेम में क्या अंतर है?'

लोपामुद्रा ने अपनी बात जारी रखी। 'देखो, मीरा अनन्यता चाहती हैं। *"मेरे तो गिरधर गोपाल... दूसरा ना कोई। सिर्फ़ मैं। सिर्फ़ आप।"* अगर मीरा समावेश के बारे में जानतीं, तो वो अपने भगवान कृष्ण को अपने पति राणा में देख लेतीं। और अपने राणा को अपने भगवान कृष्ण में। राधा समावेशिता जानती हैं। वो जानती हैं कि यह केवल मैं नहीं हो सकती!'

गार्गी: *'वेदी मीरा बसलि रुसूनि*

उपोशनाला मानदूं आसन
निर्जल ती मागे त्याला
एकच ते इत्केसे आरज़ाव
म्हाणे काशी ती डोल्याणि त्या
राग भरुणी वैद्य प्रेमचा
नकोचा राधा नको रुक्मिणी
मीरा ही सर्वस्व पूरी!

स्नेहा दातार की एक और कविता।[102] अनुवाद करो, नचिकेत!'

नचिकेत हंसने लगा।

'*उत्साही मीरा रूठी बैठी हैं*
तपस्या में, न अन्न न जल की बूंदें
एक, बस यही एक विनती
उनकी आंखें कहने के लिए जूझ रही हैं
उनके उत्कट प्रेम की झलक:
नहीं! न राधा, न रुक्मिणी!
केवल मीरा! पर्याप्त, काफ़ी, सब कुछ!'

गार्गी: 'बहुत सुंदर! मुझे तुम्हारे अनुवाद बहुत पसंद हैं!'

नचिकेत ने उसे देखकर आंख मारी और फिर अपनी सास की ओर देखा, 'आप सुदामा और अर्जुन के लिए भी यही कहेंगी? सुदामा *केवल मैं* होना चाहते हैं, और अर्जुन जानते हैं कि *केवल मैं* नहीं हो सकता?!'

धर्म राज: 'मैं सुदामा और अर्जुन के बारे में तो नहीं जानता, लेकिन कुछ लोग दुखी और अकेले हैं। उन्हें ख़ास महसूस करने की ज़रूरत है। विशिष्ट। अन्य,' उन्होंने अपनी पत्नी की ओर देखा, 'पहले से ही जानते हैं कि वो विशेष हैं।'

लोपामुद्रा: 'और, कि हर कोई ख़ास है।'

गार्गी: 'तो, पापा, आप कह रहे हैं कि ऐसे आहत, लाचार लोगों के साथ प्यार-दुलार करना अच्छा है जो नहीं जानते कि अपने जीवन को कैसे चलाएं। बेवक़ूफ़ों को अच्छी, साफ़-सुथरी, समझदारी की बातों की ख़ुराक देने और उन्हें झकझोरने के बजाय उन पर प्यार जताया जाए।'

धर्म राज: 'तुम जैसे लोग हमेशा किसी के भी सामने सच बोल सकते हैं! सच बोलनेवालों की प्रजाति!'

नचिकेत: 'गार्गी में एक आश्चर्यजनक गुण है। यह अपने बारे में असहजता भरे सच सुन सकती है। इसके साथ परेशानी यह है कि इसे लगता है कि यह गुण सबमें होगा!'

गार्गी हंस पड़ी। 'सबमें होना चाहिए ना?!'

लोपामुद्रा: 'फिर शुरू हो गईं तुम। वही दमनकारी शब्द—चाहिए!'

धर्म राज: 'तुम्हारा मक़सद बस अपनी बात मनवाना है, या फिर अपना लक्ष्य हासिल करना है? तुम जीवन से लड़ने में किसी की मदद करना चाहोगी, या उन्हें केवल यह बताना चाहोगी कि वो कैसे और क्यों ग़लत हैं?'

गार्गी: 'और हम दूसरों की मदद उनके भ्रमों को दुलार कर करते हैं, है ना? उन्हें उस बात पर विश्वास करने देकर जिस पर वो विश्वास करना चाहते हैं?'

लोपामुद्रा: 'जज किए बिना किसी को सुनने की कला एक अनमोल उपहार है, गार्गी। कोई इंसान जो कुछ भी कहना चाहता है, उसका खंडन किए बिना उसे सुनना। वाक़ई, वाक़ई, हमदर्दी से सुनना। किसी के सामने अपना दिल खोल देना, जैसे वो व्यक्ति आपकी मीरा है। आपका सुदामा है। उन्हें अपना दिल खोलकर रख देने का मौक़ा देकर। "भड़ास निकालने देने का," पापा ने इसे एक बार कहा था। जिस बात पर वो विश्वास करना चाहते हैं जब उन्हें उसके लिए मान्यता मिल जाती है तब वो शांत हो जाते हैं। वो स्वीकृत महसूस करते हैं। इससे उनके

सिर में शोर कम हो जाता है। फिर उनके लिए जो सुनना जरूरी है उसके लिए आपको एक झरोखा मिल सकता है! काइरोस पल।'

गार्गी: 'और अगर आपको वो झरोखा कभी मिले ही न तो?'

लोपामुद्रा: 'ठीक है, तो आप दयालुता कर रहे हैं। सांत्वना दे रहे हैं। एक दुखी दिल को तसल्ली दे रहे हैं। यह कोई बुरी बात नहीं है।'

अनिर्बान: 'आप लोगों ने अभी जो कहा, वो बड़ी दिलचस्प बात है। फिर आप वास्तव में उस व्यक्ति पर अधिकार प्राप्त कर सकते हैं। यह आपके अंदर की दुष्टता को बाहर ला सकता है।'

लोपामुद्रा: 'हां। या दैवीयता को। इस प्रकार की सहानुभूति दिखाने से आपको ख़ुद अपना सामना करने में भी मदद मिल सकती है। आपके इरादे सद्भावनापूर्ण हैं या दुर्भावनापूर्ण? आप जो कर रहे हैं वो क्यों कर रहे हैं? क्या आप मदद कर रहे हैं? सांत्वना दे रहे हैं? क्या आप ध्यान पाने का आनंद ले रहे हैं? क्या आप भक्ति का आनंद ले रहे हैं? क्या आप ड्रामा का आनंद ले रहे हैं? क्या यह यह है, या वो है? या यह दोनों है? आपकी सद्भावना *और* दुर्भावना? आपके भीतर का राक्षस *और* हीरो?'

भास द्वारा लिखित संस्कृत नाटक 'उरुभंग,'[103] भारत के महान महाकाव्य महाभारत में पांडवों के सबसे बड़े शत्रु और "दुष्ट" दुर्योधन के अंतिम क्षणों का विचारोत्तेजक ढंग से वर्णन करता है:

यह महायुद्ध का अठारहवां दिन है। वीर कौरव योद्धा—भीष्म, द्रोण, कर्ण, कृपा—कुरुक्षेत्र के रक्तरंजित मैदान में मृत पड़े हैं। निन्यानवे कौरव बंधु मृत्यु को प्राप्त हो चुके हैं। सबसे बड़ा भाई दुर्योधन अंतिम जीवित व्यक्ति है।

पराजित व्यक्ति के सामने द्वंद्व का प्रस्ताव रखा जाता है। दुर्योधन अपने अंतिम प्रतिद्वंद्वी के रूप में चचेरे भाई

भीम को और मनपसंद अस्त्र के रूप में गदा को चुनता है। वीर योद्धा ने सबसे कठिन प्रतिद्वंद्वी का चयन किया है। द्वंद्व शुरू होता है और योद्धाओं की गदाएं टकराती हैं। जल्द ही पांडव दर्शकों के सामने स्पष्ट हो जाता है कि यह लड़ाई एक अनिर्णायक मोड़ पर आ गई है। भगवान कृष्ण भीम को दुर्योधन की जांघ—उसकी कमज़ोर जगह—पर वार करने का संकेत देते हैं। दुर्योधन गंभीर रूप से घायल होकर धरती पर गिर जाता है। पराजित योद्धा अवैध प्रहार पर दुख जताता है। यह गदा युद्ध में अनुचित आचरण है।

भगवान कृष्ण के बड़े भाई बलराम दुर्योधन के पास जाते हैं और अपने अधमरे शिष्य के पास बैठ जाते हैं; बलराम गदा युद्ध-कला में दुर्योधन के गुरु थे। घायल व्यक्ति अपने गुरु को सांत्वना देता है और उनसे अपना क्रोध दूर करने और पांडवों को क्षमा करने के लिए कहता है। अब वो युद्ध की निरर्थकता को समझ गया है। वो अपने चचेरे भाइयों से आग्रह करता है कि वो उसके भाइयों का पूर्ण रीति से अंतिम संस्कार करें।

दुर्योधन की दृष्टि अपने माता-पिता, पत्नियों और संतानों पर पड़ती हैं जो धीमे-धीमे उसकी ओर बढ़ रहे हैं। वो उठकर अपने माता-पिता के पैर छूने में असमर्थ है, जिन्होंने अपने सौ बेटे खो दिए हैं। वो गांधारी और धृतराष्ट्र को सांत्वना देता है और उनसे अपने न्यायप्रिय, साहसी योद्धा-पुत्र पर गर्व करने के लिए कहता है जो अब एक गौरवशाली शहीद होगा। अपनी व्याकुल पत्नियों मालवी और पौरवी को सांत्वना दे पाने में असमर्थ रहने से उसका दिल टूट जाता है। वो उनसे उसके साहस का सम्मान करने और मृत योद्धा का आदर करने का अनुरोध करता है।

> फिर वो अपने छोटे पुत्र दुर्जय को संबोधित करता है। वो उससे दादी कुंती की बात मानने और अपने पांडव चाचाओं के प्रति सम्मानपूर्ण रहने के लिए कहता है। द्रौपदी और सुभद्रा अब से उसकी माताएं होंगी।
>
> वो क्रोधित अश्वत्थामा को शांत करने का प्रयास करता है और उन्हें उनके कौरव कर्मों, उनके पिछले कृत्यों की याद दिलाता है: पासे के खेल में धोखा देना, द्रौपदी के साथ जघन्य दुर्व्यवहार, युवा अभिमन्यु की कायरतापूर्ण हत्या...
>
> दुर्योधन एक अंतहीन सुरंग से निकलते प्रकाश को देखता है। योद्धा अपनी अंतिम सांस लेता है।
>
> *उरुभंग* महान संस्कृत नाटककार भास ने दो सहस्राब्दी से भी पहले लिखा था। भारत के महान नाटककार योद्धा दुर्योधन की मृत्यु के अंतिम क्षणों में ओडिन के वलहाला के सत्याभास को प्रस्तुत करते हैं। इसमें कोई संदेह नहीं है कि वाल्कीरी उतरते हैं और उसे महानतम योद्धाओं के नॉर्डिक स्वर्ग वलहाला ले जाते हैं।
>
> कभी-कभी एक नायक एक नियंत्रित राक्षस भी होता है। यदि दुर्योधन ने जीवन भर उसी नियंत्रण का प्रदर्शन किया होता जो उसने अपनी मृत्यु के समय दिखाया था, तो राक्षस दुर्योधन हमेशा नायक सुयोधन हो सकता था।

धर्मराज ने एक सांस खींची और पीछे को झुक गए। 'ठीक है, ठीक है... भगवान कृष्ण हमें सारे रिश्तों के लिए एक रूपरेखा देते हैं: यशोदा से लेकर मीरा तक; नंद से लेकर अर्जुन तक; सुदामा से लेकर उद्धव तक; शिशुपाल से लेकर कंस तक... और सबसे बड़ी सीख यह

है कि आनंद को कभी मत गंवाओ। चाहे कुछ भी हो जाए। रिश्ते ख़ुशी से भरे होने चाहिएं, बोझिल नहीं।'

गार्गी: 'बोझिल?'

लोपामुद्रा: 'भावनात्मक रूप से अव्यवस्थित। रिश्ते ऐसे होने चाहिए जो ऊर्जा दें, ऊर्जा चूसें नहीं। तभी वो ख़ुशहाल होंगे। भगवान कृष्ण के रिश्तों की तरह।'

अनिर्बान: 'आंटी, और स्पष्ट करने के लिए, क्या आप देवी लक्ष्मी और भगवान कृष्ण के प्रेम का वर्णन कर सकती हैं?'

लोपामुद्रा: 'देवी लक्ष्मी नश्वर-प्रेम का प्रतीक हैं। भगवान कृष्ण व्यक्त-प्रेम का मूर्त रूप हैं। देवी लक्ष्मी पूर्णता हैं। भगवान कृष्ण आनंद हैं।'

नचिकेत: 'पूर्णता आनंद की ओर ले जाती है। ख़ालीपन आपको उत्साह, रोमांच और उमंगों के पीछे भगाता है...'

लोपामुद्रा: 'हां। दलाई लामा के उत्साह में देवी लक्ष्मी की प्रचुरता है। यही प्रभु यीशु की सबके प्रति करुणा और प्रेम में भी विद्यमान है। उनकी उपस्थिति भर ही आनंद और प्रेम है। इसमें कुछ करने की ज़रूरत नहीं है। यह अस्तित्व की शक्ति है... प्रभु कृष्ण-प्रेम संबंधों में आनंद है।' उसने अनिर्बान की ओर देखा, 'यह वही है जो तुम और मालीवलय हो सकते हो, अनिर्बान। जो तुम और नचिकेत बन सकते हो, गार्गी? जो तुम और मैं बन सकते हैं, राज।'

धर्म राज: 'कृष्ण-प्रेम की आदर्श छवि मां है। मेरी मां, तुम्हारी मां, दलाई लामा की मां... यही मदर मैरी और यशोदा हैं।'

नचिकेत ने एक नज़र अपनी सास की ओर डाली। 'यही लोपामुद्रा हैं।'

गार्गी की आंखें भर आईं। 'हां। यही मां हैं।'

14
महाभक्त

डॉ. आदर्श: 'क्या आज के लिए बस करें?'

अनिर्बान: 'शायद नहीं!'

लोपामुद्रा: 'कल हमारे यहां पूजा है। कल गणेश चतुर्थी है।'

अनिर्बान: 'मैं पूजा की विधि के बारे में आपके विचार सुनना चाहूंगा।'

धर्म राज: 'कल आ जाना। पूजा में शामिल होना। बेशक आदर्श के घर पर भी पूजा है, लेकिन तुम यहां आ सकते हो, अनिर्बान।'

डॉ. आदर्श: 'मेरी बेटी के उत्साह ने घर में सबको अपनी लपेट में ले लिया है। कल एक विशेष मेहमान आ रहे हैं!'

नचिकेत: 'यक़ीनन। लेकिन हम बजरंग बली के बारे में बात किए बिना शाम का अंत नहीं कर सकते। प्रभु हनुमानजी।'

रावण देवी सीता का अपहरण कर लेता है और उन्हें अपने पुष्पक विमान में लंका ले जाता है। वो उन्हें अशोक वाटिका के परिसर तक सीमित रखता है; "अशोक" एक पेड़ है और इसके नाम का शाब्दिक अर्थ है "शोक रहित।" राम युद्ध की तैयारी शुरू करते हैं और सेना एकत्र करने लगते हैं। वो अपने विश्वासपात्र प्रभु हनुमान से लंका जाने और अपनी बंदी पत्नी को शक्ति का संदेश देने के लिए कहते हैं। भगवान हनुमान देवी सीता से मिलते हैं, पति का संदेश पत्नी तक पहुंचाते हैं, लेकिन लंकाई सुरक्षा बलों द्वारा

पकड़ लिए जाते हैं और जंजीरों में जकड़कर रावण के सामने ले जाए जाते हैं। मगर महान वायुपुत्र को कौन अधिक समय तक बंदी रख सकता था? वो बच निकलते हैं और अपने प्रभु और स्वामी भगवान राम के पास लौटने से पहले स्वर्ण नगरी लंका में आग लगा देते हैं।

बाद में, लंका युद्ध के दौरान प्रभु लक्ष्मण को रावण का पुत्र इंद्रजीत गंभीर रूप से घायल कर देता है। उन्हें स्वस्थ करने के सभी प्रयास नाकाम हो जाते हैं। वैद्य सुझाव देते हैं कि गोवर्धन पर्वत पर मिलने वाली संजीवनी बूटी भगवान राम के प्रिय भाई को बचा लेगी। लेकिन इस बूटी को लंका के युद्धक्षेत्र तक कौन लाएगा?

भगवान हनुमान उड़कर इस कठिन यात्रा पर जाते हैं। वो गोवर्धन पर्वत पर उतरते हैं, लेकिन वो भ्रमित हो जाते हैं और संजीवनी बूटी को पहचानने में असमर्थ रहते हैं। अब जबकि गंवाने को समय नहीं है, तो वो झटपट एक निर्णय लेते हैं और पूरे पर्वत को उखाड़ लेते हैं। उसे अपने दाहिने हाथ में उठाकर वो वापसी की यात्रा पर चल देते हैं। लक्ष्मण को नया जीवन मिल जाता है।

कुछ और समय बाद, इंद्रजीत युद्ध में मारा जाता है और रावण दुख से पगला जाता है। वो राम की सेना को हराने के लिए पाताल लोक के राजा अहिरावण से मदद मांगता है। अहिरावण एक उत्कृष्ट मायावी और मतिभ्रम में पारंगत है। वो रावण के विश्वासघाती भाई विभीषण का रूप धारण करता है और राम और लक्ष्मण के पास जाता है। वो उस पर कोई संदेह किए बिना उसके साथ पाताल लोक चले जाते हैं।

प्रभु हनुमान इस षड्यंत्र को समझ जाते हैं और दोनों भाइयों को बचाने के दृढ़ संकल्प के साथ तेज़ी से उनका पीछा करते हैं। वो मायावी रूप से मनमोहक पाताल लोक में पहुंचते हैं और अयोध्या के भाइयों को खोजने, उनका पता लगाने और उन्हें बचाने के लिए बार-बार प्रयास करते हैं। अंत में, वो जान जाते हैं कि अहिरावण की अजेयता का कारण पांच अलग-अलग दिशाओं में दूर-दूर रखे गए पांच शाश्वत दीपकों में निहित है। दक्ष पवनपुत्र भगवान हनुमान अपना रूप बदलते हैं और पांच सिर धारण कर लेते हैं। वो एक साथ सभी दीपकों की दिशा में फूंक मारकर उन्हें बुझा देते हैं। अहिरावण मर जाता है, और राम और लक्ष्मण को पाताल लोक से बचा लिया जाता है। इसके बाद से उन्हें पंचमुखी नाम से जाना जाता है।[104]

भगवान हनुमान भक्ति, और शारीरिक, मानसिक व भावनात्मक शक्ति के प्रतीक हैं। वो वानरराज केसरी और अप्सरा अंजनी के पुत्र हैं। वायुदेव को भी उनका पिता माना जाता है क्योंकि उन्होंने उनके जन्म में एक चमत्कारी भूमिका निभाई थी।

उन्हें मारुति, आंजनेय, वायुपुत्र, केसरीनंदन, महाबली, वज्रांग, पवनसुत और अंजनीसुत जैसे अनेक अन्य नामों से जाना जाता है। वो वायुदेव के दूसरे प्रसिद्ध पुत्र पांडव भीम के बड़े भाई हैं। शिव पुराण उन्हें भगवान शिव के अंश का दर्जा देता है।

नचिकेत: 'आपने बनारस के संकट मोचन मंदिर के बारे में सुना है?'

धर्म राज: 'बिल्कुल। तुलसीदासजी ने *रामचरित मानस* के कुछ भाग उस मंदिर परिसर में ही लिखे थे।'

नचिकेत: 'क्लार्क होटल में अपनी इंटर्नशिप के दौरान मैं सप्ताह में कम से कम दो बार संकट मोचन जाता था। जब भी मुमकिन होता तो मैं सुबह की आरती में पहुंचने की कोशिश करता था। किसी भी मंदिर ने मुझे कभी इसकी तरह प्रभावित नहीं किया है।'

डॉ. आदर्श: 'वो निश्चित रूप से भारत में भगवान हनुमान के सबसे प्रतिष्ठित मंदिरों में से एक है।'

धर्मराज: 'बनारस में तो यक़ीनन।'

नचिकेत: 'आपमें से कोई वहां गया है?'

डॉ. आदर्श: 'मैं गया हूं; और आरती एकदम अद्भुत होती है।'

नचिकेत: 'मैं बाक़ी लोगों के लिए इसका वर्णन कर देता हूं। तो, मुख्य गर्भगृह, निश्चित रूप से, परम भक्त भगवान हनुमान का है। लोग सुबह तीन बजे से ही आने लगते हैं और विशाल कपाटों के खुलने का इंतज़ार करते हैं। कपाट तभी खुलते हैं जब पंडित भगवान के जागरण, स्नान और शृंगार की रस्में पूरी कर लेते हैं। जब प्रभु तैयार हो जाते हैं तो झांझ और ढोल की थापों के साथ कपाट खोले जाते हैं, और हम—भक्त के भक्त, उनके दर्शन करते ही आनंदित होकर भजन गाने लगते हैं।'

धर्म राज: 'लेकिन भगवान हनुमान की आंखें किसी और पर ही टिकी होती हैं!'

नचिकेत: 'तो आप जानते हैं, पापा। हां, उनकी नज़रें किसी और पर टिकी होती हैं। मुख्य मंदिर के दूसरी ओर एक छोटा सा मंदिर है। दोनों मंदिर एक-दूसरे के आमने-सामने हैं। यह दूसरा मंदिर उनके स्वामी भगवान राम का है। उनके साथ उनकी पत्नी देवी सीता खड़ी हैं और वहां एकत्रित लोगों में से कोई भी भगवान राम और उनकी पत्नी के दर्शन नहीं करता है। यह अद्भुत है। भक्त उनके सबसे उत्कट अनुयायी भगवान हनुमान के लिए वहां आते हैं।'

धर्म राज: 'वो शिष्य को स्वीकृति देने और शिष्यत्व का सम्मान करने आते हैं।'

अनिर्बान: 'क्या वो वाक़ई ऐसा ही करते हैं?'

लोपामुद्रा: 'हां, जानते-बूझते या अनजाने में। आध्यात्मिक अनुभव गूढ़ होते हैं, अनिर्बान। अक्सर हमारा दिल वो जानता है जो दिमाग़ नहीं जानता।'

नचिकेत: 'इस बीच, भगवान राम के मंदिर के कपाट उनके मुख्य भक्त के कपाटों के ठीक बाद चुपचाप और बिना किसी तामझाम के खोल दिए जाते हैं। लोग भगवान राम के नहीं बल्कि भक्त के दर्शन करते रहते हैं। लेकिन भगवान के पहले दर्शन के अधिकारी केवल हनुमान हैं।'

गार्गी: 'तुमने यह कहानी मुझे कभी नहीं सुनाई, नचिकेत। यह बहुत सुंदर है। हम भक्त के दर्शन करते हैं क्योंकि हमें जानना है कि भक्ति क्या है। भगवान हनुमान साक्षात भक्ति हैं।'

नचिकेत: 'भगवान हनुमान हमें शिष्यत्व और भक्ति सिखाते हैं। आशा है कि हम सब इसका अनुभव कर सकेंगे।'

अनिर्बान: 'शिष्यत्व क्या है? भक्ति क्या है?'

धर्म राज: 'एक सच्चे शिष्य का लक्ष्य अपने गुरु की अनुकृति बनना होता है। भक्ति अनुकरण है। पहले गुरु के व्यक्तित्व से गुणों को आसवन करें और फिर उन गुणों का अनुकरण करें। कभी-कभी हम गुरु और शिष्य दोनों के व्यक्तित्वों की भावनाओं में खो जाते हैं। इस तरह की भक्ति भावना पर आधारित होती है।'

नचिकेत: 'मैंने संकट मोचन आयोजन को इस तरह देखा था: भगवान राम मर्यादा पुरुषोत्तम हैं। और विधि-विधान के आदर्श अनुयायी का पहला दर्शन उसका विशेषाधिकार होना चाहिए जो उचित मार्ग पर चलने का मूर्त रूप है। इसलिए सबसे पहले दर्शन हनुमान जी को मिलते हैं। जब शिष्य की पूजा पूरी हो जाती है, तब आने वाले भगवान राम की

ओर ध्यान देते हैं। धर्म का मार्ग शिष्यत्व से होकर जाता है। और भगवान हनुमान धर्म के शिष्य हैं।'

डॉ. आदर्श: 'क्या अद्भुत अनुष्ठान है।'

लोपामुद्रा: 'यह गुरु की भूमिका पर भी दिलचस्प रौशनी डालता है। गुरु भी धर्म की ही खोज में है, यद्यपि कभी-कभी कुछ क़दम आगे रहता है। विनम्रता गुरु का मुख्य गुण होना चाहिए। जीवन गोल है और उसे अपने अंदर के शिष्य को जीवित रखना ज़रूरी है। एक गुरु के लिए इससे बड़ा सम्मान क्या हो सकता है कि एक दिन वो शिष्य बन जाए और उसका शिष्य उसका गुरु बन जाए?'

धर्मराज हंसने लगे।

नचिकेत: 'यदि कोई आपके प्रति समर्पित हो तो विनम्रता कठिन होगी। कोई भी—पुरुष हो या महिला।'

लोपामुद्रा: 'भक्ति पाने वाले छोर पर न होना ही अच्छा है। यह जीवन की सबसे चुनौतीपूर्ण परीक्षाओं में से है। यह आपको फिसलन भरी ढलान पर ला देता है क्योंकि यह अहंकार को बढ़ावा देता है। यह आपको आत्ममुग्धता की ओर धकेल सकता है।'

नचिकेत: 'देने वाले छोर की भक्ति के बारे में क्या?'

लोपामुद्रा: 'इसके बजाय श्रद्धा को क्यों न चुनें? श्रद्धा करें, लेकिन प्रश्न करें। श्रद्धा करें, लेकिन निष्पक्ष भाव से निरीक्षण करें। सही ढंग से समझा जाए तो किसी व्यक्ति के प्रति समर्पण का अनुभव शक्तिशाली होता है। लेकिन इसे सही ढंग से समझना बहुत मुश्किल है। अधिकांश लोग भावनाओं और मनोवैज्ञानिक निर्भरता में धंस जाते हैं। भावनात्मक नशा गुरु के अनुकरण से ज्यादा महत्वपूर्ण हो जाता है। भगवान राम और भगवान हनुमान महत्वपूर्ण शिक्षा देते हैं—गहरी भक्ति पाने के बावजूद भगवान राम ने अपनी स्थिरता और विनम्रता को नहीं खोया। अत्यधिक समर्पित होने के बावजूद भगवान हनुमान ने अपनी शक्ति, एकाग्रता और ऊर्जा को नहीं खोया।'

धर्म राज: '"संकट मोचन"' का अर्थ है "संकट से मुक्ति दिलाने वाला।" यदि हम बिना किसी अहंकार के वो करें जो किया जाना चाहिए, तो हम अनुशासन और प्रतिबद्धता के साथ जीवन के दबावों से निपट सकते हैं। तभी चेतना एक मिलीमीटर चलती है। भगवान हनुमान अनुशासित और कर्तव्यपरायण लोगों को आकर्षित करते हैं। मेरे नचिकेत की तरह।'

नचिकेत अपने गुरु की ओर देखकर मुस्कुराया।

गार्गी भी मुस्कुराई। उसकी आंखों से प्यार छलक रहा था।

लोपामुद्रा: 'एक बात और है। शक्ति प्रेम और विनम्रता के साथ बंधी होनी चाहिए। अन्यथा, यह क्रूर हो जाती है। भगवान हनुमान इसे अपनी फटी हुई छाती की छवि में प्रदर्शित करते हैं। उनके हृदय में सिया-राम की छवियां हैं।'

डॉ. आदर्श: 'उनका हृदय दृढ़ प्रेम और समर्पण का स्थल है। वो शक्ति, विनम्रता और भक्ति वाले हीरो हैं। उन्हें सुर्ख़ियों में रहने की चाहत नहीं है।'

गार्गी: 'पता है, सूर्य देव ने भगवान हनुमान को प्राणायाम सिखाया था। सच्ची शक्ति के लिए नियंत्रित, जीवंत ऊर्जा की ज़रूरत होती है। कोई अस्पष्टता नहीं। हनुमान जी की पूजा करके हम अपनी ऊर्जाओं को नियंत्रित करना सीखते हैं।'

अनिर्बान: 'हनुमान जी मुझे ग्रीको-रोमन देवता-हीरो हरक्युलिस की याद दिलाते हैं। लेकिन बिना आक्रोश के।'

गार्गी: 'किसी दिन हमें दूसरी प्राचीन संस्कृतियों के देवी-देवताओं पर भी विस्तार से चर्चा करनी चाहिए। यूनान... और मिस्र के भी।'

अनिर्बान: 'हम्म... और समानताएं खोजनी चाहिएं। मसलन, देवी एथीना यूनानियों की देवी सरस्वती है। वो ज्ञान और कला की मशाल लेकर चलती है। वो उच्च प्रेम की भी देवी है।'

डॉ. आदर्श: 'उच्च प्रेम क्या है?'

अनिर्बान: 'निम्न, कामुक प्रेम का उलट। जो यूनानियों के लिए देवी एफ्रोडाइटी है। उच्च प्रेम मानसिक प्रेम है। निम्न प्रेम शारीरिक, वासनाओं से भरा होता है... देवी आइसिस मिस्र की देवी एथीना है। देवी बैस्टेट मिस्र की एफ्रोडाइटी है।'

नचिकेत: 'क्या देवी एथीना युद्ध की भी देवी नहीं है? तब तो वो देवी दुर्गा भी है, है ना?'

गार्गी: 'हम्म... हमें थोड़ा और बताओ, अनिर्बान।'

अनिर्बान: 'ठीक है। मुझे सोचने दो। ग्रीक देवता अपोलो हमारे सूर्य देव के समान है। और मिस्री देवता आमोन के समान।'

धर्म राज: 'अपोलो का वर्णन करो। तीन शब्दों में।'

अनिर्बान: 'सत्य। व्यवस्था। प्रकाश।'

धर्म राज: 'सूर्य देव!'

अनिर्बान: 'आधुनिक पश्चिमी दार्शनिकों ने अपोलो की तुलना डायोनाइसस के साथ की है। डायोनाइसस भावनाओं का उतार-चढ़ाव है। वो हमारे चंद्र देव जैसा होगा, आंटी?'

धर्म राज: 'हां। लेकिन चंद्र देव सोम देव भी हैं।'

अनिर्बान: 'और सोम मदिरा होती है?'

धर्म राज: 'कुछ लोग ऐसा कहते हैं। कुछ अन्य लोग इससे असहमत हैं।'

अनिर्बान: 'खैर, डायोनाइसस मदिरा का देवता है। और सहजबोध का। और उत्साह का।'

नचिकेत: 'दिलचस्प।'

अनिर्बान: 'देवता ओसाइरिस कुछ मामलों में भगवान कृष्ण जैसा है, जैसे पथ-दाता के रूप में। और उसका पुत्र देवता होरस उसका अर्जुन है।'

गार्गी: 'सुनो, वो सभी दिलचस्प हैं और हम किसी दिन उनके बारे में भी बात करेंगे, लेकिन अनिर्बान, हमें नार्सिसस के बारे में बताओ। मेरा ख़्याल है कि वो आत्ममुग्धता का देवता है?!'

डॉ. आदर्श: 'आत्ममुग्धता का देवता? यह तो ज़बरदस्त है!'

> नार्सिसस बेतहाशा सुंदर है, जिसे देखकर दिल ख़ुश हो जाता है। वो एक नदी-देवता सेफ़िसस और एक अप्सरा लिरिओपी का पुत्र है।
>
> एक पहाड़ी अप्सरा इको दीवानों की तरह उससे प्रेम करने लगती है। लेकिन इको को हेरा ने शाप दिया है और वो केवल वही दोहरा सकती है जो उससे कहा गया है।
>
> कुल मिलाकर, वो केवल वही लौटा सकती है जो उसे दिया जाता है!
>
> नार्सिसस उसके प्यार को ठुकरा देता है। क्योंकि वो एक झरने के पास आता है और पानी में अपने अक्स को देखता है, और उसे अपने आप से बेइंतहा प्यार हो जाता है! वो सचमुच बहुत सुंदर दिखता है!
>
> वो विलाप करता है। वो कराहता है। वो आहें भरता है। वो मुस्कराता है। वो हिल नहीं सकता। वो छू नहीं सकता, क्योंकि छूने की कोशिश करने पर हर बार वो पानी को हिला देता है और नज़रों से ओझल हो जाता है! वो ख़ुद को निहारते हुए ही मर जाता है। सम्मोहित। मंत्रमुग्ध।
>
> जिस स्थान पर मानव नार्सिसस ने अंतिम सांस ली थी, उसी जगह पर नार्सिसस फूल खिल उठता है।[105]

धर्म राज: 'सुंदर। मोहक। भयानक!'

नचिकेत: 'हम सभी में एक नार्सिसस है। हम ख़ुद से प्यार करते हैं। मुझे बताओ, गार्गी, जब तुम कोई तस्वीर देखती हो जिसमें तुम भी हो, तो सबसे पहले तुम किसे देखती हो? मान लो कि एक फ़ोटो है जिसमें तुम हो, मैं हूं और अमिताभ बच्चन हैं। तुम सबसे पहले किसे देखोगी?'

गार्गी: 'ख़ुद को। पहले ख़ुद को। फिर तुम्हें। फिर अमिताभ बच्चन को!'

नचिकेत: 'मुझे तुम्हारी साफ़गोई पसंद है। मैं ऐसे बहुत लोगों को नहीं जानता जो ऐसी बातों को इतनी आसानी से मान लेंगे! मैं तो नहीं मानूंगा, ख़ासकर तब जब मैं ऐसे लोगों के साथ होऊं जिन्हें मैं अच्छी तरह से नहीं जानता।'

गार्गी: 'इसकी संभावना और भी कम है कि तुम ऐसी बात उन लोगों की मौजूदगी में मान लोगे जिन्हें तुम अच्छी तरह जानते हो!'

नचिकेत धीरे से हंस दिया।

लोपामुद्रा: 'यह दिलचस्प है कि गार्गी ने कहा कि यह पहले ख़ुद को देखेगी, फिर तुम्हें। और फिर अमिताभ बच्चन को। इसने यह नहीं कहा कि यह सिर्फ़ ख़ुद को ही देखेगी। ऐसे भी लोग हैं जो केवल अपने आप को ही देखेंगे। वही लोग नार्सिसिस्ट, आत्ममुग्ध होते हैं।'

धर्म राज: 'या वो लोग जो सिर्फ़ ख़ुद को प्यार भरी नज़र से और दूसरों को भेदती नज़रों से देखेंगे। उन्हें आंकेंगे।'

लोपामुद्रा: 'हम्म... ख़ुद को अपने दिल की आंखों से और बाक़ी सबको दिमाग़ की आंखों से देखना। नार्सिसस।'

अनिर्बान: 'क्या दुनिया को इसकी ज़रूरत नहीं है? बाहर की दुनिया की तस्वीर बहुत सुंदर नहीं है। हम मूर्ख नहीं हो सकते।'

धर्म राज: 'हम दिमाग़ और दिल दोनों से देखना सीख सकते हैं। स्वयं को भी। वास्तव में, सबसे पहले ख़ुद को ही। विश्लेषण और

दयालुता का एक साथ इस्तेमाल किया जाए, तो ये फ़ायदेमंद होते हैं। पूरी तरह से ग़ैर-नार्सिसस।'

डॉ. आदर्श: 'मुझे इस दौर को लेकर चिंता होती है जिसमें हम जी रहे हैं। मुझे अपनी बेटी को लेकर चिंता होती है। सोशल मीडिया प्लेटफ़ॉर्म इस तरह बनाए गए हैं कि लोग व्याकुल नार्सिसिस्ट बनें। आप हमेशा मान्यता और अनुमोदन पाने, और हावी रहने की कोशिश में लगे रहते हैं। हम सभी के भीतर थोड़ा नार्सिसस होता है और आज की टैक्नॉलोजी संतुलन बिगाड़ सकती है। मुझे चिंता बच्चों की है।'

लोपामुद्रा: 'बेशक यह कठिन तो है। भगवान का शुक्र है कि जब हम तुम्हारी परवरिश कर रहे थे, तो हमें यह सब नहीं झेलना पड़ा था, गार्गी। लेकिन, आदर्श, बच्चे—ख़ासकर छोटे बच्चे—नक़ल से सीखते हैं। वो वही करते हैं जो हम करते हैं। वो नहीं जो हम कहते हैं। उदाहरण बनकर उन्हें सिखाओ। तुम नहीं चाहते कि तुम्हारी बच्ची बहुत ज़्यादा टीवी देखे? तो तुम बहुत ज़्यादा टीवी मत देखो! तुम चाहते हो कि तुम्हारी बच्ची किताबें पढ़े? तो उसे तुम्हें किताबें पढ़ते देखने दो। तुम नहीं चाहते कि तुम्हारी बच्ची अपने फ़ोन से चिपकी रहे? तो तुम अपने फ़ोन से चिपके मत रहो! लेकिन सबसे महत्वपूर्ण बात यह है कि अपने बच्चे को सुरक्षा, संरक्षण और प्यार का अहसास कराओ। अपने बच्चे को भावनाओं को पहचानना और उन्हें नियंत्रित करना सिखाओ... लेकिन इस सबके बावजूद, मैं जानती हूं कि आज मां-बाप बनना कठिन है। हमारा अपने आसपास बदल रही चीज़ों पर पर्याप्त नियंत्रण नहीं है!'

धर्म राज: 'सबसे अहम चीज़ जो आप अपने बच्चे के लिए कर सकते हैं वो है अपने जीवनसाथी से प्यार करना। मम्मा पापा से प्यार करती हैं। पापा मम्मा से प्यार करते हैं। और मम्मा और पापा मुझसे प्यार करते हैं।'

लोपामुद्रा: 'लेकिन यह मत भूलना कि प्यार कैसे करना है। प्यार करना स्वीकार करना है। प्यार करना देना है। लेना नहीं। फ़ायदा उठाना

नहीं। बदलने की कोशिश करना नहीं। "सुधारने" की कोशिश करना नहीं। "मैं तुमसे प्यार करता हूं। मुझे तुम्हें ठीक करना होगा!" यह प्यार नहीं है। हमारा इस पर बहुत अधिक ध्यान रहता है कि हमें क्या मिल रहा है। इस पर नहीं कि हम रिश्ते में क्या दे रहे हैं या क्या कर रहे हैं या रिश्ते में हैं।'

डॉ. आदर्श असहाय और क्रोधित महसूस कर रहे थे। 'बिना कुछ हासिल किए आप कितना दे सकते हैं?'

लोपामुद्रा: 'तुम उसे पाना सीखते हो जो दिया गया है, आदर्श।'

माहौल में अचानक भारीपन सा आ गया था। नचिकेत धीरे से उठा और डॉ. आदर्श के पास बैठ गया। चुपचाप।

'भगवान कृष्ण का प्रेम! नार्सिसस वाला प्रेम नहीं!' गार्गी बोली।

नचिकेत धीरे से मुस्कुराया। उसकी गार्गी जो लोगों को सही मायनों में समझ या उन्हें सतह से परे देख नहीं पाती थी। जिसे लगता था कि उसने सतह पर जो कुछ देखा है वही सब कुछ है। जीवन से अछूती और अप्रभावित। मर्मभेदी रूप से सुंदर। विचित्र रूप से असंवेदनशील। अस्वाभाविक रूप से मासूम। इतनी मासूम...

'आत्ममुग्ध लोग बहुत कामयाब हो सकते हैं,' अनिर्बान ने बातचीत को आगे बढ़ाया। 'वो जीवन में अच्छा कर सकते हैं। वो ख़ुद को दूसरों से आगे रखने का गुर जानते हैं।'

धर्म राज: 'हां, नियंत्रित आत्ममुग्धता उपयोगी हो सकती है। लेकिन यह आपको भावनात्मक रूप से ख़ाली कर देती है। आप संतुष्ट नहीं होंगे। अंदर से आप बिल्कुल अकेले और तन्हा होंगे।'

लोपामुद्रा: 'इको नार्सिसस के लिए अवसर थी। मुझे इको की कहानी बहुत पसंद आई, अनिर्बान। इको उसे प्रतिबिंबित करती है जो हम उसे देते हैं। तो, अगर नार्सिसस उससे उसी गहराई से प्यार करता जो उसने केवल अपने लिए रखी थी, तो उसे बदले में वैसा ही प्यार मिलता। जीवन वही लौटाता है जो हम उसे देते हैं।'

अनिर्बान: 'इससे मुझे ईसा मसीह और उनका प्रेम का संदेश याद आ गया।'

धर्म राज: 'ईसाई धर्म और इस्लाम ने समय के साथ रहस्यवाद और प्रतीकात्मक संदेश संचित कर लिया है।'

लोपामुद्रा: 'हां... हालांकि उनकी शुरुआत सामाजिक-राजनीतिक आंदोलनों के रूप में हुई थी।'

धर्म राज: 'लोपा, जिन धर्मों की शुरुआत रहस्यवादी, आंतरिक अनुभवों के रूप में हुई थी, उन्होंने भी समय के साथ सामाजिक-राजनीतिक स्वरूप इख़्तियार कर लिया, है ना?'

लोपामुद्रा: 'आपके कहने का मतलब क्या है?'

धर्म राज: 'मेरा मतलब है कि राजनीति और कल्पना दोनों ही आवश्यक मानवीय गुण हैं। समय के साथ, जिन धर्मों के मूल में राजनीति थी, उनमें रहस्यवाद की धाराएं फूट पड़ीं और जिनके मूल में रहस्य और प्रकृति थी, उन्हें राजनीतिक अभिव्यक्ति मिल गई।'

डॉ. आदर्श: 'उन धर्मों से आपका क्या तात्पर्य है जिनके मूल में राजनीति है?'

धर्म राज: 'आदर्श, यह एक पूरी तरह से अलग चर्चा होगी। हमने उस दिन अस्पताल में इस पर थोड़ी बात की थी। तुम वहां नहीं थे। मैं वादा करता हूं कि एक दिन हम यह चर्चा करेंगे। अभी मैं बस इतना ही कहूंगा कि राजनीति कोई बुरा शब्द नहीं है। और इस मामले में, मैं उन धर्मों के बारे में बात कर रहा हूं जो सामाजिक सुधार आंदोलनों के रूप में शुरू हुए थे, जैसे इस्लाम और ईसाई धर्म। यह अच्छी राजनीति थी।'

लोपामुद्रा: 'मुझे इस बातचीत का उत्सुकता से इंतज़ार है।'

नचिकेत: 'यह वो दिन होगा जब मां और पापा आमने-सामने होंगे!'

धर्म राज: 'आज निश्चित रूप से वो दिन नहीं है। बहरहाल, मैं ईसाई धर्म पर वापस आता हूं। प्रभु यीशु अनुग्रह, प्रेम, क्षमा और त्याग से भरपूर हैं।'

डॉ. आदर्श: 'और सेवा, अंकल। मैंने अपनी रेज़िडेंसी सीएमसी, वेल्लोर में की थी। ईसाई ईश्वर से डरते हैं। और मानवता की सेवा के प्रति उनकी प्रतिबद्धता अद्वितीय है। इसमें कोई शक नहीं।'

अनिर्बान: 'सितंबर 2016 में, मैं लिस्बन में क्राइस्ट द रिडीमर के चरणों में था। मैं उस समय एक व्यक्तिगत संकट से गुज़र रहा था। मुझे याद है कि मैंने सिर उठाकर उनकी प्रतिमा की ओर देखते हुए उनसे पूछा था, मुझसे क्या त्याग करने या क्षमा करने के लिए कहा जा रहा है?'

नचिकेत: 'तुमने वाक़ई ऐसा किया?'

अनिर्बान: 'मैं मानता हूं कि यह मेरे स्वभाव से बिल्कुल अलग है। लेकिन हम सबके अपने कुछ क्षण होते हैं। बहरहाल, यीशु ने अपने उत्तर से मुझे चकित कर दिया: "अपने डर और संदेह का त्याग करो। उस व्यक्ति को क्षमा करो जिसने तुम्हें आहत किया है और अपने दर्द को दूर कर दो। जिससे प्यार करते हो उसे गले लगाओ। और फिर उड़ो। तुम स्वतंत्र हो!" मैं भारत लौट आया और मालीवलय से शादी कर ली।'

गार्गी: 'वाह, अनिर्बान। इतनी आसानी से यह कह देना तुम्हारे स्वभाव के विपरीत था।'

अनिर्बान मुस्कुराने लगा।

नचिकेत: 'सूफ़ी इस्लाम भी रहस्यमय तिलिस्म और दिव्य मादकता के एक ब्रांड के तौर पर विकसित हुआ है।'

लोपामुद्रा: 'यह सच है। जलालुद्दीन रूमी मेरे मनपसंद हैं...

मैं क्यों खोजूं और?

मैं वो हूं जैसा वो है।[106]

नचिकेत: 'मुझे तो कव्वालियां भी पसंद हैं।'

लोपामुद्रा: 'वो हमारी कोशिकाओं से भावनात्मक कचरा साफ़ करती हैं!'

नचिकेत: 'बिल्कुल भजनों, श्लोकों और कीर्तन की तरह। वो गार्गी को बेसुध कर देती हैं!'

गार्गी: 'सूफ़ीवाद। मुझे सहवान की याद आ जाती है। सिंध की। भगवान झूलेलाल की।'

पंजाब सिंध गुजरात मराठा

द्रविड़ उत्कल बंग...

एक अरब से अधिक लोगों के लिए अनमोल ये शब्द भारतीय राष्ट्रगान से लिए गए हैं। डायना ऐक भारत को "एक पवित्र भूगोल" कहती हैं।[107] यह वास्तव में एक पवित्र भूगोल ही है, क्योंकि इन पंक्तियों में जिन क्षेत्रों के नाम लिए गए हैं उनगें से एक अवधारणात्मक है। आज सिंध का क्षेत्र पाकिस्तान में है। भारत में नहीं। लेकिन फिर भी इसे हमारे राष्ट्रगीत से हटाया नहीं गया है। इसे कभी नहीं हटाया जाएगा। क्योंकि यह एक विस्थापित समुदाय का सम्मान करता है। पश्चिमी पाकिस्तान से आए सिंधी हिंदू प्रवासी।

सिंध। वो इलाक़ा जो शक्तिशाली सिंधु नदी के किनारे है जिसे इंडस रीवर के नाम से भी जाना जाता है। यह भारतीय सभ्यता का उद्‌गम स्थल है। यह सिकंदर के आक्रमण के बाद भी शेष बचा रहा, और एक के बाद एक हमलों का सामना करते हुए यह वीर भूमि आख़िरकार 712 ईसवी में राजा दाहिर के शासनकाल के दौरान मुहम्मद बिन क़ासिम की तलवार का शिकार हो गई।[108]

कई मुस्लिम शासकों के बाद, दसवीं शताब्दी के मध्य में इस क्षेत्र पर कट्टर मिर्क शाह का शासन हुआ। उसने फ़रमान जारी किया कि उसके राज्य में रहने वाले सभी हिंदुओं को तुरंत इस्लाम स्वीकार करना होगा। परेशान सिंधियों ने समुदाय के बुद्धिमान व्यक्तियों, महाजनों, का रुख़ किया, जिन्होंने सुझाया कि वो जल के देवता भगवान वरुण के चरणों में शरण लें। वो *मां सिंधु* के तट पर एकत्रित हो जाते हैं।

वो गीत गाते हैं। वो उनका नाम जपते हैं। वो चालीस दिन तक प्रार्थना करते हैं। और फिर उनकी प्रार्थनाएं सुन ली जाती हैं। एक आकाशवाणी उन्हें हिम्मत बनाए रखने के लिए प्रोत्साहित करती है। नसरपुर में रतन राज के घर मां देवकी से एक अवतार जन्म लेगा। मिर्क शाह यह समाचार सुनता है और मामले की जांच करवाता है। मां देवकी के घर सचमुच चैत्र बीज पर एक बच्चे का जन्म हुआ है, जो कि चैत्र माह के शुक्ल पक्ष का दूसरा दिन है।

उडेरोलाल। झूलेलाल। भगवान वरुण के अवतार।

मिर्क शाह समुदाय को बुलाता है और आदेश देता है कि वो बिना किसी देरी के धर्म परिवर्तन कर लें। वो इंकार कर देते हैं। उनका भगवान आ गया है। उनकी सुरक्षा की जाएगी। मिर्क शाह आदेश देता है कि शिशु को मार दिया जाए। उसका वज़ीर अहीरो नसरपुर की यात्रा करता है और रतन राज के घर जाता है। प्रसन्न पिता उस व्यक्ति को धन्यवाद देता है जो अपने साथ गुलाब लेकर आया है। अफ़सोस कि फूल को ज़हर में डुबोया गया है। अहीरो पालने के क़रीब जाता है। किलकारियां मारता बच्चा फूल पर फूंक मारता है। पंखुड़ियां उड़कर वज़ीर के पैरों पर

गिरती हैं। वो चकित होकर एकटक एक दिव्यदृश्य देखता रह जाता है जिसमें शिशु एक सफ़ेद दाढ़ी वाले बूढ़े आदमी में बदल जाता है, जो हाथ में तलवार लिए घोड़े पर जाता हुआ दिखाई देता है। उसके दूसरे हाथ में एक झंडा है। इसके बाद अहीरो नदी के देवता का भक्त बन जाता है।

वो मिर्क शाह के पास लौट आता है। राजा अब डर जाता है। वो इंतज़ार करने और देखने का फ़ैसला करता है... मां देवकी का निधन हो गया। रतन राज दोबारा शादी कर लेते हैं। बच्चा अब बड़ा हो गया है। उसे सिंधु से प्यार है। वो बच्चों के साथ खेलता है। फलियां बांटता है। बीमारों को सांत्वना देता है। बड़ों से बात करता है। वो महान नदी को भेंट तक चढ़ाता है। नदी उसे एक कटोरी चावल वापस देती है।

मिर्क शाह के धर्मगुरु उसे स्थानीय लोगों के धर्म परिवर्तन में तेजी लाने की सलाह देते हैं। वो निर्णय लेता है कि वो "दिव्य व्यक्ति" से मिलेगा। अहीरो उसे बताता है कि मुसलमानों का अल्लाह और हिंदुओं का ईश्वर एक है। भगवान झूलेलाल ख़्वाजा खिज्र जैसे हैं।

मिर्क शाह आदेश देता है कि उडेरोलाल को बंदी बना लिया जाए। विशाल लहरें गिरफ़्तारी को रोक देती हैं। सैनिक डूब जाते हैं। महल में आग लग जाती है... आख़िरकार मिर्क शाह बदल जाता है। उल्लसित हिंदू भगवान के लिए मंदिर बनाते हैं। भगवान झूलेलाल अब उनके लिए जल और प्रकाश का साक्षात स्वरूप हैं।

भगवान झूलेलाल अपने चचेरे भाई पुगर साहब को अपने दरिया पंथियों, जल देवता के अनुयायियों, का पहला ठाकुर, पुजारी नामित करते हैं। भगवान झूलेलाल प्रथम

> पुजारी को सात पवित्र प्रतीक देते हैं: खाना पकाने का देग़, तेग़ (तलवार), ज्योत, मुद्रा, जल की झारी (दिव्य जल पात्र), खिन्था (पवित्र वस्त्र) और चीरा (पगड़ी)।
>
> झूलेलाल अपना शरीर त्याग देते हैं और हिंदू एवं मुस्लिम इस पवित्र घटना का जश्न मनाते हैं। एक दिव्य आवाज़ घोषणा करती है कि एक पूजास्थल बनाया जाए, जिसका एक मुख मंदिर हो और दूसरा दरगाह।
>
> वो आज भी लोगों को एकीकृत करने वाली शक्ति बने हुए हैं। हिंदुओं के लिए पूजनीय। मुसलमानों के लिए पूजनीय। लोहानों के लिए दरियालाल। मुसलमानों के लिए ज़िंदा पीर। सूफ़ियों के लिए मस्त क़लंदर...
>
> 'झूलेलाल, बेड़ा ही पार,' मिलते समय सिंधी बोलते हैं। लोहाना चिल्लाते हैं, 'जय झूलेलाल।'

गार्गी ने अपना फ़ोन उठाया और एक बार फिर उसे स्पीकर से जोड़ दिया। 'इसी बात पर, मैं आपके लिए पेश करती हूं सिंधी फ़क़ीर, लाल शहबाज़ क़लंदर। रूना लैला की आवाज़ में...'

ओ..हो...ओ..हो...

हो लाल मेरी पत रखियो बला झूलेलालण
सिंदड़ी दा सेवण दा सखी शहबाज़ क़लंदर
दमा दम मस्त क़लंदर, अली दा पहला नंबर...

हे लाल वस्त्रधारी प्रभु, मेरी रक्षा करो, झूलेलालण,
सिंध के दोस्त, सहवान के दोस्त,
आपकी जय हो, शहबाज़ क़लंदर, आपका पहला नंबर...

15

गणपति का आगमन

15.

आचार्यों का आगमन

गार्गी और नचिकेत देशपांडे निवास पर ही रुक गए थे। अन्य दिनों की ही तरह सुबह की शुरुआत जल्दी लेकिन आलस भरी हुई। धर्म राज ने अपने परिवार के लिए अदरक की चाय बनाई और सब बरामदे में चुपचाप बैठ गए। लिविंग रूम से राग ललित के सुर बिखर रहे थे। जल्द ही, लोपामुद्रा उठीं और अंदर चली गईं। इस एक काम ने घर की रफ़्तार ही बदल डाली—लय अति विलंबित से बदलकर द्रुत हो गई।

मुहूर्त सुबह नौ बजे शुरू होना था। परिवार आठ बजे तक नहा-धोकर तैयार हो चुका था।

नौ का घंटा बजते ही पुजारिन पुराणिक काकू आ गईं। परिवार पूजा कक्ष में इकट्ठा हो गया और पुराणिक काकू के बैठने के बाद अर्धवृत्त में फ़र्श पर बैठ गया। लोपामुद्रा ने पुराणिक काकू को बताया कि वो नियमित पूजा पहले ही कर चुकी हैं। इधर पुराणिक काकू ने पाट रखा, और उधर अनिर्बान अपनी चप्पलें बरामदे में छोड़ता हुआ तेज़ी से घर के अंदर भागा आया। पूजा कक्ष में प्रवेश करते हुए उसने अपनी गति धीमी की और चुपचाप फ़र्श पर नचिकेत के बग़ल में बैठ गया।

पुराणिक काकू ने गणेश प्रतिष्ठापन की शुरुआत की। उन्होंने पाट पर चावल के दाने फैलाए और उस पर गणेश जी की मूर्ति रख दी। एक संकल्प लिया गया: उन्होंने कहा कि वो अब श्रुतियों, स्मृतियों और पुराणों द्वारा निर्धारित पार्थिव गणेश पूजन व्रत लेंगी। उन्होंने भगवान को एक कलश, शंख, घंट और दीया अर्पित किया। उन्होंने गंध और पुष्प अर्पित किए।

प्राण-प्रतिष्ठा का मुख्य अनुष्ठान प्रारम्भ हुआ। उन्होंने दूर्वा घास से भगवान के नेत्रों पर घी लगाया। उन्होंने अपना अंगूठा भगवान के हृदय पर रखा और मूर्ति में प्राण प्रतिष्ठित करने के लिए मंत्रोच्चार करने लगीं। उन्होंने षोडशोपचार पूजन विधि पूरी की।

लोपामुद्रा और नचिकेत ने नैवेद्य बनाया था: वरण भात, लिंबू तूप, पोल्या, बटाट्याची भाजी, काकडीची कोशिंबीर, पापड़, लोणचे और ताक के साथ इक्कीस उकडीचे मोदक। दो अच्छी तरह से सजी हुई थालियां पुराणिक काकू के पास रख दी गई थीं। उन्होंने एक थाली पूजा घर के सभी देवी-देवताओं को और दूसरी थाली मुख्य अतिथि भगवान गणेश को प्रस्तुत की। पुराणिक काकू के संकेत पर आरती शुरू हो गई...

सुखकर्ता दुखहर्ता वार्ता विघ्नाची।
नुरवी पुरवी प्रेम कृपा जयाची।
सर्वांगी सुंदर उटी शेंदुराची।
कंठी झलके माल मुक्ताफलांची।।
जयदेव जयदेव जय मंगल मूर्ति।
दर्शनमात्रे मनोकामना पूर्ति।
रत्नखचित फरा तुज गौरीकुमरा।
चंदनाची उटी कुमकुमकेशरा।
हिरेजडित मुकुट शोभतो बरा।
रुणझुणती नूपुरे चरणी घागरिया।।
जयदेव जयदेव जय मंगल मूर्ति।।
लंबोदर पीतांबर फणिवरबंधना।
सरल सोंड वक्रतुंड त्रिनयना।
दास रामाचा वाट पाहे सदना।
संकटी पावावे निर्वाणी रक्षावे सुरवरवंदना।।

जयदेव जयदेव जय मंगल मूर्ति।।

सबने भगवान को प्रणाम किया। प्रसाद बांटा गया और पूजा समाप्त हो गई।

धर्म राज और अनिर्बान लिविंग रूम में चले गए। लोपामुद्रा ने पुराणिक काकू को धन्यवाद दिया और उनके साथ गेट तक गईं। गार्गी और नचिकेत चाय बनाने के लिए रसोई में चले गए...

16
पूजा की शक्ति

अनिर्बान: 'यह दिल को छू लेने वाला अनुभव था। धन्यवाद, आंटी-अंकल।'

धर्म राज: 'तुम्हारा स्वागत है, अनिर्बान। मुझे ख़ुशी है कि तुमने इस शक्ति को महसूस किया।'

अनिर्बान: 'बेशक महसूस किया। आज मेरी मां बहुत खुश होतीं। मेरे पिता तो चौंक ही जाते!'

धर्म राज: 'पूजा सबसे लोकप्रिय और लोगों से जुड़ी दैवी प्रथा है। यह पहला क़दम है। जब इसे सामूहिक रूप से किया जाता है, तो यह एक जुड़ाव और भाईचारा पैदा करती है। जैसे अभी हुआ। जब हम अकेले पूजा करते हैं, तो इससे ध्यान लगता है।'

अनिर्बान: 'अटेंशन?'

धर्म राज: 'हां। यह हमसे वर्तमान क्षण पर फ़ोकस करवाती है। यह हमें अतीत और भविष्य से अलग करके वर्तमान में लाती है। और वर्तमान में, अटेंशन यह तय करती है कि हमें कौन सी भावना प्रेरित करती है; और, उसी के अनुसार हमारी प्रतिक्रिया होती है।'

अचानक तेज़ी से घिसते पहियों की आवाज़ आई।

नचिकेत ने आवाज़ की ओर सिर हिलाया। 'कभी-कभी यह हमारे नियंत्रण में नहीं होता है, है ना?'

लोपामुद्रा कमरे में आईं। 'सच कहा। अक्सर यह ग़ैरइरादतन होता है। लेकिन ऐसा होना नहीं चाहिए। हमारी वास्तविकता इस बात से निर्धारित होती है कि हम क्या देखना, सुनना या सूंघना *चुनते* हैं। यह जीवन को अनुभव करने के हमारे तरीक़े को परिभाषित करता है।

इसलिए, हमें सचेत रूप से चुनना सीखना चाहिए कि हमें किस पर ध्यान देना है।'

धर्म राज: 'ध्यान को केंद्रित रखना बहुत मुश्किल है। वानर-मन को चंचलता पसंद होती है। यह बार-बार वास्तविक या काल्पनिक अतीत की ओर खिंचता जाता है, और फिर भविष्य की कल्पना में उड़ान भरने लगता है।'

लोपामुद्रा: 'हां, कल्पनाएं आकर्षक होती हैं, सपने ऊर्जा देते हैं और पुरानी यादें अद्भुत होती हैं! "बीता हुआ कल" और "आने वाला कल" समान रूप से आकर्षक होते हैं। क्या यह दिलचस्प नहीं है कि हिंदी में दोनों के लिए एक ही शब्द है?'

धर्म राज: '"कल।" और, "कल" का मूल "काल" में है। केवल वर्तमान क्षण—*आज* और *अभी* का कालातीत महत्व है। यह विशेष स्वीकृति का पात्र है।'

अनिर्बान: 'मैंने हिंदी में "बीते हुए कल" और "आने वाले कल" के लिए एक ही शब्द होने की अतार्किक विसंगति पर इतना अनूठा दृष्टिकोण कभी नहीं सुना! तुस्सी ग्रेट हो!'

लोपामुद्रा: 'यह मज़ाक़ की बात नहीं है, अनिर्बान। इस पर सावधानीपूर्वक विचार करने की ज़रूरत है।'

नचिकेत और गार्गी कमरे में आए। गार्गी के हाथ में गर्मागरम चाय की प्यालियों से भरी ट्रे थी। उसने सबको कप दिए और दोनों हाथों से अपना कप पकड़कर फ़र्श पर पड़े कुशन पर बैठ गई।

नचिकेत: 'यह सच है। लेकिन अगर वर्तमान क्षण सजीव भी हो जाए, तो अक्सर ऐसा हमारे पूर्वाग्रहों और आदतों के कारण होता है। या डरों और संदेहों के कारण।'

धर्म राज: 'या उसके कारण जो हमारी इंद्रियों को अपील करता है। हमें "सही" विचारों, भावनाओं और घटनाओं पर फ़ोकस करने का अभ्यास करना चाहिए। यह एक आर्ट है। *सचेतन रूप से ध्यान दें।*

आदतें छोड़ें, भटकावों का विरोध करें, *प्रयास करें*। पूजा-पाठ को इस संभावना के ट्रेनिंग-ग्राउंड के तौर पर तैयार किया गया है।'

गार्गी: 'यह निश्चित रूप से नीरस चीज़ों में जादू भर देती है!'

धर्मराज मुस्कुराए। 'कोई भी आयोजन मूल रूप से ऐसे कामों की एक शंखला है जो जागरूकता के साथ किए जाते हैं। यदि यह जागरूकता हमारा दूसरा स्वभाव बन जाए, तो ख़ुद जीवन को ही एक अनुष्ठान की तरह जिया जा सकता है।'

लोपामुद्रा: 'पापा नहाते भी ऐसे हैं जैसे नहाना कोई अनुष्ठान हो!'

नचिकेत: 'ब्रह्मांड अनुष्ठान के साथ जीता है। यह व्यवस्था का सजीव उदाहरण है। यह जादू है।'

अनिर्बान: 'हमेशा नहीं।'

नचिकेत: 'हां, हमेशा नहीं। प्रकृति में अव्यवस्था भी है। लेकिन ये व्यवधान संतुलन की तलाश में रीसैट की तरह हैं। और मुझे पूरा विश्वास है कि ब्रह्मांड हम इंसानों से पहले संतुलन प्राप्त कर लेगा!'

लोपामुद्रा: 'हम ब्रह्मांड का ही भाग हैं, नचिकेत। हम अलग नहीं हैं। हम इंसानों को लिए बिना ब्रह्मांड कहीं नहीं पहुंच सकता... बहरहाल, पूजा का एक निश्चित आकार होता है और इसे एक निश्चित क्रम में किया जाता है। इसके लिए हमारे एकचित्त ध्यान की आवश्यकता होती है। वास्तव में, पूजा में ऐसे साधन होते हैं जो हमारे मन को भटकने से रोकने के लिए ही बनाए गए हैं।'

नचिकेत: 'एकचित्त ध्यान वाले हिस्से के बारे में तो मैं नहीं जानता, लेकिन मुझे अपनी आजी (नानी) की दैनिक पूजा में अनुष्ठानों का क्रम स्पष्ट रूप से याद है। उनकी पूजा सचमुच उनके दिल से निकलती थी।'

गार्गी: 'हमें इस बारे में बताओ।'

नचिकेत: 'ठीक है। जैसा कि आप सभी जानते हैं, पूजाघर में देवी और देवता पूजनीय अतिथि होते हैं, जिनकी पूरे आचार-विचार के साथ सेवा-टहल की जाती है। वो रोज़ाना सुबह दो घंटे आनंदपूर्वक उनकी सेवा में लगी रहती थीं। हम उनके चारों ओर अधगोले में बैठते थे...'

गार्गी: '"हम" से मतलब?'

नचिकेत: 'उनके नाती-पोते। वो प्रेमपूर्वक हर देवी-देवता को जगाती थीं; उन्हें नहलाती थीं: पहले पानी से, फिर दूध से, फिर दोबारा पानी से। फिर वो उन्हें पोंछतीं, और कपड़े व नन्हे-नन्हे गहने पहनातीं...'

गार्गी: 'गहने, मतलब?'

नचिकेत: 'बुंदे, चूड़ियां, नथनियां, हार, पायल... वग़ैरह। फिर वो उन्हें उनके आसनों पर बिठातीं। वो चंदन का लेप बनाकर उनके माथों पर लगातीं। उनके चरणों में फूल रखतीं। फिर वो उन्हें आदरपूर्वक भोजन परोसतीं; वो सावधानी से छोटे-छोटे गस्से उठातीं और उनके होठों तक ले जाती थीं।'

अनिर्बान: 'कितनी प्यारी बात है। और फिर?'

नचिकेत: 'फिर देवता उसके बाद के अनुष्ठानों के लिए तैयार हो जाते थे!'

गार्गी: 'जैसे?'

नचिकेत: 'वो फ़र्श के एक साफ़ हिस्से पर कोई यंत्र या फिर रंगोली बनातीं। फिर सावधानीपूर्वक विभिन्न वस्तुएं उस पैटर्न पर रखतीं।'

गार्गी: 'तुम्हें वो वस्तुएं याद हैं?'

नचिकेत मुस्कुराया। 'एक पान का पत्ता, सुपारी, फूल, तुलसी, बेलपत्र, सिंदूर, चावल के दाने, कपूर, अगरबत्तियां, दीये... यंत्र का निर्माण और वस्तुओं का चक्र बदलता रहता था।'

गार्गी: 'किस आधार पर?'

नचिकेत: 'मां?'

लोपामुद्रा: 'यह दिन के समय, चंद्रमा के चरण और सूर्य के चक्र से निर्धारित होता है। आगे बोलो, नचिकेत।'

नचिकेत: 'धन्यवाद, मां। अंत में, वो किसी धर्मग्रंथ से, आमतौर पर *रामचरितमानस* से, एक अंश पढ़ती थीं। पढ़ने के साथ-साथ वो हमें उसका अर्थ समझाती जाती थीं। फिर सबसे अच्छे भाग का समय हो जाता, जिसका हमें इंतज़ार रहता था। आरती! बच्चों को घंटियां और झांझें पकड़ा दी जातीं और हम ख़ुशी और उत्साह के साथ उन्हें बजाते थे। आरती की थाली को चारों ओर घुमाते हुए देवताओं की स्तुति गाई जाती थी। शुरुआत आजी करती थीं, फिर हमारे माता-पिता, काका-काकियां, आत्या और वहां मौजूद सभी लोग आरती करते। अंत में, हम नाती-पोते करते थे।'

अनिर्बान: 'प्राथमिकता के कठोर क्रम में।'

लोपामुद्रा: 'जैसा कि होना चाहिए! और फिर प्रसाद?'

नचिकेत: 'और फिर प्रसाद! मुझे पंचामृत बहुत पसंद था... इसके साथ पूजा पूरी हो जाती थी।'

लोपामुद्रा: 'जादू अदृश्य में घुल जाता...'

गार्गी: 'मुझे आजोबा (दादा) की पूजाएं याद हैं। वो गंभीर और अकेले होती थीं। पापा ने मुझे बताया था कि वो ध्यान करते थे।'

लोपामुद्रा: 'सही कहा। वो आंतरिक दुनिया की खोज करते थे, और उनके साधन ध्यान और प्राणायाम थे। वो रहस्यवादी यंत्रों का प्रयोग करते थे। उनमें से कई गणितीय थे।'

गार्गी: 'मुझे यह याद है! पापा, आपने उनमें से एक—कुबेर कोलम—के बारे में मुझे समझाया था।[109] मेरे लिए वो गणित की एक पहेली ही थी। आपने मुझसे कहा था कि यह एक जादुई वर्ग है।'

अनिर्बान: 'जादुई वर्ग क्या होता है?'

गार्गी: 'यह संख्याओं का एक वर्गाकार ग्रिड होता है जिसमें सभी पंक्तियों, स्तंभों और विकर्णों का योग समान होता है।'

अनिर्बान: 'ओह! वाह! अमीश की प्रतीकविद्या का तो कोई अंत ही नहीं है! पता नहीं आप लोगों ने ध्यान दिया था या नहीं, लेकिन ये कुबेर कोलम उनकी किताब *अमर भारत* के कवर में दिखाया गया है।'

गार्गी: 'सच? मैं किताब लेकर आती हूं!'

गार्गी तेज़ी से घर के अंदर गई और कुछ ही मिनट में वापस आ गई। 'तुमने ठीक कहा! 27, 20, 25... 22, 24, 26... 23, 28, 21... 27, 22, 23... 20, 24, 28... 25, 26, 21... 27, 24, 21... 25, 24, 23... इन सभी का योग 72 है! मुझे यक़ीन है आपको ये पता होगा, पापा!'

धर्मराज मुस्कुराए। 'तुम्हारे आजोबा के लिए कुबेर कोलम किसी तरह से आत्मचेतना और ब्रह्मांडीय योग का पोर्टल था। दीवाली पूजा पर वो एक भिन्न जादुई वर्ग बनाते थे; उसे वो लक्ष्मी चौंतीस यंत्र कहते थे।'[110]

लोपामुद्रा: 'गार्गी, तुम्हें याद है जब हम इस घर में नए-नए ही आए थे, तो आजोबा हमसे मिलने आए थे? उन्होंने प्राण-प्रतिष्ठा पूजा की थी।'

गार्गी: 'हां, मुझे अच्छी तरह याद है। देवताओं को सजीव कर दिया गया था!'

नचिकेत: 'हमें इसके बारे में बताओ। देखते हैं तुम्हें कितना याद है!'

गार्गी: 'ठीक है। कुछ मायनों में यह तुम्हारी आजी की पूजा की तरह ही था, नचिकेत, लेकिन ज़्यादा प्रोटोकोल और गंभीरता के साथ। भव्यता भी थी। तो, पहले उन्होंने बहुत सारे वैदिक मंत्र पढ़े थे। फिर हमारे पूजाघर में देवताओं का अधिवास स्थापित किया गया। उन्हें

नहलाया, सजाया और भोजन कराया गया, उसी तरह जैसे तुमने बताया था। उनके चरणों में पंचरत्न रखे गए।'

अनिर्बान: 'पंचरत्न पांच रत्न होते हैं। लेकिन कौन-कौन से?'

गार्गी ने अपने पापा की ओर देखा।

धर्म राज: 'माणिक, हीरा, मोती, मूंगा और पीला नीलम। आगे बोलो, गार्गी। मैं हैरान हूं कि तुम्हें इतनी बारीकियां याद हैं।'

गार्गी: 'मैं सोलह साल की थी, पापा। याद रखने लायक़ बड़ी। ख़ैर, फिर आजोबा ने एक सोने की पत्ती से देवताओं के अंगों को छुआ।'

धर्म राज: 'उनमें जीवन फूंकते हुए...'

गार्गी: 'हां... उन्होंने मंत्र पढ़ते हुए यह किया था—जिनके अर्थ मुझे आज भी समझ नहीं आते हैं। उन्होंने सोने की पत्ती को दोनों आंखों पर, और फिर आंखों के बीच में: तीसरी आंख पर लगाया।'

लोपामुद्रा: 'तीसरी आंख अंतर्ज्ञान की आंख है।'

गार्गी: 'हम्म... उन्होंने मुझे बताया था कि अब देवता हमारे पवित्र अचल अतिथि बन गए हैं।'

नचिकेत: 'मनुष्य ने देवताओं में देवत्व की जीवन-शक्ति फूंक दी थी।'

अनिर्बान: 'यह तो बहुत ही गहरी बात कही है, नचिकेत। तुमने तो मेरे रौंगटे खड़े कर दिए।'

धर्म राज: 'नचिकेत ने जो कहा, उसका तुमने क्या मतलब निकाला, अनिर्बान?'

अनिर्बान: 'यही कि बुनियादी तौर पर मनुष्य और भगवान के बीच कोई अंतर नहीं है। अपने उच्चतम स्तर पर हम एक हैं। जैसा कि आपने कहा, अंकल; प्लेटो के शब्द: "स्वयं को जानो।"'

नचिकेत: 'अपने संभावित ईश्वरत्व को पहचानो। वो बनो।'

लोपामुद्रा: 'मैं इसे सीधे शब्दों में कहती हूं: पूजा पवित्र है। अपना ध्यान तेज़ करने और अपनी चेतना को उन्नत करने के लिए इसका उपयोग करो। दूसरों के साथ जुड़ो। जादू का अनुभव करो... या तो इसे सार्थक बनाओ, या बिल्कुल मत करो।'

धर्म राज: 'और यदि संभव हो, तो एक पल के लिए ही सही, शांति और विस्मय का अनुभव करो। कोई "अन्य" नहीं है। लेकिन कोई "एकरूपता" भी नहीं है। अनेक में केवल एक।'

उपसंहार

वर्तमान दौर में हम तर्क से बंधे रहते हैं। तर्क जीवन में एक शक्तिशाली उपकरण है लेकिन इसकी गुलामी जीवन के समग्र अनुभव को सीमित कर देती है। एक प्रसन्न हृदय या सौंदर्य के साथ एक चमत्कारिक भेंट तार्किक व्याख्या को भ्रमित कर सकती है, लेकिन इसके मूल्य को समझना संभव है। मानव बुद्धि आश्चर्य, ज्ञान और विस्मय के बौने पौधे को पीछे छोड़कर तेज़ी से आगे बढ़ गई है। यह हमारे दृष्टिकोण में नर्मी लाता है और जीवन को जीने योग्य बनाता है। और यह एक ऐसी क्षमता है जिसे विकसित किया जा सकता है। इसके साधन पौराणिक कथाओं और प्राचीन स्त्री-पुरुषों द्वारा विरासत में छोड़े गए प्रतीकों में उपलब्ध हैं।

सदियों से, मूर्ति-विरोधियों ने पृथ्वी से मूर्तिपूजा को मिटाने के अपने उत्साह में क़हर बरपाया है। करोड़ों मूर्ति-पूजक मार डाले गए, हज़ारों मंदिर नष्ट कर दिए गए, दसियों विश्वविद्यालय जला दिए गए और पूरी की पूरी सभ्यताएं नष्ट कर दी गईं। यह, लगभग निश्चित रूप से, मानव इतिहास का सबसे बड़ा नरसंहार था, जो 1,500 से अधिक वर्षों में फैला हुआ है। पाकिस्तान जैसे देशों में यह आज भी जारी है।[111]

धार्मिक मत के छलावरण ने 'दूसरों' पर हावी होने और अपने प्रभाव को फैलाने की पूर्वाग्रहपूर्ण इच्छा को छिपा दिया है। यह क़बायली इच्छा सार्वभौमिक है। जीवन राजनीतिक रूप से या अन्यथा भी विस्तार चाहता है। मगर फिर भी यह दिलचस्प है कि ऐतिहासिक रूप से ऐसे उदाहरण बहुत कम हैं जब मूर्ति-पूजक सभ्यताओं ने मूर्ति-विरोधी संस्कृतियों को नष्ट करने की कोशिश की हो *क्योंकि वो मूर्ति-पूजा को अस्वीकार करते हैं!* ऐतिहासिक रूप से, पिछले 1,500 वर्षों में लगभग हर उस जगह जहां मूर्तिपूजकों ने मूर्ति-विरोधियों से संघर्ष किया, वहां यह एक रक्षात्मक युद्ध था—जीवित रहने की लड़ाई, हावी होने और धर्मांतरण की नहीं।

मूर्ति-पूजक संस्कृतियां किसी भी तरह परिपूर्ण नहीं हैं। परिपूर्णता कहीं नहीं है। लेकिन धार्मिक उदारता मूर्ति-पूजक संस्कृतियों की अंतर्निहित शक्तियों में से एक है। हम मूर्ति-पूजा से यह सीख सकते हैं। यदि हम वास्तव में हर चीज़ में ईश्वर को देखते हैं, तो हमारे लिए किसी भी चीज़ से घृणा करना असंभव है। क्योंकि हम जिससे भी घृणा करेंगे, उसके भीतर भी ईश्वर होगा। इसीलिए इसमें आश्चर्य की कोई बात नहीं है कि मूर्ति-पूजक संस्कृतियों ने आमतौर पर नास्तिकता को भी अंगीकार किया है। दूसरी ओर, मूर्ति-विरोधी संस्कृतियां ऐतिहासिक रूप से नास्तिकता के साथ संघर्षरत रही हैं।

हम दिव्यता की तलाश चाहे अपने भीतर करें या बाहर, या बिल्कुल तलाश न करें, मगर कुछ शब्दों के प्रभाव से जीवन का हमारा अनुभव बढ़ेगा: दयालुता, सम्मान और खुले दिमाग़ की भेंट।

टिप्पणियां

1. कैथरीन निक्सी, *द डार्कनिंग एज: द क्रिश्चियन डेस्ट्रक्शन ऑफ़ द क्लासिकल वर्ल्ड* (लंदन: मैकमिलन पब्लिशर्स, 21 सितंबर 2017)।
2. चंद्रसौर कैलेंडर वो विज्ञान है जिस पर काल निर्णय—हिंदू कैलेंडर—आधारित हैं।
3. *सकाल* सकाल मीडिया ग्रुप का एक मराठी भाषी दैनिक समाचार पत्र है। इसका मुख्यालय पुणे, महाराष्ट्र, भारत में है।
4. सार्वजनिक गणेश मंडल या सार्वजनिक मंडल सामाजिक समूह होते हैं जो सार्वजनिक रूप से गणेशोत्सव मनाने के लिए एक साथ जुटते हैं। वो आमतौर पर एक अस्थायी तंबू जैसा मंदिर बनाते हैं, और उसे इतिहास, या भौगोलिक या मानव निर्मित चमत्कारों के सुंदर दृश्यों से सजाते हैं। भगवान गणेश के आगमन और विसर्जन को ढोल, नृत्य और साज-सज्जा के साथ मनाया जाता है। दैनिक पूजा-अनुष्ठान के लिए भगवान गणेश का एक बड़ा सुंदर विग्रह स्थापित किया जाता है। रोज़ाना आरती, पूजा, विशेष अभिषेक, गणेश अथर्वशीर्ष पाठ और सांस्कृतिक कार्यक्रम आयोजित किए जाते हैं। रक्तदान शिविर, सार्वजनिक व्याख्यान आदि जैसी सामाजिक सेवा गतिविधियां भी आयोजित की जाती हैं। मुंबई और पुणे जैसे बड़े शहरों में विशेष और

पुराने पारंपरिक मंडल हैं जिन्हें माणाचे गणपति कहा जाता है, और इन्हें पूजा के साथ-साथ विसर्जन गतिविधियों में भी प्राथमिकता दी जाती है।

5. अमीश, 'पीके से सबक़: विश्वास पत्थर में ढले हो सकते हैं,' 8 जनवरी 2015, https://www.hindustantimes.com/columns/lessons-from-pk-beliefs-may-be-cast-in-stone / story-CqOufZDvC5xlACU6w6pEiN.html.

6. https://greekcitytimes.com/2021/06/27/olive-tree-acropolis/

   https://www.britannica.com/topic/Athena-Greek-mythology

   स्टीफ़न वीवर, *ग्रीक गॉड्स: दि ओलंपियन्स* (कैलिफ़ोर्निया: क्रिएटस्पेस इंडिपेंडेंट पब्लिशिंग प्लेटफ़ॉर्म, सितंबर 2015)।

7. ड्यूटेरॉनोमी 12:3 (किंग जेम्स संस्करण) 'और तुम उनकी वेदियों को ढाओगे, और उनके स्तंभों को तोड़ोगे, और उनके उपवनों को आग लगाकर जला दोगे; और तुम उनके देवताओं की खुदी हुई मूर्तियों को काट डालोगे, और उनके नाम उस स्थान से मिटा डालोगे।'

   एक्सोडस 20:3 में मोज़ेज़ को आदेश

   'मुझसे पहले तुम्हारा कोई और ईश्वर नहीं होगा।'

   ड्यूटेरॉनोमी 13:6 से 10 तक

   'यदि तेरा भाई, तेरी माता का बेटा, या तेरा बेटा, या तेरी बेटी, या तेरी प्रिय पत्नी, या तेरा मित्र, जो तुझे प्राणतुल्य है, तुझे गुप्त रूप से यह कहते हुए फुसलाए, कि चलो हम अन्य देवताओं की सेवा करें, जिन्हें न तो तू जानता है और न तेरे पुरखे जानते थे; 13:6

   अर्थात उन लोगों के देवताओं में से जो तेरे चारों ओर हैं, तेरे निकट हैं, अथवा तुझसे दूर, पृथ्वी के इस छोर से लेकर पृथ्वी के उस छोर तक हैं; 13:7

   तो तू उसकी बात न मानना, और न उसकी बात सुनना; न उस पर दया करना, न उसे बख़्शना, और न उसे छिपाना; 13:8

बल्कि तू उसे निश्चित रूप से मार डालना; उसे मारने के लिए सबसे पहले तेरा हाथ उठेगा, और अन्य सारे लोगों का बाद में।13:9

और तू उस पर तब तक पत्थर बरसाना जब तक कि वो मर न जाए; क्योंकि उसने तुझे तेरे परमेश्वर से दूर करने का प्रयत्न किया है जिसने तुझे ग़ुलामी के प्रदेश अर्थात मिस्र से निकाला है।13:10'

8. कैथरीन निक्सी, द *डार्कनिंग एज: द क्रिश्चियन डेस्ट्रक्शन ऑफ़ द क्लासिकल वर्ल्ड* (लंदन: मैकमिलन पब्लिशर्स, 21 सितंबर 2017)।

9. संपा. एंड्रयू जी. बोस्टोम, एमडी, द *लेगेसी ऑफ़ जिहाद: इस्लामिक होली वॉर एंड द फ़ेट ऑफ़ नॉन-मुस्लिम्स,* अध्याय 52 (न्यूयॉर्क: प्रोमीथियस बुक्स)।

   रोवेना रॉबिन्सन, 'गोवा धर्मांतरण के कुछ उपेक्षित पहलू: एक सामाजिक-ऐतिहासिक परिप्रेक्ष्य,' *सोशियोलॉजिकल बुलेटिन,* खंड 42, संख्या 1/2 (मार्च-सितंबर 1993), पृष्ठ. 65-83, सेज पब्लिकेशंस, इंक., https://www.jstor.org/ stable/23620248।.

   पॉल एक्सेलरोड और मिशेल ए. फ़्यूर्च, *फ़्लाइट ऑफ़ द डेइटीज़: हिंदू रेज़िस्टैंस इन पॉर्चुगीज़ गोवा,* पृष्ठ. 387-421, मॉडर्न एशियन स्टडीज़, मई, 1996, खंड 30, संख्या 2 (मई, 1996), (न्यूयॉर्क: कैम्ब्रिज यूनिवर्सिटी प्रेस) https://www. jstor.org/ stable/313013.

10. फ्रांसिस क्लार्क मुर्गोटेन, द *ओरिजिन्स ऑफ़ दि इस्लामिक स्टेट बीइंग ए ट्रांस्लेशन फ्रॉम द अरेबिक एकम्पनीड विद एनोटेशन्स ज्योग्राफ़िक एंड हिस्टॉरिकल नोट्स ऑफ़ द किताब फ़ुतुहुल-बलदान ऑफ़ अल-इमाम अबुल अब्बास अहमद इब्ने-जाबिर अल-बालाज़री* (न्यूयॉर्क: कोलंबिया यूनिवर्सिटी, 1924), पृष्ठ 226-7.

11. सीता राम गोयल, *हिंदू टैंपल्स: व्हाट हैपेन्ड टु दैम,* खंड 2, परिशिष्ट 4, दि इस्लामिक एविडेंस, क्वेश्चनेयर फ़ॉर द मार्क्सिस्ट प्रोफ़ेसर्स, पृष्ठ 408-422। 'दि इमर्जिंग नेशनल विज़न,' सीता राम गोयल द्वारा 4 दिसंबर, 1983 को कलकत्ता में दिया गया भाषण।

12. अनु. जॉन ब्रिग्स, *तारीख़-ए-फ़रिश्ता*, जिसका अंग्रेज़ी में अनुवाद जॉन ब्रिग्स द्वारा *हिस्ट्री ऑफ़ द राइज़ ऑफ़ द मोहम्मडन पॉवर इन इंडिया* शीर्षक के तहत किया गया है, 4 खंड, (नई दिल्ली पुनर्मुद्रण, 1981)।

'राजा ने स्वीकार किया कि उन्होंने (यदि राजा मूर्तिभंजन से दूर रहे, तो काफ़िरों से धन स्वीकार करने के बारे में) जो कहा है उसमें तर्क हो सकता है, लेकिन उत्तर दिया, कि यदि उसने इसके लिए सहमति दे दी, तो उसका नाम आने वाली पीढ़ियों में "महमूद मूर्ति-विक्रेता" के रूप में याद किया जाएगा, जबकि वो "मूर्तिभंजक महमूद" [बुतशिकन] के रूप में जाना जाना चाहता था: इसलिए उसने सैनिकों को अपने काम पर लग जाने का निर्देश दिया।'

अमीर खुसरो *मिफ़्ताहुल-फ़ुतूह* में सुल्तान अलाउद्दीन ख़िलजी (1296-1316 ईसवी) और उसके जनरलों की झाइन (राजस्थान में) पर विजय के बारे में लिखते हैं: 'कई मज़बूत मंदिर जो क़यामत के दिन तुरही बजाने पर भी नहीं हिलते, इस्लाम की हवा में बहकर ज़मींदोज़ हो गए (...) मंदिरों से ऐसी चीख़ उठी जैसे दूसरे महमूद ने जन्म ले लिया हो।'

साक़ी मुस्तद ख़ां की *मआसिरे-आलमगीरी: ए हिस्ट्री ऑफ़ दि एंपरर औरंगज़ेब—आलमगीर (शासनकाल 1658-1707 ईसवी)* का अनु. सर जदुनाथ सरकार (कलकत्ता: रॉयल एशियाटिक सोसाइटी ऑफ़ बंगाल, 1947)।

ग्वालियर के क़िले में गणेश द्वार के दाहिनी ओर मस्जिद पर शिलालेख। *एलेक्ज़ैंडर कनिंघम, भारतीय पुरातत्व सर्वेक्षण, 1862-63-64-65 के वर्षों के दौरान बनाई गईं चार रिपोर्टें*.

'चमकते पूर्ण चंद्रमा के समान, दुनिया को प्रकाश देने वाले, महान राजकुमार आलमगीर के शासनकाल में, मोतमिद ख़ां द्वारा भिक्षा के रूप में पूरा किया गया। वो नीच ग्वाली का मूर्ति मंदिर था, उसने उसे स्वर्ग की हवेली जैसी मस्जिद बना दिया। (...) उसने मूर्ति वाले मंदिर को बंद कर दिया: पृथ्वी से आकाश तक जयजयकार उठी, जब प्रकाश ने अंधकार के निवास को दूर कर दिया (...)।'

बोधन, आंध्र प्रदेश में मस्जिद पर शिलालेख, जिसका उल्लेख एपिग्राफ़िया इंडो-मोस्लेमिका, 1919-1920 में किया गया है, जिसे एस.आर. गोयल, *हिंदू टैंपल्स: व्हाट हैपेन्ड टु दैम*, खंड दो से उद्धृत किया गया है।

'सर्वशक्तिमान ईश्वर, दोनों लोकों के स्वामी की आज्ञा का पालन करते हुए; और (...) महान पैग़ंबर के प्यार में: सात प्रदेशों के राजा, ईश्वर के शासक (शाब्दिक सत्य), लोगों की गर्दन के स्वामी (...) शाहजहां के शासनकाल के दौरान, परोपकारी और उदार राजकुमार औरंगज़ेब, जिनका अस्तित्व लोगों पर दयालु ईश्वर का आशीर्वाद है: उन्होंने स्वर्ग के (सभी) गुणों के साथ इबादत के लिए एक घर बनाया: जिस स्थान पर पहले काफ़िरों के मंदिर का क़ब्ज़ा था (...)।'

निकोलो मनूची, *स्टोरिया डो मोगोर खंड 3*:

भारत के क्षेत्र में, हालांकि राजा औरंगज़ेब ने अनेक मंदिरों को नष्ट किया, लेकिन उसके साम्राज्य और सहायक राजाओं के अधीनस्थ क्षेत्रों में, विभिन्न स्थानों पर कई मंदिर बचे हुए हैं। वो सभी उपासकों से ख़चाख़च भरे रहते हैं; यहां तक कि जो नष्ट हो गए हैं वो अभी भी हिंदुओं के लिए पूजनीय हैं और वो वहां चढ़ावे देने के लिए जाते हैं। (...) राजा औरंगज़ेब द्वारा अपने राज्य में नष्ट किए गए प्रमुख मंदिर निम्नलिखित थे:

मैसा (मायापुर)

मतुरा (मथुरा)

काक्शिस (काशी)

हजुदिया (अजुध्या)

और अनेक अन्य; लेकिन, पाठकों को थकाने से बचने के लिए, मैं उनके नाम नहीं जोड़ता।'

'औरंगज़ेब ने ऐसा दो कारणों से किया: पहला, क्योंकि इस समय तक उसके अभियानों पर ख़र्च के कारण उसका ख़ज़ाना कम होने लगा

था; दूसरे, कलेक्टरों के अपमान से राहत पाने के लिए, हिंदुओं को मुसलमान बनने के लिए मजबूर करना।'

जदुनाथ सरकार औरंगज़ेब के 1705 के अख़बारात को *हिस्ट्री ऑफ़ औरंगजेब खंड 3* में उद्धृत करते हैं:

'बादशाह ने मुहम्मद ख़लील और भाड़े के हत्यारों के दरोग़ा ख़िदमत राय को बुलाकर (...) उन्हें पंढरपुर के मंदिर को ध्वस्त करने का आदेश दिया, और शिविर के क़साइयों को वहां ले जाने और मंदिर में गायों का वध करने का आदेश दिया (...) ऐसा ही किया गया।'

एपिग्राफ़िया इंडो-मोस्लेमिका में कडप्पा, आंध्र प्रदेश में मस्जिद का शिलालेख, 1937-38:

'हालांकि इस समय का बादशाह [औरंगज़ेब] पैग़ंबर नहीं है, पर फिर भी उसके ईश्वर का मित्र होने में कोई संदेह नहीं है। उसने मस्जिद का निर्माण किया और मूर्तियों को तोड़ दिया (उस समय) जब (पैग़ंबर की हिज्रत को 1103 वर्ष बीत चुके थे)।'

अली मुहम्मद ख़ां, *मिरात-ए-अहमदी*:

'1696-97 ईसवी (1108 हिज्री) में गुजरात के सोरथ में प्रमुख मंदिरों को नष्ट करने के आदेश जारी किए गए। (...) उन्होंने द्वारका के हिंदू मंदिर में सार्वजनिक पूजा बंद करा दी।'

हर्बर्ट एस्क., *सम ईयर्स ट्रैवल्स इनटू अफ़्रीका एंड एशिया द ग्रेट। एस्पेश्यली डेस्क्राइबिंग द फ़ेमस एंपायर्स ऑफ़ पर्शिया एंड इंडस्टेंट। एज़ ऑल्सो डाइवर्स अदर किंगडम्स इन द ऑरिएंटल इंडीज़, एंड आइ'टेस एडजेसेंट।*

(लंदन: आर बिप. द्वारा आयकब ब्लोम और रिचर्ड बिशप, के लिए मुद्रित, 1638)।

फ़र्स्ट बैरोनेट सर थॉमस हर्बर्ट जिन्होंने सत्रहवीं शताब्दी में गोवा का दौरा किया था, लिखते हैं,

'(...) साथ ही 2000 मूर्तियों वाले मंदिरों के खंडहर, जिन्हें वाइस-रॉय एंटोनियो नोरोग्ना ने पूरी तरह से ध्वस्त कर दिया, ताकि ऐसी

घोर अधर्मी मूर्तिपूजा की न तो कोई स्मृति बचे न ही स्मारक बने रहें। क्योंकि न केवल वहां, बल्कि साल्सेट में भी दो मंदिर या कलुषित पूजा के स्थान थे; उनमें से एक (कठोर चट्टान को अविश्वसनीय परिश्रम द्वारा काटकर) को तीन खंडों या दीर्घाओं में विभाजित किया गया था, जिनमें उनके कई विकृत पगोडा की आकृतियां थीं, और जिसके बारे में एक भारतीय (यदि उसे श्रेय दिया जाए) बताता है कि उस मंदिर में उस तरह की 300 संकीर्ण दीर्घाएं थीं, और इतनी बदसूरत मूर्तियां थीं जिनसे कोई यूरोपीय दर्शक तो डर ही जाए; जो भी हो, यह एक प्रसिद्ध स्थान था, और यहां इतनी भारी संख्या में मूर्तिपूजक आते थे कि पुर्तगालियों ने प्रेरित होकर एक बहुत बड़े बल के साथ इस शहर पर क़ब्ज़ा किया और मंदिरों को ध्वस्त कर दिया, और विकृत पगोडों के पूरे राक्षसी समूह को टुकड़े-टुकड़े कर दिया। अब गोवा में क़िलों, वाइसरॉय व आर्कबिशप के महलों और चर्चों के अतिरिक्त अब कुछ भी देखने योग्य नहीं है।'

13. डॉ. बी.आर. अम्बेडकर, *पाकिस्तान ऑर द पार्टीशन ऑफ़ इंडिया* (बॉम्बे: ठक्कर एंड को. पब्लिशर्स, तीसरा संस्करण, 1946 (1940) महाराष्ट्र सरकार पुनर्मुद्रण, 1990)।

14. सीआईए, 'द वर्ल्ड फ़ैक्टबुक: जापान,' https://www.cia.gov/the-world-factbook/countries/japan/.

15. तैत्तिरीय उपनिषद—भृगुवल्ली-अनुवाक 1.

16. https://globalpress.hinduismnow.org/magazine/agastyas-perfect-woman-lopamudra/.

17. राजीव मल्होत्रा और सत्यनारायण दास बाबाजी, *संस्कृत नॉन-ट्रांसलेटेबल्स: द इंपॉर्टैंस ऑफ़ संस्कृताइज़िंग इंग्लिश* (दिल्ली: एमैरिलिस, 2020)।

18. भगवद् गीता: *कमेंट्री बाइ स्वामी मुकुंदानंद*, 'द साँग ऑफ़ गॉड,' https://www.holy-bhagavad-gita.org/chapter/2/verse/47.

19. *भगवद् गीता: कमेंट्री बाइ स्वामी मुकुंदानंद*, 'द साँग ऑफ़ गॉड,' https://www.holy-bhagavad-gita.org/chapter/2/verse/54.

20. *स्थितप्रज्ञस्य का भाषा समाधिस्थस्य केशव*
    स्थितधी: किं प्रभाषेत किमासीत व्रजेत किम्
    वासांसि जीर्णानि यथा विहाय
    नवानि गृह्णाति नरोऽपराणि
    तथा शरीराणि विहाय
    जीर्णान्यन्यानि संयाति नवानि देही

    https://www.holy-bhagavad-gita.org/chapter/2/verse/22
21. https://www.holy-bhagavad-gita.org/chapter/2/verse/47
22. वही।
23. संयुक्त निकाय-7.2 अक्कोसा सुत्त से भावानूदित
24. स्वामी सत्यानंद सरस्वती, *आसन प्राणायाम मुद्रा बंध* (बिहार: योग पब्लिकेशन्स ट्रस्ट)।
25. https://www.newsgram.com/general/2020/07/11/the-marriage-of-shiva-and-parvati-an-iconic-tale.

    संस्कृत विद्वान डॉ. मृणालिनी नेवालकर कहती हैं:

    'इस कहानी के समर्थन में कोई पौराणिक संदर्भ नहीं है। लेकिन, लोकप्रिय मान्यता और मंदिर अनुष्ठान इसे ऐसा ही मानते हैं। कालिकापुराण कहता है कि भगवान शिव और देवी पार्वती का विवाह वैशाख माह के शुक्ल पक्ष की पंचमी—वसंत ऋतु में वैशाख मास की पंचमी—को होता है।'
26. डैनियल जे. सिमंस और क्रिस्टोफ़र शैबरी ने 1999 में 'गोरिल्लाज़ इन अवर मिड्स्ट: सस्टेंड इनअटैंशनल ब्लाइंडनेस फ़ॉर डाइनैमिक इवैंट्स' मनोविज्ञान विभाग, हार्वर्ड यूनिवर्सिटी, 20 जून 1999, http://www.chabris.com/Simons1999.pdf.
27. https://lecerveau.mcgill.ca/flash/capsules/articles_pdf/triunebrain.pdf.

28. ग़ैर-मूर्तिपूजक धर्मों में अन्य देवताओं और विशेष रूप से देवियों की पूजा क्यों नहीं की जाती है, इसका एक प्रमुख धार्मिक कारण है। एकल पुरुष देवता देवी को पाप के स्रोत के रूप में देखता है, और यही कारण है कि एडम और ईव की कहानी में ईव को भी इतनी नकारात्मक दृष्टि से देखा जाता है। मूर्तिपूजक धर्मों में ऐसा नहीं है, क्योंकि अधिकांश देवता ईर्ष्यालु नहीं हैं (और, जो इंद्र की तरह ईर्ष्यालु हैं, वो आमतौर पर उपहास के पात्र बनते हैं)। साथ ही, देवियों को बहुत शक्तिशाली माना जाता है। इसके साथ ही, इब्राहीमी मत में ईश्वर ने स्वयं को ईर्ष्यालु कहा है। ('तू उनके आगे न झुकना, न ही उनकी सेवा करना; क्योंकि मैं तेरा स्वामी परमेश्वर ईर्ष्यालु परमेश्वर हूं, और जो मुझ से बैर रखते हैं, मैं पितरों के अधर्म का दंड उनकी संतानों की तीसरी और चौथी पीढ़ी तक देता हूं।' एक्सोडस 20:5)

29. फ़्लोरेंस मिंज़ और डॉ. श्रुति मिश्रा, 'एकम सत विप्रा बहुधा वदन्ति: ए वैदिक कॉन्शसनेस ऑफ़ गॉड,' दिसंबर 2020, https://www.sieallahabad.org/hrt-admin/book/book_file/fd756770f9122be1b484f12c5ffbe828.pdf.

30. अनु. स्वामी माधवानंद, *बृहदारण्यक उपनिषद विद कमेंट्री ऑफ़ शंकराचार्य* (अल्मोड़ा: अद्वैत आश्रम, तीसरा संस्करण, 1950)।

31. संपा. डॉ. गंगानाथ झा, *छांदोग्य उपनिषद विद शंकर भाष्य* (पुणे: ओरियंटल बुक एजेंसी, प्रथम संस्करण, 1942)।

32. जॉज़ेफ़ कैंपबेल, *द पॉवर ऑफ़ मिथ*।

33. वही। (पृ. 110-112)।

34. https://en.wikipedia.org/wiki/The_Lion_King.

35. अनु. प्रीतीश नंदी, *ईशा उपनिषद* (कोलकाता: सीगल बुक्स, 2018)।

36. https://hazen.carnegiescience.edu/research/evolutionary-system-minerology.

37. https://philarchive.org/archive/LITCO-11.

38. एम.ए. गार्ट्स्टीन और एम.के. स्किनर, 'प्रीनेटल इंफ़्लुएंसेज़ ऑन टैंपरामेंटल डेवलपमेंट: द रोल ऑफ़ एनवायरंमेंटल एपिजेनेटिक्स,' *डेवलपमेंट एंड साइकोपैथॉलोजी*, 30(4), 2018, 1269-1303. https://doi.org/10.1017/S0954579417001730 40.

39. सिद्धार्थ मुखर्जी, *द जीन: एन इंटिमेट हिस्ट्री* (यूएस: एलन लेन, पेंगुइन ग्रुप, 2016)।

40. स्टीफ़न वीवर, *ग्रीक गॉड्स: दि ओलंपियन्स* (कैलिफ़ोर्निया: क्रिएटस्पेस इंडिपेंडेंट पब्लिशिंग प्लेटफ़ॉर्म, सितंबर 2015)। https://www.greek-gods.info/greek-gods/zeus/stories/zeus King-of-the-gods/.

41. डीट्रिक बोशांग, *काइरोस एज़ ए फ़िगरेशन ऑफ़ टाइम: ए केस स्टडी*, 2013, https://brill.com/display/title/51481.

42. https://d-nb.info/1142372448/34.

43. मनोज चलम, https://www.youtube.com/watch?v=VHaqcuL5-kA&t=224s.

44. डैन ब्राउन, *द दा विंची कोड* (लंदन: ट्रांसवर्ल्ड पब्लिशर्स)।

45. https://en.wikipedia.org/wiki/Gone_with_the_Wind_(film).
    https://en.wikipedia.org/wiki/Chariots_of_Fire.
    https://en.wikipedia.org/wiki/Guide_(film).

46. https://en.wikipedia.org/wiki/The_Bourne_Identity_(1988_film).

47. संध्या जैन और मीनाक्षी जैन, *द इंडिया दे सॉ कम्प्लीट सीरीज़* (दिल्ली: प्रभात प्रकाशन, 2022)।

48. स्टीफ़न वीवर, *ग्रीक गॉड्स: दि ओलंपियन्स* (कैलिफ़ोर्निया: क्रिएटस्पेस इंडिपेंडेंट पब्लिशिंग प्लेटफ़ॉर्म, सितंबर 2015)।

49. https://www.greeka.com/greece-myths/king-midas/.

50. https://www.britannica.com/topic/Pandora-Greek-mythology I. https://www.theoi.com/Ther/AetosKaukasios.html.

    https://www.theoi.com/Titan/TitanPrometheus.html.

51. जॉज़ेफ़ कैंपबेल, 'मिथ एज़ द मिरर फ़ॉर दि ईगो,' *यूट्यूब*, 27 अगस्त 2010, https://www.youtube.com/watch?v=VgOUxICCHoA.

52. शिव पुराण—रुद्र संहिता, कुमार खंड, अध्याय 13, शिव पुराण II.4.13.

53. मनोज चलम, https://www.youtube.com/watch?v=7fRKY rO6J7Q&t=1224s.

54. याज्ञवल्क्य स्मृति आचाराध्याय, गणपति कल्प प्रकरण, याज्ञवल्क्य स्मृति I. 11.

55. https://www.ibpbooks.com/iconography-of-vinayaka-ganapati-and-ganesa/p/15405.

    हरिप्रिया रंगराजन, *आइकोनॉग्राफ़ी ऑफ़ विनायक, गणपति एंड गणेश* (2014).

    याज्ञवल्क्य स्मृति आचाराध्याय, गणपति कल्प प्रकरण, याज्ञवल्क्य स्मृति I. 11.

56. मनोज चलम, https://www.youtube.com/watch?v=VHaqcuL5-kA&list=RDCMUCNkkYUlu1_A5y0M2u bN8aPw&start_radio=1&rv=VaqcuL5-kA&t=1095.

57. https://www.shreemaa.org/story-narada-curses-vishnu/ https://www.researchut.com/hindu-mythology/narada curs-lord-vishnu-2/#gsc.tab=0.

58. https://vedicfeed.com/curses-of-durvasa-rishi/ ।
देवदत्त पटनायक, *श्याम: एन इलस्ट्रेटेड रीटैलिंग ऑफ़ द भागवत* (दिल्ली: पेंगुइन, 2018)।

59. योग इन्हें मस्तिष्क की तरंगों के रूप में भी समझता है। यह अक्सर चित्त का वर्णन एक शांत झील के रूप में करता है। वृत्तियां मन की शांत झील में लहरें हैं।

    योग सूत्र I.2 योगश्चित्तवृत्तिनिरोधः। यह योग को एक ऐसी विधि के रूप में समझाता है जो मन की इन तरंगों पर नियंत्रण रखने में हमारी मदद करता है।

    मनोज चलम, https://www.youtube.com/watch?v=7fRKYrO6J7Q&t=1224s.

    https://www.youtube.com/watch?v=VHaqcuL5-kA&list=RDCMUCNkkYUlu1_A5y0M2ubN8aPw&start_radio=1&rv=VaqcuL5-kA&t=1095.

60. https://www.ibpbooks.com/iconography-of-vinayaka-ganapati-and-ganesa/p/15405.

    हरिप्रिया रंगराजन, *आइकोनॉग्राफ़ी ऑफ़ विनायक, गणपति एंड गणेश* (2014).

    याज्ञवल्क्य स्मृति आचाराध्याय, गणपति कल्प प्रकरण, याज्ञवल्क्य स्मृति I. 11.

61. मार्कण्डेयपुराण अध्याय 82

62. मनोज चलम, https://www.youtube.com/watch?v=VHaqcuL5-kA&t=224s.

63. https://www.britannica.com/topic/Hydra-Greek-mythology.

    https://chandra.si.edu/photo/constellations/hydra.

html#:~:text=The%20Hydra%20was%20a%20fresh,
Tiamat%20and%20the%20Hebrew%20Rahab.

64. श्री सत्यनारायण व्रत कथा एवं आरती (ishwarpooja.com).
श्रीसत्यनारायण व्रत कथा (gitapressbookshop.in).
सद्गुरु और अरुंधति सुब्रमण्यम, *आदियोगी: द सोर्स ऑफ़ योग* (दिल्ली: हार्पर कॉलिन्स इंडिया, 2017)।

65. आदि शंकराचार्य, द *वर्क्स ऑफ़ श्री शंकराचार्य*, खंड 16, निर्वाण शतकम्/आत्म शतकम् (श्रीरंगम: श्री वाणी विलास संस्करण, 1910) पृष्ठ 61-65.

66. आशीष ए. बरदेकर, 'एनेलिसिस ऑफ़ इंडियन क्लासिकल राग यमन ऑन ह्यूमन ब्रेन वेव्ज़,' IJCRT, खंड 6 अंक 3, अप्रैल 2018, https://ijcrt.org/papers/IJCRT1893254.pdf.

67. https://dbpedia.org/page/Shree_(Hindustani_raga)
https://meetkalkar.com/Artipedia/raga-marwa

68. शांभवी एल. चोपड़ा, *योगिक सीक्रेट्स ऑफ़ द डार्क गॉडेस* (विज़डम ट्री, 2007)।

69. नवरात्रि के दौरान क्रोध, दर्द, भय आदि भावनाओं पर नियंत्रण के प्रतीक के रूप में नवरस के रूप देवी दुर्गा का उत्सव मनाया जाता है: https://timesofindia.indiatimes.com/blogs/tea-with-life/navratri-is-the-festival-to-control-nine-emotions/

मनोज चलम देवी दुर्गा को "प्रचंड रूप में अच्छाई" कहते हैं: https://www.youtube.com/watch?v=VHaqcuL5-kA

48:52 https://www.youtube.com/watch?v=nC6jJh-1sYA मां दुर्गा क्रोध, डर/ भय, मोह, लोभ और अन्य भावनाओं का सामना करने और उन पर विजय पाने में मदद करती हैं:

https://lifecoachprafulla.blogspot.com/2019/10/maa durga-navratri-celebration.html

70. शांभवी एल. चोपड़ा, *योगिक सीक्रेट्स ऑफ़ द डार्क गॉडेस* (विज़डम ट्री, 2007)।
71. वही।
72. वही।
73. सद्गुरु और अरुंधति सुब्रमण्यम, *आदियोगी: द सोर्स ऑफ़ योग* (दिल्ली: हार्पर कॉलिन्स इंडिया, 2017)।
74. https://www.timelessmyths.com/gods/chinese/erlang shen/.

    http://www.bjreview.com/Lifestyle/201802/t20180209_800117196.html.
75. स्कन्द पुराण द्वितीय। 4.35 वैष्णव खंड, कार्तिक मास माहात्म्य, अध्याय 35.
76. https://kalnikalamandir.com/blogs/forms-of-tandava/

    https://icctmemphis.org/information/temple-campus/sapta-tandavas/.
77. https://ghungrookathkacademy.com/wp-content/uploads/2021/07/Tandav-and-Lasya.pdf.

    https://en.wikipedia.org/wiki/Tandava.
78. स्कंद पुराण द्वितीय. 4.35 वैष्णव खंड, कार्तिक मास माहात्म्य, अध्याय 35.

    इसी अध्याय में भगवान शिव के हाथों त्रिपुर की मृत्यु की बात कही गई है। लेकिन इसमें त्रिपुर तांडव की बात नहीं की गई है।
79. मनोज चलम, 'द पॉवर ऑफ़ हिंदू एंड बौद्ध डेइटीज़ इन योग,' https://www.youtube.com/watch?v=VHaqcuL5-kA&list=RDCMUCNkkYUlu1_A5y0M2ubN8aPw&start_radio=1&rv=VHaqcuL5-kA&t=1095.

टिप्पणियां 291

80. https://swarajyamag.com/ideas/the-natarja-and-epilepsy-an-interpretation-of-the-cosmic-dancer.

81. आनंद वेंकटरमण, 'द नटराज एंड एपिलेप्सी: एन इंटरप्रेटेशन ऑफ़ द कॉस्मिक डांसर,' *स्वराज्य*, 19 मई 2018, https://swarajyamag.com/ideas/the-nataraja-and-epilepsy-an-interpretation-of-the-cosmic-dancer.

82. https://lecerveau.mcgill.ca/flash/capsules/articles_pdf/triunebrain.pdf.

83. https://www.britannica.com/topic/Tlazolteotl
    https://piralworlds.com/index/gods/mesoamerican pantheon/tlazolteotl/

84. थॉमस ए. हैरिस, एमडी, *आई एम ओके — यू आर ओके* (लंदन: रैंडम हाउस)।

85. मनोज चलम, https://www.youtube.com/watch?v=VHaqcuL5-kA&list=RDCMUCNkkYUlu1_A5y0M2ubN8aPw&start_radio=1&rv=VHaqcuL5-kA&t=1095.

86. वही।

87. कूर्म पुराण पूर्व भाग, अध्याय 1, श्लोक 27-40, कूर्म पुराण 1.1.27-40 पद्म पुराण II.1.4

88. मनोज चलम, https://www.youtube.com/watch?v=VHaqcuL5-kA&list=RDCMUCNkkYUlu1_A5y0M2ubN8aPw &start_radio=1&rv=VhakcuL5-kA&t=1095.

89. https://resanskrit.com/blogs/blog-post/celebrating-raksha-bandhan.

90. वामनपुराण, अध्याय 65, 49, सरोमाहात्म्य, अध्याय 2-10.

91. ऐतरेय ब्राह्मण 13.9.33 में धनुर्धर के रूप में शिव का उल्लेख मिलता है।
92. *मृग व्याध*, हिरण का शिकारी, भगवान शिव का एक प्रतीक है, और 11 रुद्रों में से भी एक है।
93. पुराण सती खंड 2.13, शिव खंड 2.13.
   स्कंद पुराण वैष्णव खंड, बदरिकाश्रम माहात्म्य, अध्याय 2, स्कंद II.3.2. भविष्य पुराण II.4.13.
94. मनोज चलम, https://www.youtube.com/watch?v=VHaqcuL5-kA&list=RDCMUCNkkYUlu1_A5y0M2ubN8aPw&start_radio=1&rv=VHakcuL5-kA&t=1095.
95. मनोज चलम, 'डुएट ऑफ़ वन,' https://www.youtube.com/watch?v=VHaqcuL5-kA&t=224s।
96. देवदत्त पटनायक, *श्याम: एन इलस्ट्रेटेड रीटैलिंग ऑफ़ द भागवत* (दिल्ली: पेंगुइन, 2018)।
97. मराठी कवयित्री स्नेहा दातार।
98. https://mythologyandvaishbhat.wordpress.com/2021/08/30/parijata-the-flower-from-heaven/.
99. प्रीतीश नंदी, *ईशा उपनिषद* (सीगल बुक्स, 2018)।
100. http://www.actualization.in/2020/12/love-indic context.html.
101. भागवत पुराण, स्कंध 10, अध्याय 80-81
102. मराठी कवयित्री स्नेहा दातार।
103. संपा. टी. गणपति शास्त्री, *ड्रामाज़ ऑफ़ भास, त्रिवेन्द्रम संस्कृत सीरीज़ नं. XXII* (1912).
104. वाल्मीकि रामायण III.49 एवं आगे।

105. https://www.greeklegendsandmyths.com/echo-and-narcissus.html.
106. कोलमैन बार्क्स, *रूमी: द बुक ऑफ़ लव, दीवान-ए-शम्स-ए तबरीज़ी*।
107. https://www.amazon.in/India-Sacred-Geography-Diana-Eck/dp/0385531907.
108. निम्नलिखित पीएचडी थीसिस, और साथ में थीसिस के अंत में एक ग्रंथसूची

    "थीसिस (पी-755).पीडीएफ़"
109. यह एक जादुई वर्ग 3x3 की तरह एक शुभ रंगोली है जिसमें संख्याओं का योग 72 होता है।
110. यह भी एक जादुई वर्ग 4x4 है जिसका योग 34 होता है।
111. पाकिस्तान में पिछले पिचहत्तर वर्षों में हुए नरसंहार में अल्पसंख्यक मारे गए हैं (पाकिस्तानी विद्वान फ़राहनाज़ इस्पहानी के अनुसार, आबादी के लगभग 23 प्रतिशत से आज 3-4 प्रतिशत तक)। यह नाज़ियों के शासन में यहूदियों द्वारा झेले गए कष्टों से कहीं बड़ा नरसंहार है। पाकिस्तान ने 1971 में बांग्लादेश में भी बड़े पैमाने पर नरसंहार किया था। भारत, नेपाल आदि में, इसी अवधि में जनसंख्या का अल्पसंख्यक अनुपात बढ़ा है। ऐसा ही पश्चिम के अधिकांश देशों, और संयुक्त अरब अमीरात व इंडोनेशिया में भी हुआ है, जहां आबादी में अल्पसंख्यक अनुपात भी बढ़ा है। कई देश, यहां तक कि मध्य पूर्व के अत्यंत तिरस्कृत कुछ देश भी, उतने बुरे नहीं हैं जितना कि वो बताए जाते हैं। दूसरी ओर, पाकिस्तान वास्तव में मानव इतिहास में अल्पसंख्यकों के लिए सबसे ख़राब देशों में से एक है।

    फ़राहनाज़ इस्पहानी, *प्योरिफ़ाइंग द लैंड ऑफ़ द प्योर: पाकिस्तान्स रिलीजियस माइनॉरिटीज़* (दिल्ली: हार्पर कॉलिन्स इंडिया, 1 दिसंबर 2016)।

अनुवादक परिचय

शुचिता मीतल एक लंबे समय से भारतीय अनुवाद परिषद एवं यात्रा बुक्स से जुड़ी हुई हैं। आपने नमिता गोखले की *शकुंतला*, संजीव सान्याल की *मंथन का सागर*, अमीश की *वायुपुत्रों की शपथ, रावण, लंका, अमर भारत, धर्म*, नीलिमा डालमिया आधार की *कस्तूरबा की रहस्यमय डायरी* समेत पच्चीस से अधिक पुस्तकों का अनुवाद किया है।

अमीश की अन्य किताबें

शिव रचना त्रयी

भारतीय प्रकाशन इतिहास में सबसे तेज़ी से बिकने वाली पुस्तक शृंखला

मेलूहा के मृत्युंजय
(शिव रचना त्रयी की किताब 1)

1900 ईसापूर्व। जिसे आधुनिक भारतीय ग़लती से सिंधु घाटी की सभ्यता कहते हैं, उसे उस समय के निवासी मेलूहा की भूमि—एक सम्पूर्ण साम्राज्य जिसकी स्थापना प्रभु श्रीराम ने कई शताब्दियों पूर्व की थी—के रूप में जानते थे। अब उनकी प्राथमिक नदी सरस्वती मृतप्राय होती जा रही है, और वे पूर्व दिशा में अपने शत्रुओं द्वारा किये जा रहे आतंकवादी हमलों का सामना कर रहे हैं। क्या उनके प्रसिद्ध महानायक नीलकंठ बुराई के नाश के लिए अवतरित होंगे?

नागाओं का रहस्य
(शिव रचना त्रयी की किताब 2)

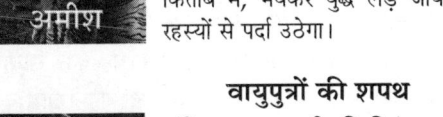

कुटिल नागा योद्धा ने अपने मित्र बृहस्पति की हत्या कर दी है और अब उसकी पत्नी सती के पीछे पड़ा है। शिव, जो बुराई के प्रसिद्ध विनाशक हैं, अपने राक्षसी विरोधियों को ढूँढ़ लेने तक चैन से नहीं बैठेंगे। प्रतिशोध की प्यास उन्हें सर्प प्रजाति के लोगों नागाओं के द्वार तक ले जायेगी। शिव रचना त्रयी की दूसरी किताब में, भयंकर युद्ध लड़े जायेंगे और कुछ चौंकाने वाले रहस्यों से पर्दा उठेगा।

वायुपुत्रों की शपथ
(शिव रचना त्रयी की किताब 3)

शिव नागाओं की राजधानी पंचवटी तक जा पहुँचते हैं, और अपने वास्तविक शत्रु के विरुद्ध धर्मयुद्ध की तैयारी करते हैं। नीलकंठ नाकाम नहीं हो सकते चाहे इसकी जो भी क़ीमत चुकानी पड़े। अपनी हताशा में, वे वायुपुत्रों से सम्पर्क करते हैं। क्या वे सफल हो पायेंगे? और बुराई से लड़ने की वास्तविक क़ीमत क्या होगी? इन सभी रहस्यों का जवाब पाने के लिए इस बैस्टसैलिंग शिव रचना त्रयी का अन्तिम भाग पढ़ें।

राम चंद्र शृंखला

भारतीय प्रकाशन इतिहास में दूसरी सबसे तेज़ी से बिकने वाली पुस्तक शृंखला

राम—इक्ष्वाकु के वंशज
(शृंखला की किताब 1)

वे अपने देश से प्रेम करते हैं और क़ानून के लिए अकेले डटकर खड़े रहते हैं। उनके भाई, उनकी पत्नी सीता, और अराजकता के अँधकार के विरुद्ध लड़ाई। वे हैं राजकुमार राम। क्या वे दूसरों द्वारा उन पर उछाली गयी कीचड़ से उबर पायेंगे? क्या सीता के प्रति उनका प्रेम उन्हें उनके संघर्षों से पार लगा सकेगा? क्या वे उस राक्षस राजा रावण को हरा पायेंगे जिसने उनका बचपन नष्ट कर दिया था? क्या वे विष्णु की नियति को पूरा कर पायेंगे? अमीश की नयी राम चंद्र शृंखला के साथ एक और ऐतिहासिक सफ़र की शुरुआत करें।

सीता—मिथिला की योद्धा
(शृंखला की किताब 2)

खेतों में एक परित्यक्त बच्ची मिलती है। उसे दूसरों द्वारा नज़रअन्दाज़, कमज़ोर राज्य मिथिला के शासक गोद ले लेते हैं। किसी को विश्वास नहीं है कि यह बच्ची कुछ विशेष कर पायेगी। लेकिन वे ग़लत हैं। क्योंकि वह कोई साधारण लड़की नहीं है। वे सीता हैं। एक अनोखी बहु-रेखीय कथा शैली के माध्यम से, अमीश आपको राम चंद्र शृंखला के ऐतिहासिक जगत की गहराइयों में और अन्दर तक ले जाते हैं।

रावण—आर्यवर्त का शत्रु
(शृंखला की किताब 3)

रावण मनुष्यों में विशालतम बनने, विजयी होने, लूटपाट करने, और उस महानता को हासिल करने के लिए दृढ़संकल्प है जिसे वह अपना अधिकार मानता है। वह विरोधाभासों, नृशंस हिंसा और अथाह ज्ञान से भरपूर व्यक्ति है। ऐसा व्यक्ति जो प्रतिदान की आशा के बिना प्रेम करता है और बिना पश्चाताप हत्या कर सकता है। *राम चंद्र शृंखला* की इस तीसरी किताब में, अमीश ने लंका के राजा रावण के व्यक्तित्व के विभिन्न पहलुओं को उभारा है। क्या वह इतिहास का सबसे बड़ा खलनायक है या परिस्थितियों का मारा?

लंका का युद्ध
(शृंखला की किताब 4)

सीता का अपहरण हो गया। उन्होंने बेख़ौफ़ रावण को चुनौती दी कि वो उनका वध कर दे—उन्हें राम के समर्पण की अपेक्षा अपनी मृत्यु मंज़ूर थी। राम स्वयं रांताग और क्रोध में घिरे थे। उन्होंने युद्ध की तैयारी कर ली। क्रोध ही उनका ईंधन है। और शांतिपूर्ण ध्यान उनका मार्गदर्शक। रावण ने ख़ुद को अपराजित मान लिया था। उसने सोचा था कि वो राम को समर्पण के लिए मजबूर कर देगा। लेकिन उसे नहीं पता था...

कथेतर

अमर भारत

भारत को खोजें देश के कहानीकार अमीश के साथ, जो आपको तीखे लेखों, स्पष्ट भाषणों और बुद्धिमत्तापूर्ण बहस के द्वारा देश को एक नये ढंग से समझने में मदद करते हैं। *अमर भारत* में, अमीश आकर्षक रूप से आधुनिक दृष्टिकोण के साथ एक प्राचीन संस्कृति का विस्तृत ख़ाका खींचते हैं।

धर्म

अमीश और भावना भारतीय दर्शन की कुछ मुख्य अवधारणाओं को खंगालने के लिए भारत के प्राचीन महाकाव्यों के अनमोल ख़ज़ाने के विशाल और जटिल संसार में गहरे उतरते हैं। हम सही और ग़लत में कैसे भेद कर सकते हैं? उत्तर निहित हैं हमारी इन मनपसंद कहानियों की सीधी-सरल और ज्ञानपूर्ण व्याख्याओं में, जो प्रस्तुत कर रहे हैं बहुत प्यारे ऐसे काल्पनिक पात्र जिन्हें जानने में आपको बहुत आनंद आएगा।

भारत गाथा

महाराजा सुहेलदेव

गज़नी के महमूद के लगातार हमले भारत के उत्तरी क्षेत्रों को कमज़ोर कर देते हैं और कई पुराने साम्राज्य खत्म हो जाते हैं। इसके बाद तुर्क देश के सबसे पवित्र मन्दिरों में से एक, सोमनाथ में भगवान शिव के भव्य मन्दिर पर हमला कर उसे नष्ट कर देते हैं। भारी निराशा से भरे इस काल में एक योद्धा राष्ट्र की रक्षा के लिए सामने आता है। *महाराजा सुहेलदेव*—एक प्रचंड विद्रोही, एक करिश्माई नेता, एक पक्का देशभक्त। साहस और वीरता की इस रोमांचक महागाथा को पढ़िये, जो शेर के सामान उस निडर योद्धा की कहानी और बहराइच के महासंग्राम की याद दिलाती है।